Christine Koller | Stefan Rieß

Jetzt nehme ich mein Leben in die Hand

Christine Koller | Stefan Rieß

Jetzt nehme ich
mein Leben
in die Hand

21 Coaching-Profis verraten
ihre effektivsten Strategien

Kösel

Verlagsgruppe Random House FSC-DEU-0100
Das für dieses Buch verwendete FSC®-zertifi zierte Papier
Schleipen liefert die Cordier Spezialpapier GmbH, Bad Dürkheim.

4. Auflage 2011
Copyright © 2009 Kösel-Verlag, München,
in der Verlagsgruppe Random House GmbH
Umschlag: griesbeckdesign, München
Illustrationen: Werner Tiki Küstenmacher (S. 74, 80, 83, 89);
Wolfgang Pfau S. 151, 161)
Druck und Bindung: GGP Media GmbH, Pößneck
Printed in Germany
ISBN 978-3-466-30825-5

Weitere Informationen zu diesem Buch und unserem gesamten
lieferbaren Programm finden Sie unter
www.koesel.de

Alles ist im Keim enthalten,
alles Wachstum ein Entfalten.

Friedrich Rückert (1788–1866)

Inhalt

Marke Ich

Selbstmanagement

Erfolg im Job

Sinnvoll leben und arbeiten

Herausforderung Führungsposition

Wie finde ich einen guten Coach?

Vorwort

Zum Glück gibt es Coaching

In der Psychologie hat sich fast unbemerkt ein Paradigmenwechsel vollzogen. Im Mittelpunkt steht nicht mehr die kranke Seele, sondern der gesunde Mensch und sein Streben nach Glück und Zufriedenheit. Wir alle wollen unser Leben besser verstehen, glückliche Beziehungen mit anderen Menschen führen, ausgeglichen und entspannt sein. Dazu brauchen wir – wie in der Psychoanalyse üblich – keine jahrelange Auseinandersetzung mit der Vergangenheit, sondern ab und zu einmal die Unterstützung eines kompetenten Beraters, der uns hilft, unsere Ziele eigenständig in die Tat umzusetzen. Titel und Untertitel dieses Buches bringen es auf den Punkt: Das Leben in die eigene Hand zu nehmen, indem man von den besten Coaching-Profis lernt, ist eine ideale Voraussetzung, um sich in einer Welt mit dauernd verändernden Herausforderungen zu behaupten.

Als Chefredakteurin eines Frauenmagazin mit psychologischem Schwerpunkt werde ich oft gefragt, ob ein Coach einen wirklich weiterbringt. Meine Antwort darauf ist ein uneingeschränktes »Ja!«. Genauso wie eine erfolgreiche Mannschaft einen engagierten und erfahrenen Trainer braucht, brauchen wir in bestimmten Situationen, wie zum Beispiel beim Start in das Arbeitsleben, bei Veränderungsprozessen im Unternehmen oder persönlichen Krisen, einen kompetenten Ratgeber, einen Coach, der sich mit diesen Herausforderungen bereits intensiv beschäftigt hat. Einen Coach, der nicht belehrt, sondern dem es darum geht, »einen Ratsuchenden in bestimmten Situationen zu unterstützen, ihm als Sparringspartner eine Art Hilfe zur Selbsthilfe sowie Selbstreflexion zu ermöglichen,« wie es Dr. Isabel Thielen, Coach und Personalchefin eines internationalen Verlagshauses, formuliert. Denn niemand weiß mehr über die Lage, in der er sich befindet, als der Klient selbst. Er trägt die Lösung für seine Probleme bereits in sich – der Coach hilft nur dabei, die Perspektive zu ändern, Lösungen sichtbar zu machen und den Klienten zu befähigen, Schritte in diese Richtung zu gehen.

Coaching beschäftigt sich in erster Linie mit dem beruflichen Kontext, Coaches geben Rat, wie ein limitiertes Zeitbudget optimal genützt oder Stressbelastung abgebaut werden kann, sie helfen, lebendiger zu präsentieren, kreativer zu werden und Konflikte dauerhaft zu entschärfen. Doch die Wirkung von Coaching geht weit über den Job hinaus: Es kann auch dazu beitragen, die Balance zwischen Beruf und Partnerschaft/Familie zu finden (oder wiederzufinden), mehr Selbstbewusstsein und Souveränität zu entwickeln und gesünder zu leben. Daher war es mir als Chefredakteurin einer Zeitschrift, die sich genau mit solchen Themen beschäftigt, ein ganz besonderes Anliegen, dieses Buch auf den Weg zu bringen.

Der Coaching-Guide kann und will ein individuelles Coaching nicht ersetzen, aber Sie erhalten einen Einblick in die Arbeitsweise der wohl bekanntesten Coaches und Trainer, die Ihnen mit vielen Tipps und Tricks verraten, wie Sie mehr Erfolg in Beruf und Privatleben erreichen können und wie Sie sich glücklicher und zufriedener fühlen.

Ich wünsche Ihnen viel Spaß beim Lesen und Umsetzen.

Bettina Wündrich, Chefredakteurin »*Emotion*«

Einführung

Selbst ist die Frau, selbst ist der Mann!

Fahrstuhlkarrieren sind etwas Feines. Sie starten meist mit einem Praktikum und befördern einen in den dritten, vierten Stock oder gar ins Penthouse, in die Führungsetage ein und desselben Unternehmens. Doch sind solche Traumszenarien rar geworden. Die Arbeitswelt hat sich verändert. Selbst vermeintlich krisensichere Konzerne wie Allianz, BMW, Siemens oder Telekom müssen in der Finanzkrise und im Globalisierungswettkampf Federn und Mitarbeiter lassen. Ein Wandel, der auch vor uns nicht Halt macht und uns auffordert, uns entsprechend zu positionieren: Im Job als hochkarätiger Mitarbeiter, der mit Know-how glänzt, soft-skill-sicher und offen für Neues ist und dabei die eigene Balance nicht verliert.

Bereits 2003 hat der amerikanische Ratgeberautor Gary L. Schine dafür den Begriff »Lifestyle-Entrepreneur« geprägt. Damit meinte er nichts anderes, als dass sich jeder als Ich-AG, als ganzheitlicher Lebensunternehmer verstehen und sein Leben selbst in die Hand nehmen müsste. Eine Fähigkeit, die Trendforscher Horst W. Opaschowski in seinem Buch »Das Moses-Prinzip – Die 10 Gebote des 21. Jahrhunderts« als Leitbild der Zukunft sieht und so definiert: »Lebensunternehmer nehmen ihr Leben als Potenzial wahr, für das sie sich selbst verantwortlich fühlen und aus dem sie das Beste machen. Sie sind hoch motiviert und produktiv und zugleich bereit, Verantwortung zu tragen – in der Elternrolle, als Vereinsmitglied, als Angestellter (= Unternehmer am Arbeitsplatz) oder Freiberufler.« Wie wichtig diese Verantwortung in den kommenden Jahren wird, zeigt auch die aktuelle Delphie-Studie. Sie spricht gar vom »Multi-Duty-Life« (zu deutsch: vom Viel-Verpflichtungs-Leben) und hält die Gleichung Freizeit = Mußezeit für überkommen. »Denn auch nach Feierabend gilt es, Kollegen zu treffen, zu networken, Business-englisch zu pauken, Schulen für den Nachwuchs zu recherchieren und sich um seine eigene Alters- und Gesundheitsvorsorge zu kümmern«, so Studienleiterin Dr. Kerstin Ullrich von der Gesellschaft für Innovative Marktforschung in Heidelberg.

Das bedeutet noch mehr Unternehmertum und Eigenverantwortung und noch weniger Zeit für Muße. Aus diesem Grund drängt sich neben dem Arbeiten an der eigenen Performance, den eigenen Stärken und Schwächen zusätzlich die Frage auf: Wie sieht in diesem Multi-Duty-Life ein erfülltes Leben aus? Wie haushalte ich mit meinen Ressourcen? Wie positioniere ich mich richtig und gestalte meinen Job entsprechend? Schließlich ragt dieser immer mehr in mein Leben, in meine Freizeit hinein und fordert mindestens bis zur Rente meine volle Aufmerksamkeit. Ob die Altersgrenze dann von 65 auf 67 oder mehr Jahre angehoben ist, bleibt abzuwarten und lässt den Ruf nach lebenslangem Lernen und persönlichem Wachstum noch deutlicher werden. Vielleicht tröstet es Sie, an der Stelle zu erfahren, dass wir – wissenschaftlich erwiesen – selbst mit Mitte 50 noch an unserem Charakter feilen können. »Zwar können Sie aus einer sauren Zitrone keinen Himbeersaft machen, wohl aber süße Zitronenlimonade«, relativiert Körpersprache-Guru Samy Molcho die These. In jedem Fall: Wer sein persönliches Wachstum vorantreibt und an sich arbeitet, ist erfolgreicher und besser gewappnet für die Zukunft. Fühlt sich sicherer und wohler in seiner Haut. Zugleich freier und glücklicher, da er als Lebensunternehmer derjenige ist, der kreativ gestaltet und sein Leben anpackt. Dabei sollte jeder die eigenen Ressourcen nicht vernachlässigen: »Wer nicht regeneriert, verliert«, meint Zeit- und Selbstmanagement-Experte Lothar Seiwert und erklärt: »Menschliche Arbeitskraft lässt sich weder unendlich beschleunigen noch beliebig steigern. Daher«, so Seiwert, »gilt mehr denn je die Regel Moshé Feldenkrais' (1904–1984): Wenn man weiß, was man tut, kann man tun, was man will.«

Bewusstsein ist also der Schlüssel zum Erfolg. Egal, ob für Ihren beruflichen oder privaten Erfolg, denn Job und Privatleben lassen sich nicht mehr getrennt voneinander betrachten. Nur mit einer Balance aus beidem und der Verfolgung Ihrer Wünsche und Ziele schaffen Sie es, sich als Lebensunternehmer erfolgreich zu etablieren. Schließlich: Was bedeutet Erfolg, wenn Sie sich dabei nicht auch der Frage nach der Sinnhaftigkeit Ihres Tuns stellen und nicht herauszufinden versuchen, was Ihre Berufung, Ihre Wünsche, Ihre Werte und heimlichen Sehnsüchte sind, um damit Ihr (Arbeits-)Leben zu bereichern? Um Sie auf Ihrem Weg zum Lebensunternehmer zu unterstützen und Ihnen Anregungen zu geben, haben wir die erfolgreichsten Coaches und Trainer und die gefragtesten Key-Note-Speaker im deutschsprachigen Raum um ihren Expertenrat gebeten. Von Sabine Asgodom, Ulrich Dehner, Eckart von Hirschhausen, Marco von Münchhausen, Lothar Seiwert, Slatco Sterzenbach und vielen anderen mehr finden Sie auf den nächsten Seiten praxisnahe Tipps, Selbsttests und Ratschläge zu den wichtigsten Job- und Lebensthemen.

In fünf Themenblöcke aufgeteilt, beginnt der hochkarätige Expertenreigen mit dem Kapitel »Marke Ich«. Marketing-Experte Jon Christoph Berndt erklärt, wie Sie durch sogenanntes »Humanbranding« zu einer unvergesslich starken Marke werden. Eine Fähigkeit, die unbezahlbar ist, nicht nur für das Herausstechen innerhalb der Abteilung, sondern auch für Ihren Auftritt beim Kunden oder beim Networking ganz allgemein. Wie Profis diese Kunst, auf andere zuzugehen, verfeinern, das verrät Hermann Scherer in seinem »Networking für Fortgeschrittene«. Wie Sie »humorvoll präsentieren« und sich auf diese Weise profilieren, erklärt Star-Komiker Eckart von Hirschhausen auf seine sehr unterhaltsame Art. Und weil Humor nicht jedem gleichermaßen gelingt, hat er als Notbremse einen »Notfall-Koffer für sterbende Witze« eingebaut. Neurologin und Coach Dr. Claudia Croos-Müller beschließt das Kapitel »Marke Ich« und zeigt, welche mentalen Zusammenhänge zwischen Körpersprache und sicherem Auftreten bestehen. Hochinteressant – oder wussten Sie, dass Sie mit Ihrem Körper Ihre innere Haltung pushen und sich so stark in Szene setzen können?

Wohl kaum jemand kennt ihn nicht: Mit vier Millionen verkauften Büchern in über 37 Ländern ist Prof. Dr. Lothar Seiwert »Europas führender und bekanntester Experte für das neue Zeit- und Lebensmanagement« und führt den Themenblock »Selbstmanagement« mit seinem Beitrag »Die neue Lust der Langsamkeit« an. Denn wie schnell gerät man in unserer Multi-Duty-Zeit ab vom Weg und ins Hamster-im-Rad-Gefühl. Dass Stress allerdings gar nicht so schlimm ist, wie wir glauben, diesen provokanten Standpunkt vertritt die als Dr. Stress bekannte Ärztin und Expertin Sabine Schonert-Hirz. Nicht ohne uns zu verraten, wie wir mit negativer »Problemhypnose« umgehen und welche mentalen Beruhigungsmanöver es gibt. Ein ganz besonderer Beruhiger ist der innere Schweinehund. Marco von Münchhausen machte ihn salonfähig bzw. bürofähig und stubenrein und zeigt in seinem Beitrag, wie wir das Gewohnheitstier in uns disziplinieren. Nach welchen Mechanismen Psychospielchen ablaufen, das erklärt Ulrich Dehner in »Adieu, Psychospielchen!« und sagt, welchen Ködern wir erliegen und wie leicht wir selbst zur kommunikativen Keule greifen.

Beim Kapitel »Erfolg im Job« macht Coach Irene Becker den Auftakt. Bekannt durch ihren Bestseller »Everybody's Darling, everybody's Depp« appelliert sie an uns: »Behaupten Sie sich souverän!«, während Moderator und Rückwärtssprecher Bernhard Wolff zeigt, wie Sie ideal performen, wenn Sie – schluck! – auf die Bühne müssen. Lampenfieber kennen auch »alte Hasen«, es ist völlig normal und wichtig, meint Wolff und erklärt, wie Sie mit der richtigen Vorbereitung Ihre Aufregung um 50 Prozent reduzieren und dadurch 50 Prozent mehr Sicherheit erlangen. Also: Alles halb so wild! Das findet auch Querdenker Jiri Scherer, wenn er über einen so hehren Begriff wie Kreativität parliert und mit einfachen Tipps und Methoden anregt, wie Sie selbst Mastermind für zündende Ideen und Geistesblitze werden können. Eine Fähigkeit, die Ihren Job, Ihr Leben erfolgreicher, bunter und erfüllter macht. Probieren Sie's aus! »Die ersten 100 Tage im Job« sind meist eine ganz schöne Hängepartie: Keiner weiß so recht, was da an unbekanntem Terrain, Fettnäpfchen und Stolpersteinen auf einen zukommt. Aus diesem Grund steht Dr. Isabel Thielen, Personalchefin eines großen internationalen Medienkonzerns und freiberuflicher Coach, zu den zehn heikelsten Fragen und Situationen Rede und Antwort.

Rede und Antwort liefert auch der nächste Themenblock »Sinnvoll leben und arbeiten« und klammert kaum eine Situation aus. So erklärt Slatco Sterzenbach, wie Sie ganzheitlich gesund leben und arbeiten, um damit der beliebtesten Engagierten-Krankheit, dem Burnout, vorzubeugen. Michael Merks klärt über Work-Life-Balance auf und Dr. Karin von Schumann, wie Sie mit Veränderungen umgehen. Sei es, dass Sie den Posten, den Sie gerne gehabt hätten, nicht bekommen, Ihr Unternehmen kurz vor der Pleite steht oder Sie sich grundsätzlich überlegen, ob Sie nicht das Zeug zur Selbstständigkeit haben. Von Schumanns Lebensrat entschlüsselt, was wirklich für Sie wichtig ist, während Antje Schwidurskis Beitrag noch einen Schritt weitergeht. In »Sabbatical: Mal raus aus dem Job!« erklärt die Expertin, die derzeit selbst ein zweites Sabbatical in Südafrika und Lesotho lebt, wie man klug aussteigt. Denn so bereichernd diese Erfahrung sein kann, stellt sie doch auch eine sehr große Unsicherheit und Herausforderung dar.

Ebenso wie eine Führungsposition. Daher dreht sich unser fünftes Kapitel um die »Herausforderung Führungsposition«. Top-Coach Sabine Asgodom legt Ihnen nahe, als Coach Ihre Mitarbeiter statt mit Kritik mit Beihilfe zur Erreichung ihrer Ziele zu motivieren. Das steigert die Zufriedenheit der Mitarbeiter, aber auch ihren Erfolg, der auf Sie zurückfällt – nicht nur zahlenmäßig, sondern auch menschlich. Dass das allerdings nicht immer einfach ist, davon weiß Prof. Dr. Barbara Mettler-v.Meibom ein Lied zu singen. Als Führungskraft musste sie selbst schmerzvoll erfahren, wie notwendig es ist, »Sich und andere mit Wertschätzung zu führen« – ohne Bewertung nach der Devise »Was ist, das ist«. Keine leichte Übung, aber eine sehr bereichernde! Auch Konflikte lassen sich meistern und besitzen in den Augen von Konfliktexperte Klaus Eidenschink großes Potenzial. Denn ein Großteil der Reibereien sind selbstgemacht, meint Eidenschink und lässt uns in verschiedenen Aktionen und Check-ups tiefer blicken. Ans Eingemachte geht es auch in »Erneuerbare Energie – Mental Body Energie für Führungskräfte« von Dr. Petra Bernatzeder und Reinhard Nagel. Die beiden Gesundheitscoaches erklären, wo im Job Energiekiller versteckt sind und wie ein ausgeglichener Energiehaushalt aussieht. Und: Energie ist auch nötig, schließlich gilt es, dieses tolle Wissen der hier versammelten »Lebensunternehmensberater« nach dem Motto des römischen Dichters Horaz (65 v. Chr. – 8 v. Chr.): »Die Hälfte der Tat hat, wer begonnen hat«, auch umzusetzen. Also: Lassen Sie sich inspirieren, Lebensunternehmer zu werden, und packen Sie's an! Wer diesen Schritt nicht alleine gehen möchte, findet im sechsten und letzten Kapitel »Wie finde ich einen guten Coach?« vielleicht den fehlenden Stups, den es dazu braucht!

Ihre Christine Koller & Ihr Dr. Stefan Rieß

Marke Ich

Jon Christoph Berndt

Die stärkste Marke sind Sie selbst!

Profil zu zeigen und sich abzuheben, sind wichtige Erfolgs-
faktoren. Wie Sie das Besondere aus sich herauskitzeln und
eine einzigartige Markenstrategie entwickeln, verrät Ihnen der
Erfinder von »Human Branding«, Jon Christoph Berndt.

Stellen Sie sich einmal folgende alltägliche Situation vor: Es ist Samstagvormittag, Sie haben ausgeschlafen, lecker gefrühstückt und machen sich auf zur üblichen Bäcker-Metzger-Supermarkt-Reinigungs-Runde. Fast automatisch, wie ferngesteuert kaufen Sie das, was Sie immer kaufen. Aber haben Sie sich jemals gefragt, warum Sie immer dort und immer das Gleiche kaufen? Weshalb nicht direkt nebenan, wo es beispielsweise noch zwei andere Bäcker, Metzger, Supermärkte etc. gibt? Ist es wirklich nur, weil Ihrer am nächsten liegt? Weil sich die penetrante Werbung auf die Festplatte in Ihrem Kopf eingebrannt hat? Oder ist es etwas ganz anderes, was sie fast magisch in Ihren Lieblingsladen oder im Supermarkt zu »Ihrer Marke« zieht? Ein spannender Prozess! Und wer seine Mechanismen kennt, weiß sie sich zunutze zu machen und positioniert sich wie diese Geschäfte als Liebling und klarer Favorit. Faktoren, die in einer komplexer werdenden Welt für Erfolg und Glück wichtiger denn je sind. Wie Sie sich als starke Marke etablieren, das zeigt Ihnen »Human Branding«, eine von mir entwickelte Methodik, die Sie ergründen lässt, was Sie als Persönlichkeit einzigartig macht und wie Sie diese Essenz aus sich herauskitzeln und so Ihre ureigene Markenstrategie finden.

Um zu erahnen, wie Human Branding tickt, bitte ich meine Zuhörer in Vorträgen und Seminaren gern, die Augen zu schließen und sich vorzustellen, eine Tafel Schokolade zu sein. Mit vielen anderen Tafeln buhlen Sie im Supermarktregal um Kundschaft, Sie wollen begehrt sein, Sie wollen erwählt werden und locken: Vertrau mir! Kauf mich! Nimm mich mit! Das bedeutet, Sie müssen mit Ihren Reizen wuchern: mit Ihrem Kakaoanteil, Ihrer Beschaffenheit, dem Preis, der Optik und der Verpackung, die entweder plastikglatt ist oder eher leicht angeraut, wo die Finger den geprägten Schriftzug Ihres Markennamens spüren können.

Und: Was für eine Schokoladentafel gilt, gilt auch für uns Menschen – *klare Positionierung und eindeutige Wahrnehmung begründen auch unseren Erfolg.* Genau das zeichnet Ihren Stammbäcker aus, wenn Sie immer zu ihm gehen. Bei meinem sind das diese sahnigen Quarktaschen, die nirgendwo anders so sahnig sind und bei ihm eine halbe Stunde vor Ladenschluss sogar noch 40 Prozent günstiger. Und mein favorisierter Schuster hat die haltbarsten, per Hand gegerbten Ledersohlen aus besonders dickem Material, die man heute kaum noch findet. Ist das nicht wundervoll, ein toller USP, ein großer Nutzen für mich und viel besser als bei all den anderen?

Was also macht Sie zu etwas ganz Besonderem?

Was genau Sie als Mensch auszeichnet, das herauszufinden ist der erste wichtige Schritt beim Aufbau Ihrer Markenpersönlichkeit.

Aktion: Stellen Sie sich daher wie ein Markenexperte die drei wichtigsten Markenfragen:

1. Welchen USP habe ich als Marke?
Die von Markenfachleuten viel zitierte »Unique Selling Proposition«

(USP) bezeichnet das Alleinstellungsmerkmal, den einzigartigen Verkaufsvorteil. Überlegen Sie, was Ihr gewisses Etwas sein könnte, das Sie unverwechselbar und zu etwas ganz Besonderem macht.

2. Welchen greifbaren Nutzen habe ich?
Das beste Produkt mit dem besten Verkaufsmerkmal ist nur so gut, wie es begehrt wird: Nur wenn mein sogenanntes Nutzenversprechen (es erfüllt zum Beispiel eine bestimmte Anforderung 100-prozentig, es macht das Leben leichter und viel schöner ...) möglichst viele Menschen interessiert, ja fasziniert, haben Sie die notwendige Relevanz und werden beachtet.

3. Setze ich mich von Mitstreitern ab?
Gibt es andere Menschen mit einem vergleichbaren USP und einem vergleichbaren Nutzen, werde ich nur schwerlich Erfolg haben. Dann überspringe ich nicht die Messlatte, die sogenannte Norm, die meine Wettbewerber vorgeben. Vielmehr bin ich austauschbar und belanglos oder »me-too!« (»Ich auch!«) positioniert, wie die Markenleute sagen.

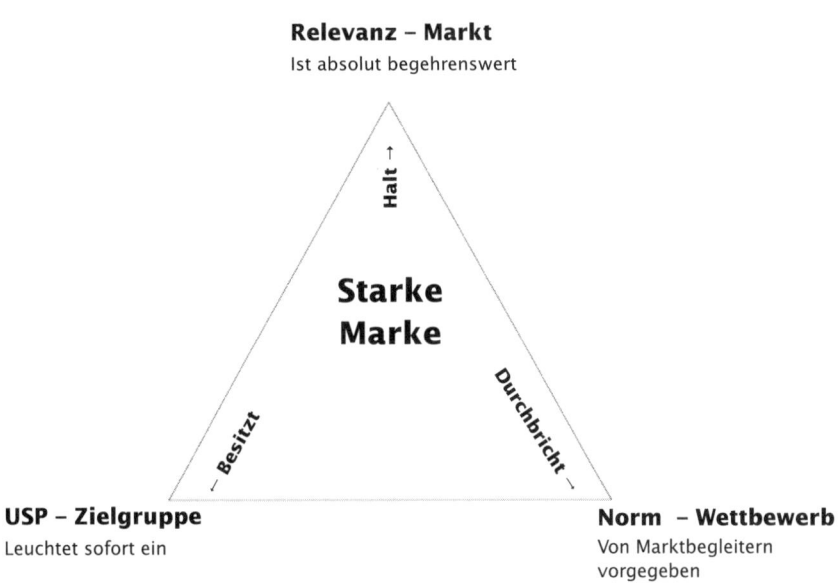

Relevanz – Markt
Ist absolut begehrenswert

Halt ↑

Starke Marke

Besitzt ↗

Durchbricht ↘

USP – Zielgruppe
Leuchtet sofort ein

Norm – Wettbewerb
Von Marktbegleitern vorgegeben

Das Markendreieck gilt für ein Produkt genauso wie für Sie

Fundierte Antworten auf diese drei Fragen sind die beste Voraussetzung für dauerhaften Erfolg. Und vielleicht machen Sie sich an dieser Stelle auch mal Gedanken darüber:

- Wieso sollte Ihr Chef gerade Sie zum Abteilungsleiter machen? Die Müller ist doch viel smarter!
- Weshalb sollten gerade Sie den Vorsitz im Förderverein des Kinderhorts etc. bekommen? Der Vater von Benny packt doch viel kräftiger an, wenn der neue Sand für den Spielplatz kommt!
- Oder warum sollten Sie beim Männerausflug den letzten freien Platz in der Skihütte ergattern? Der Huber hat doch immer die viel leckereren Spezereien dabei!

Achtung: Nicht verzetteln!

Wenn Sie jetzt denken, Sie müssten es dem Huber gleichtun: Fehlanzeige! Alles richtig zu machen, aber auch nicht mehr, reicht ebenfalls nicht. Das Gleiche gilt für die fleißigen Bienen: morgens der Erste im Büro und abends der Letzte, die Wohnung immer tipptopp aufgeräumt, für jeden allzeit einen fürsorglichen Rat, die Kinder wie aus dem Ei gepellt, jede Mail sofort beantwortet, bei jeder Essenseinladung die neueste kreative Küche auf dem Tisch ... Uff, und irgendwann merken Sie: Es gewinnt nicht der Fleißigste, Kräftigste, Beste oder Schönste, sondern der, der sich am smartesten positioniert, präsentiert und vermarktet (schon wieder: USP, Nutzen, Wettbewerbsvorsprung). So kommt es, dass die smarte Müller tatsächlich den Abteilungsleiterposten kriegt. Ihr allzeit kreativer Saustall macht sie einfach so menschlich und sympathisch! Aber vor allem spürt man bei ihr die Hingabe zu ihrem Job und den Mut dazu, etwas Großartiges zu schaffen. Finden auch Sie heraus, was genau Ihre Leidenschaft, Ihren wahren Antrieb ausmacht, sozusagen Ihre Essenz darstellt!

Schürfen Sie nach Ihrer Essenz

Wie ausschlaggebend Leidenschaft und Authentizität für den Erfolg einer Kampagne ebenso wie für eine Marke sind, konnte ich als Berater und Geschäftsführer in Werbeagenturen täglich spüren. Und heute, wenn wir Markenarbeit für BMW, Mövenpick oder Yahoo machen, sind diese Faktoren umso wichtiger. Das veranlasste mich, tiefer zu schürfen und zu analysieren, welche Kriterien für den Markenerfolg des Menschen, also für Ihren Markenerfolg, stehen. Das Ergebnis sind die folgenden 10 Goldenen Markenzutaten von Human Branding:

Aktion: Ermitteln Sie anhand dieser Markenregeln, was Ihre Essenz ist, und erkennen Sie, was Sie zu einer *einzigartigen* Markenpersönlichkeit macht.

Die 10 Goldenen Markenzutaten

1. Fokus: Finde heraus, wofür Du stirbst!

Jeder sollte das machen, wofür er brennt. Nämlich das, was er am liebsten macht und am besten kann; und sonst am besten nichts. Jamie Oliver brennt fürs Kochen; er kann nicht anders. Er bringt Fertigsoßen, Geschirr, Öle und Kochbücher auf den Markt. Aber er würde niemals seinen guten Namen für die Limited Edition eines Autos oder einen Satz ganz besonderer Golfschläger hergeben. Und für Staubsaugerbeutel schon dreimal nicht. Melitta beispielsweise hat diese goldene Markenregel einmal nicht beherzigt: Die Kaffeefilterspezialisten brachten unter dem eigenen Markennamen Staubsaugerbeutel auf den Markt. Doch: Möchten Sie das Gefühl haben, dass Ihr Morgenkaffee durch das gleiche Filterpapier läuft, durch das Sie anschließend die Hamsterhaare aufsaugen? Nein! Ich auch nicht. Heute verkauft die Firma die Staubsaugerbeutel unter der Marke Swirl.

Deshalb: Stellen Sie die Frage nach Ihrer Leidenschaft, die Einsame-Insel-Frage, unmissverständlich: Was möchte ich dort unbedingt tun, ohne was kann ich unter keinen Umständen leben? Überlegen Sie nicht zu lange, und fragen Sie Ihren Bauch. Wenn Sie für Ihre Familie sterben könnten, ist das ein wichtiger Hinweis auf Ihren ultimativen Fokus. Wenn Sie nun einmal nicht ohne Computer können, auch. Und wenn Sie jeden Tag eine Stunde Bewegung brauchen wie die Luft zum Atmen, erst recht.

2. Wettbewerb: Achte auf Deine Mitbewerber!

Solange Sie nicht Einstein oder Picasso sind, gibt es statistisch gesehen immer jemanden, der genauso gut ist wie Sie. Wir haben überall ebenbürtige Konkurrenten; in der Arbeit, im Sport, beim Werben um die Dame oder den Herrn des Herzens ... Haben wir uns erst einmal mit dieser Erkenntnis abgefunden und münzen wir sie ins Positive um, geschieht etwas Erstaunliches: Sie spornt an, erst zum Nachdenken, dann zum Profilschärfen. Wie unterscheide ich mich dennoch von meinen Wettbewerbern und halte sie auf Abstand?

Weil der Bienenfleißigste, der Beste und Schönste eben nicht gewinnt, geht es hier vielmehr darum, die eigenen Fähigkeiten auf den Punkt zu bringen, sie attraktiv zu verpacken und nutzbringend zu untermauern. Anhand von Marktforschung, Fokusgruppen, Milieustudien etc. testen zum Beispiel Schokoladenhersteller wie Milka oder Ritter Sport nicht aus, wer die beste Schokolade hat, sondern welche Vorzüge sie für welche Zielgruppe bieten sollte. Auf diese Ergebnisse stimmen sie dann ihre Marketingstrategie ab: So hat Milka den zarten Schmelz und die leckere Alpenmilch, Ritter Sport dagegen die knackigen Zutaten und die verrückten Sorten. Das differenziert, und jeder hat seine eingeschworenen Fans.

3. USP: Entscheide, ob Du in der Hand schmilzt oder im Mund!

Nicht jeder hat einen absolut eigenständigen USP wie Bionade: Die Limonade ist nicht nur biologisch, sondern wird als weltweit einzige auch noch gebraut wie Bier. Bingo! Damit hat die Firma aus der Rhön die Lizenz zum Gelddrucken. Verlassen Sie sich nicht darauf, ein ähnlich grandioses Alleinstellungsmerkmal zu finden. Viel wahrscheinlicher ist es, dass Sie Ihren USP wohlüberlegt kreieren müssen. Ich verspreche Ihnen: Auch Sie haben ein starkes, unverwechselbares Alleinstellungsmerkmal als elementare Zutat Ihrer starken Marke. Sie sollten sich nur die Mühe machen, es zu finden.

Die amerikanische Süßwarenfirma Mars hat sich diese Mühe gemacht. Dabei war der Anfang alles andere als leicht: Als sie 1986 mit M&M's auf den deutschen Markt kam, fanden wir Treets und Bonitos viel besser; und dann gab es ja schon die vergleichbaren und sehr beliebten, bunten Smarties von Nestlé. Auf der Suche nach einem knackigen USP erfanden die Marketingleute den genialen Slogan »Schmilzt im Mund, nicht in der Hand!« Die Zuckerschicht um die Schokolade lässt die Finger sauber, das können Smarties nicht. Das verhalf M&M's zum Durchbruch: Schließlich haben alle Eltern gern die Gewissheit, dass die Kids beim Naschen nicht die Polster versauen. Ein toller USP, toll kommuniziert. Welchen finden Sie für sich?

4. Relevanz: Sei den guten Streit wert!
Früher habe ich mich immer geärgert, wenn ich kritisiert wurde. Was nimmt der sich heraus, dachte ich, habe die Borsten aufgestellt, wurde schnell kiebig. Heute nehme ich es positiv. Vorausgesetzt, die Kritik ist konstruktiv und auf wertschätzende Art und Weise geäußert. Dann streite ich sogar gern, sage klipp und klar, was ich denke, und erwarte das auch von meinem Gegenüber. Machen Sie das auch so, wenn jemand Sie in der Firma kritisiert oder im Verein am Stammtisch! Sehen Sie es bitte einfach mal so: Der andere hat sich Gedanken gemacht und nimmt sich Zeit für ein schwieriges Gespräch mit Ihnen. Ist das nicht toll? Müsste er ja nicht! Ihm scheint etwas an Ihnen zu liegen! Das bedeutet, Sie haben etwas zu bieten, eine Anziehungskraft, üben eine gewisse Faszination aus. Dabei gibt es Menschen genauso wie Produkte, die uns einerlei sind; sie haben keine Relevanz. Da denke ich an die Dschungelcamp-Bewohner bei RTL; oder an die beheizbare Augenmaske, die man an den USB-Anschluss am Computer anschließt. Oder an Dreck aus der Dose für den Geländewagen ... Wen interessiert das wirklich?

5. Qualität: Außen hui, innen hui!
Kennen Sie auch solche Blender und Schaumschläger mit viel davor und wenig dahinter? Meist werden sie früher oder später durch-

schaut. Dann ist die Luft raus, und mit USP und Relevanz ist es Essig: Eine Marke ist in Jahren mühsam aufgebaut und in Sekunden mühelos zerstört. Achten Sie daher bei Ihrer Marke darauf, dass sie innen ist wie außen und außen wie innen. Dann brauchen Sie keine Angst zu haben vor einem Fassadendasein und bloßer Augenwischerei, die auf Dauer bloß anstrengend ist und früher oder später enttarnt wird.

Manche Menschen sind genau so, wie sie vorgeben zu sein. Wie der Unternehmer Wolfgang Grupp zum Beispiel, der Mann mit dem Affen im Werbespot vor der Tagesschau. Er sagt, dass er hierzulande 1200 Arbeitsplätze sichert, weil man bei Trigema nur in Deutschland produziert. Weltklasse, der gebräunte T-Shirt-König mit dem himmelblauen Einstecktuch und ebensolchem Binder. Der tut, was er sagt. Der lebt sich selbst, ich würde ihm jeden Gebrauchtwagen abkaufen!

Fragen Sie sich bei den Menschen in Ihrem näheren Umfeld, wem Sie auch einen Gebrauchtwagen abkaufen würden. Wo der Bauch ja sagt, hat der Mensch ein Höchstmaß an persönlichen Qualitäten, ganz viel Sein und ganz wenig Schein. Dann fragen Sie sich bitte, wie Sie selbst Ihre Verpackung und Ihre Qualitäten auf höchstmöglichem Niveau in Einklang bringen, damit man auch Ihnen dieses Vertrauen entgegenbringen mag.

6. Echtheit: Paula bleibt Paula, und Horst bleibt Horst. Gut so!
Erinnern Sie sich an Rudolf Scharping? Der wollte 1994 für die SPD Bundeskanzler werden. Dabei stammt er aus Niederelbert im Westerwald. Ist ja nicht schlimm, ich bin selbst aus Kusel in der Hinterpfalz. Doch wenn der Westerwälder plötzlich Weltmann spielt, hapert es mit der Authentizität. Auf diese Echtheit kommt es aber an bei starken Marken. Damit Scharping im Wahlkampf smarter und weltmännischer rüberkommt, haben ihn seine Imageberater damals runderneuert: Der Bart musste ab und eine Designerbrille her. Dazu gab es Designeroutfits vom Herrenausstatter. Wenn dabei allerdings ein völlig anderer Rudolf Scharping herauskommt, ist es vorbei mit der Echtheit. Schließlich kann man seine Wurzeln nicht verleugnen,

einen Dialekt nicht einfach wegtrainieren, darf es keinen Bruch mit der Vergangenheit geben. Bei Scharping gab es diesen Bruch, und deshalb kam er im Wahlkampf wie ferngesteuert daher. Was nicht echt ist, ist halt falsch, das ist das Problem!

Angela Merkel dagegen ist echt bis ins Mark. Hier sind Persönlichkeit und Marke absolut deckungsgleich: Sie kokettiert mit ihrer Herkunft vom Lande, brachte sie mit dem legendären Barbecue mit George Bush in Trinwillershagen 2006 sogar meisterhaft authentisch in Köpfe und Bäuche. Man hat das gute Gefühl, dass sie einem immer auf Augenhöhe begegnet, von Angesicht zu Angesicht. Sie ist allürenfrei, und wir fühlen dieselbe Frau Merkel wie früher. Ein fast schon lehrbuchhaftes Beispiel professionellen Human Brandings. Profitieren Sie davon! Bedenken Sie immer, bei allem, was Sie tun und was Sie lassen: Wo komme ich her? Was ist mir wirklich wichtig, wofür schlägt mein Herz? Ab wann verbiege ich mich und verhalte mich wie ferngesteuert? Fragen Sie sich bei jeder einschneidenden Veränderung, ob Ihre Eltern in Ihnen weiterhin die Tochter oder den Sohn erkennen würden. Tun Sie all das, bei dem Sie guten Gefühls mit Ja antworten können, und lassen Sie alles andere bleiben.

7. Wiedererkennung: Setze Deinen Anker!

Sicher finden Sie es schön, wenn man sich an Sie erinnert, auch wenn man Ihren Namen nicht mehr parat hat. Ist das nicht die, die immer diese schönen großen Ohrringe trägt? Das ist doch der, der mit seiner Krawatte noch ins Bett geht! Oder der mit dem roten Halstuch. Wenn das von Ihnen gesagt wird, haben Sie einen Anker gesetzt – unverwechselbar und extrem markenbildend. Dabei muss ein solcher Anker gar nicht teuer sein. Viel wichtiger ist es, dass er zu Ihnen passt und Sie ihn konsequent hegen und pflegen. Deshalb haben Teddybären von Steiff einen Knopf im Ohr. Karl Lagerfeld hat den Fächer, mit dem er überall herumwedelt. Und Cindy Crawford hat das Muttermal; ohne dieses Markenzeichen wäre sie wohl niemals so berühmt und beliebt geworden.

Setzen auch Sie einen starken Anker, der zu Ihnen passt, und das ein Leben lang! Ich selbst zum Beispiel trinke seit ewigen Zeiten meinen Kaffee aus dem Glas; irgendwann wurde mein Anker daraus. Außerdem trage ich meine Uhr rechts. Jetzt sind Sie dran!

8. Werde Aktivist!
Wie wir gesehen haben, steht beim Wettrennen des Lebens nicht der Fleißigste und auch nicht der Beste auf dem Treppchen. Vielmehr bekommen diejenigen die Blumen, die Gutes tun und fortwährend darüber berichten. Das beste Restaurant kriegt keine Gäste, wenn keiner den Weg kennt. Der beste Roman wird nicht gelesen, wenn die Verlage keinen Wind davon bekommen. Der beste Projektmanager kommt auf keinen grünen Zweig, wenn der Abteilungsleiter die Lorbeeren einheimst. Deshalb: Klappern gehört zur Marke! Wenn Sie ganz genau wissen, wofür Sie sterben und was Sie wirklich exzellent können, streuen Sie es clever und smart unter die Leute! Das muss nicht so laut und unbarmherzig sein wie in der Speakers' Corner im Londoner Hyde Park.

Verkünden Sie lieber etwas hintergründiger und subtiler, wofür Sie stehen; dafür umso vernehmbarer und unmissverständlicher. Und nehmen Sie sich Zeit dafür: Es dauert oft eine Weile, bis Sie in dem gigantischen Rauschen überall um Sie herum wahrgenommen werden. (Auch Human Branding brauchte gut und gern zwei Jahre bis zum ersten TV-Auftritt.) Wichtig ist, dass Sie wirklich etwas zu sagen haben, dass Ihre Botschaft nur für Sie spricht und für niemand anderen. Dass Sie konsequent sind und immer dranbleiben.

In der Firma haben wir einen Newsletter, wie Tausende andere auch. Aber nicht online, sondern ganz altmodisch auf schönem Briefpapier, mit persönlicher Ansprache und einer echten Briefmarke. Der Erfolg: Viermal im Jahr fühlen sich unsere Netzwerkpartner gut informiert und sprechen uns immer wieder darauf an; wir müssen durch keinen Spamfilter. Und das Schönste: Wir haben noch keine einzige böse Antwort wegen unerbetener Reklame erhalten. Dabei kostet unser Newsletter nur den guten Willen, die ungewöhnliche Idee und das Porto.

9. In der Kraft liegt die Ruhe!
Wer eine starke Marke ist, kann sich entspannt zurücklehnen. Vieles passiert dann von ganz allein, und Sie müssen sich gar keine übertriebenen Sorgen um die Wahrnehmung Ihrer Persönlichkeit und Ihrer Qualitäten machen. Thomas Gottschalk hat das früh erkannt und zog schon Anfang der Neunziger nach Malibu. Unsereins hätte das Zittern gekriegt und sich fortwährend gefragt, ob man da drüben nicht irgendwann vergessen und einfach nicht mehr angerufen wird. Genau das Gegenteil ist der Fall! Gottschalks Marke ist so einzigartig, stark, echt und Gottschalk, dass sie das genauso aushält wie gelegentliche Kritik und die immer mal wieder brodelnde Nachfolgegerüchteküche. Willst Du was gelten, komme selten – und wenn Du kommst, nähre Deine Marke durch alles, was Du tust, und alles, was Du lässt.

Besonders beeindruckt bin ich von einer Menschenmarke, die an Kraft nicht zu überbieten ist: Mahatma Gandhi (1869–1948). Er hat ganz intuitiv und ohne Markentechnik derart viel gut und richtig gemacht, dass er mir Vorbild bei meiner täglichen Arbeit ist. Seine Kraft spüre ich, wenn ich an den Kinofilm über sein Leben denke. Oder an seinen so wahren Satz: »Der Schwache kann nicht verzeihen. Verzeihen ist eine Eigenschaft des Starken.« Dann läuft mir ein wohliges Kribbeln über den Rücken. Gandhi ist der schöne Beweis dafür, dass es bei markenstarken Menschen nicht um Schneller, Höher, Weiter, sondern um das Richtige zur richtigen Zeit geht. Wie ist das bei Ihnen?

10. Lieber 1 Freund als 100 Freundchen!
Kennen Sie Leute, die behaupten, sie hätten 100 Freunde? Meist unterscheiden sie nicht zwischen »Freund« und »Bekannter«. Ich selbst habe eine Handvoll echter Freunde. Das ist nicht selbstverständlich, und ich bin dankbar dafür. Sie sind immer für mich da, glauben an mich, verteidigen mich, kritisieren mich und streiten mit mir. Alle anderen, die Kontakte in meinem Outlook, auf Online-Plattformen und an meiner Pinnwand, sind gute Bekannte; privat wie beruflich. Ich schätze sie genauso, aber ganz anders.

Bei der starken Marke geht es wie beim guten Netzwerk um Qualität. Hier sind es die persönlichen Qualitäten von Freunden und Bekannten, an denen wir uns reiben und wachsen können. Deshalb ist die Anzahl der Kontakte nebensächlich. Gehören Sie zu denen, die bei StayFriends und Xing Leute sammeln wie früher Fußballbildchen? Das führt meist zu nicht mehr als zu ordentlich Kontaktverwaltungsstress. Aufbau und Pflege eines Netzwerks brauchen Engagement und Mühe, und das ist gut so. Sonst gäbe es keine Gelegenheit zum Wertschätzen, zum Wachsen und Gedeihen und zum Sich-darüber-Freuen. Deshalb lohnt es sich, genau zu überlegen, wen Sie gern in Ihrem Netzwerk haben. Wer ist Ihnen wertvoll, ganz unabhängig davon, ob er Ihnen einen »Nutzen« bringt oder nicht? Für wen schlägt Ihr Herz, von wem möchten Sie mehr erfahren, gar etwas lernen? Stellen Sie diese Überlegungen zuallererst aufgrund Ihrer Markenpersönlichkeit an. Dann spüren Sie auch, wo Sie gern mitmachen möchten. Und das Netzwerken macht umso mehr Spaß. Außerdem müssen Sie dann nicht überall Ihr Fähnchen hochhalten, wo ein Lüftchen weht. Daher meine Tipps:

- Entscheiden Sie sich für *eine* einzige gute Online-Plattform.
- Gehen Sie in *einen* Sportverein und in *einen* Förderkreis.
- Machen Sie entschieden mehr reales Networking als virtuelles und entschieden mehr informelles als formelles: Was gibt es Schöneres als die Stunden in der Bahn mit diesem sympathischen Menschen gegenüber heillos zu verquatschen?

Wo eine Marke ist, ist auch ein Anfang

Sie haben nun eine erste gute Vorstellung von Ihrer ganz persönlichen starken Marke gewonnen. Hier und dort ist einiges klarer geworden, die Gedanken führen zu ersten Veränderungen. Die »10 Goldenen Markenzutaten« sind Ihnen Leitplanken wie Ansporn dafür, Ihre Marke immer ein Stückchen weiter zu profilieren und zu schärfen. Halten Sie sich daran, sind Sie bald dieser eine Mensch, der genau weiß, wofür er steht. Das vermitteln Sie dann auch Ihrer Umwelt – immer und überall – und bestätigen damit meinen Lieblingssatz: »Marken erkennt man daran, dass man Sie erkennt.« Und Sie haben Erfolg.

Ich freue mich, wenn wir uns einmal begegnen – bei einem Vortrag, im Seminar oder im Coaching. Dann werde ich Ihre Marke und Sie meine mit allen Sinnen erleben. Ist sie so einzigartig? Löst sie ein Kribbeln im Nacken aus? Macht sie neugierig und regt dazu an, den Menschen gegenüber intensiver erleben zu wollen? Wir werden es dann erleben.

Jon Christoph Berndt, geb. 1969, ist Kommunikationsexperte und Managementtrainer. Er hat Politologie und Kommunikationswissenschaften studiert und ist Absolvent der Deutschen Journalistenschule München. Als Inhaber der Unternehmensberatung »brandamazing« in München entwickelt er Marken-, Marketing- und Kommunikationsstrategien für Unternehmen, Produkte und Menschen. Berndt ist Erfinder von Human Branding (www.human-branding.de): Auf Kongressen, in Vorträgen, Seminaren und im Coaching zeigt er, wie Menschen eine einzigartige starke Marke werden und mit dieser unverwechselbaren Positionierung beruflich wie privat mehr Erfolg haben. Zusätzlich ist er Dozent an der Bayerischen Akademie der Werbung (BAW) sowie Mitglied des Vorstands der German Speakers Association e.V. Im »Handelsblatt« schreibt er jeden Freitag eine Kolumne unter der Rubrik »Mensch, Marke!«.

© **Quirin Leppert**

Hermann Scherer

Networking für Fortgeschrittene

Networking mit »Vitamin B« gleichzusetzen, hält Kommunikationsexperte Hermann Scherer für zu kurz gedacht: Von
einem Beziehungskonto kann nur der abheben, der auch
einbezahlt, meint er und zeigt, was fortgeschrittene Netzwerker anders machen.

Hätten Sie's gedacht? Johann Wolfgang von Goethe war ein hervor-
ragender Netzwerker: Er verkehrte in Salons, Lesezirkeln, Gelehrten-
gesellschaften und Vereinen, besuchte Herrenrunden in örtlichen
Gasthäusern, war Mitglied der Freimaurerloge Amalia in Weimar
und beherrschte selbst das Jonglieren politischer Bälle. Allerdings
nützte Goethe sein gesellschaftliches Standing vor allem, um persönlichen Einfluss und Macht auszuüben. Zeitgemäßes Networking, wie ich es verstehe, ist anders: »Advanced Networking« oder
Networking für Fortgeschrittene bedeutet nicht, nur sein Prestige
auszuweiten und Ego-Marketing zu betreiben. *Statt andere zu benutzen, geht es vielmehr darum, anderen zu nützen, um in einem zweiten
Schritt gegenseitig voneinander zu profitieren.* Eine Fähigkeit, die in
unserer Wissensgesellschaft wichtiger denn je ist, weil sie unsere
Chancen ungemein erhöht, wie die amerikanischen Management-
professoren Thomas W. Malone und Robert J. Laubacher bestätigen.
Denn: Aufgaben weiterzuleiten, die andere schneller und kompe-

tenter lösen können als Sie selbst, spart Zeit und gewährleistet, gezielt die Aufgaben zu übernehmen, die Ihrem Profil, Ihren Stärken entsprechen. Das erhöht Ihre Effizienz und schafft ungeahnte Möglichkeiten. Nicht zu unterschätzen ist hierbei der Faktor Zufall! Was das bedeutet und wie jeder Mensch es schaffen kann, ein erfolgreicher Networker zu werden, das möchte ich Ihnen hier vermitteln. Schließlich hat die Studie von IBM noch immer Gültigkeit, die herausfand, dass Kontakte und Beziehungen zu 60 Prozent den eigenen Erfolg bestimmen, gefolgt von Image und Selbstdarstellung (30 Prozent), während der Anteil an Leistung und Qualifikation nur klägliche 10 Prozent ausmacht. Wie also stellen Sie es an, ein Advanced Networker zu werden?

Erwarten Sie keine direkte Kompensation

Die Angst, zu einer Gegenleistung verpflichtet zu sein und damit zum Spielball zu werden, hält viele Menschen ab, Netzwerke zu nutzen. Gehen Sie mit gutem Beispiel voran und erwarten Sie für Ihre Hilfeleistung keine direkte Kompensation. Vertrauen Sie auf eine stimmige Gesamtbilanz. Ich kann Ihnen versprechen, Sie werden unterm Strich erfolgreicher sein, wenn Sie Networking – andere zu treffen, Kontakte aufzubauen, Informationen zu sammeln und Empfehlungen weiterzugeben – zuallererst unter dem Spaßfaktor sehen. Fragen Sie nicht: Was kann er oder sie für mich tun? Sondern: Was kann ich für andere tun? Hüten Sie sich vor vorschnellen Urteilen. Denn beurteilen Sie Menschen nur nach »bringt mir was«, »bringt mir nichts«, verpassen Sie viele Chancen und Gelegenheiten.

Ein Beispiel: Eine Bekannte von mir, die in einem Konzern arbeitet, hatte für einige Wochen eine junge Praktikantin zu betreuen. Auch nach der Praktikumszeit suchte diese junge Frau Kontakt zu ihr. Meine Bekannte ging darauf ein, obwohl sie wusste, dass sie der ehemaligen Praktikantin keine Stelle in ihrem Unternehmen würde vermitteln können. Es stellte sich heraus, dass der Vater der Praktikantin Personalberater in einer sehr speziellen Branche war, in der auch der Mann meiner Bekannten arbeitete. Beide

lernten sich kennen, und als der Personalberater ein Jahr später eine inte-
ressante Stelle zu besetzen hatte, stimmte er der Bewerbung des Mannes
meiner Bekannten zu, der die Stelle auch bekam.

Das Fazit dieses Beispiels: Als Network-Profi müssen Sie in Vorleis-
tung gehen und dürfen Verbindungen nicht übereilt kappen, weil sie
keinen sofortigen Nutzen darin erkennen. Vielleicht haben Sie eine
nette, alteingesessene Nachbarin in Ihrem Haus. Nicht interessant?
Doch, natürlich! Sie kann Ihnen eine gute Autowerkstätte empfehlen
oder ein Café mit dem besten Frühstücksbrunch. Und die kreativste
Fotografin. Und da die Fotografin eine alte Schulfreundin ist, bekommen Sie nicht nur schnell einen Termin bei ihr, sondern auch
vergünstigte Konditionen. Habe ich alles erlebt!

Punkten Sie als Vermittler und Problemlöser

Erfolgreiche Networker sehen sich als Problemlöser, sie machen sich
zu einem verbindenden Glied zwischen Menschen oder Gruppen.
Daher: Stellen auch Sie Kontakte zwischen Menschen oder Gruppen
in Ihrem Netzwerk her. Verbinden Sie diese, wenn Sie dafür interessante Anknüpfungspunkte sehen. Fragt Sie zum Beispiel jemand, ob
Sie als Freiberufler nicht ein bestimmtes Projekt betreuen wollen,
empfehlen Sie einen Kollegen, wenn Sie nicht der ausgewiesene Experte auf diesem Gebiet sind. Vermitteln Sie einem Kunden einen
guten Spanischlehrer, wenn er einen sucht, oder verknüpfen Sie Müt-
ter, deren Söhne ständig Ohrprobleme haben und von denen einer
mit Homöopathie einen Quantensprung schaffte. Betrachten Sie sich
als Vermittler mit dem Ziel, Beziehungen herzustellen und diesen
Prozess zu begleiten. Sicherlich wird sich so mancher Kontakt verlieren und sich nicht jede Verbindung als gewinnbringend für alle Beteiligten erweisen. Egal! Indem Sie als Problemlöser auftreten, erhalten Sie aus Ihrem Netzwerk aktuelle, wichtige Informationen und
machen sich zum unverzichtbaren Knotenpunkt. Wie von selbst werden sich daraus beruflich interessante Kontakte und wunderbare Synergien für Sie ergeben.

Noch gezielter können Sie allerdings als Problemlöser agieren, wenn Sie Ihrem Gegenüber helfen, lästigen Kleinkram besser zu handhaben, damit er so mehr Zeit für wichtige Aufgaben gewinnt und sich besser auf seine Wünsche und großen Ziele konzentrieren kann. Unterstützen Sie ihn dann noch mit Tipps und Ideen dabei, seinen großen Zielen und Wünschen einen Schritt näherzukommen. Bingo!, das ist ein großer Pluspunkt für Sie. Schließlich: Je größer die Korrelation zwischen der Zusammenarbeit mit Ihnen und der Erreichung der großen Ziele ist, desto geringer ist die Gefahr, dass Ihr Gespräch, Ihre Kommunikation kurz und oberflächlich verläuft.

Seien Sie offen

Ob bei beruflichen Kontakten, beim Elternabend oder beim Lieblingsitaliener: gute Netzwerker haben ihre Antennen immer auf Empfang und saugen wie ein Schwamm Informationen über Menschen auf. Sie beherrschen den Small Talk ebenso wie das aufmerksame Zuhören, weil sie einfach gerne kommunizieren (Profi-Tipps dazu siehe »Networking auf Veranstaltungen«, Seite 42).

Menschen gegenüber offen zu sein, bedeutet aber nicht nur, andere und deren Anliegen ernst zu nehmen. Sondern auch selbst etwas von sich preiszugeben. Auch wenn Zuhören edler ist als Reden, sollten Sie, um zu Beginn Vertrauen aufzubauen, etwas von sich erzählen. Außerdem können Sie ein Netzwerk nur dann sinnvoll nutzen, wenn Sie über Ihre Ideen sprechen und andere nach deren Meinung und Empfehlung fragen. Zwar würden wir alle gern den Eindruck erwecken, wir kämen auch ganz gut allein zurecht. Doch ist es ein Zeichen von Selbstbewusstsein, sich Rat bei anderen zu holen. Zeugt es doch von Professionalität, der Sache mehr Bedeutung beizumessen als dem eigenen Ego, und es erhöht die Chance, dem Zufall auf die Sprünge zu helfen.

Vertrauen Sie auf den Faktor Zufall

Ungeahnte Möglichkeiten und Synergien können immer entstehen, wenn Sie eine Beziehung anstoßen und als Vermittler agieren. Aber es gibt da noch etwas ganz anderes. Nämlich schicksalhafte Begegnungen oder Entdeckungen, die möglich sind und auch Ihnen passieren könnten. »Serendipity-Effekt« nennen Wissenschaftler dieses Phänomen, das etwas zufällig entstehen lässt, wie zum Beispiel die Erfindung des Penicillins oder der Nylonstrümpfe und die Entdeckung der Röntgenstrahlung. Andererseits wird es auch als besondere Fähigkeit verstanden, intelligente Schlussfolgerungen zu ziehen und mit den richtigen Leuten zur richtigen Zeit über Ideen und Projekte zu sprechen. Das gelingt allerdings nur, wenn wir regelmäßig den Schreibtisch verlassen. Nur so können wir auf Netzwerkpartner und neue Bekanntschaften stoßen, um in einem persönlichen Gespräch über neue Ideen zu sprechen oder die Meinung anderer einzuholen.

Soziale Kontakte ergeben sich über berufliche Verbindungen und unser berufliches Handeln, aus unserem privaten Alltag oder einem Urlaub heraus. Zusätzlich durch bestimmte Gruppen, etwa berufliche Interessensgruppen, Vereine, aber auch durch Business-Clubs. Erfolgreiche Networker finden überall Gesprächspartner, auch im Zug, im Flugzeug, im Wartezimmer, am Tresen ihrer Lieblingskneipe, im Elternbeirat, im Sportclub, beim Rotarier-Treffen ...

Zeigen Sie echtes Interesse

Egal, wo Sie ein Gespräch beginnen, bringen Sie Ihrem Gesprächspartner echtes Interesse entgegen. Signalisieren Sie, dass Sie sich für seine Gedanken und seine Meinung interessieren. Denn: Geben Sie ihm das Gefühl, wichtig zu sein, öffnet er sich viel stärker und findet Sie zusätzlich sympathisch. Seien Sie also aufmerksam und fragen Sie: Ist Ihr Gegenüber verheiratet, hat er Familie, was ist sein Beruf? Welche Hobbys hat er, was mag er, was nicht ... Vermeiden Sie Besserwisserei, denken Sie positiv und üben Sie sich in Geduld, auch wenn

Sie bereits zu Beginn Ihres Gesprächs feststellen, dass Sie es mit einem VIP zu tun haben. Seien Sie interessiert und aufmerksam, aber nicht aufdringlich.

Was Sie selbst anbelangt, formulieren Sie Ihre Gedanken knapp und präzise, denn Ihr Gesprächspartner wird sich nur wenige Themen aus Ihrem Gespräch merken können. Vermeiden Sie es, schlecht über Dritte zu reden. Denn andere schlecht zu machen, dient nicht dazu, Vertrauen aufzubauen. Im Gegenteil. Unweigerlich wird Ihr Gesprächspartner sich fragen, ob Sie nicht eines Tages auch so über ihn reden. Versuchen Sie stattdessen, lieber Gemeinsamkeiten auszuloten.

Selbsttest: Wie sieht Ihr eigenes Netzwerk aus?

Um herauszufinden, welche Kontakte Sie haben, listen Sie bereits bestehende auf. Überlegen Sie in folgende Richtungen:

- Familie und Verwandtschaft
- Freunde
- Nachbarschaft
- Schule/Ausbildung/Studium
- Arbeit/Beruf
- Hobbys/Mitgliedschaften

Schätzungen gehen davon aus, dass jeder Mensch im Schnitt 250 Kontakte hat. Sie kommen nur auf 25? Glaube ich nicht! Wenn Ihnen spontan nur ein paar Dutzend einfallen, machen Sie jetzt den 111-Namen-Test, den ich auch in Seminaren gerne verwende. Dafür habe ich aus einem Telefonbuch willkürlich 111 Namen herausgesucht, die Sie im Anschluss als Vorlage finden. Diese 111-Namen-Liste soll vor allem eins: Ihr Unterbewusstsein anregen, und wetten, Sie kommen auch auf rund 250 Kontakte?

Die 111-Namen-Liste:

Ackermann, Robin	Adler, Heinrich	Anzinger, Annelies
Bachmann, Johann	Bauch, Konrad	Bogner, Andreas
Carl, Kerstin	Christl, Franz	Clemens, Alois
Danner, Anton	Diller, Antonie	Dürr, Manfred
Eck, Anna	Eisenmann, Andreas	England, Lutz
Essig, Gisela	Fackler, Georg	Falkner, Dieter
Fink, Jürgen	Fischer, Alexander	Forster, Helene
Gais, Peter	Geiß, Christine	Graf, Gustav
Gruber, Franz	Haberl, Alfons	Hammer, Sebastian
Hechtl, Christoph	Hoffmann, Ulrich	Hirsch, Alfons
Huber, Andrea	Hübsch, Emilie	Irrgang, Sabine
Ismaier, Georg	Imhof, Josef	Jonas, Michael
Jungbeck, Peter	Junge, Corina	Kaiser, Albert
Kastl, Helmut	Klingert, Nina	Kock, Albert
Kartzer, Berta	Kronauer, Anton	Kürzinger, Maria
Kunst, Andreas	Lacher, Philipp	Lammers, Andreas
Landsmann, Stefanie	Lengl, Elsa	Lindner, August
Lohs, Peter	Lüke, Herbert	Luttner, Dietrich
Marder, Cornelia	Marx, Georg	Menzel, Carsten
Mitsch, Erhard	Moosmüller, Ernst	Müller, Hermine
Mustermann, Jens	Nieper, Klaus	Nikel, Nancy
Noll, Anna	Nusser, Sandra	Obster, Hans
Öffner, Friederike	Ostermann, Kurt	Otto, Florian
Palm, Otto	Paukner, Adolf	Plank, Bernd
Putz, Wilhelm	Putzel, Andrea	Rad, Uta
Rattenhuber, Erwin	Reger, Heidi	Rippl, Eva
Rosner, Klaus	Ruhland, Norbert	Sandner, Georg
Schiffmann, Birgit	Schott, Anja	Schweiger, Annie
Schwibbe, Bianca	Seidl, Bernhard	Springer, Christine
Tausch, Werner	Teufel, Christian	Thalhammer, Josef
Tram, David	Trost, Christian	Turner, Beate
Ullmann, Anna	Unger, Johann	Unterstein, Kurt
Vater, Harald	Vierling, Christina	Vogl, Franz
Volk, Andreas	Vordermeier, Gerhard	Vorlaufer, Fritz
Wacker, Rosa	Waller, Barbara	Walz, Christine
Weiß, Siegfried	Wildgruber, Anna	Zeiler, Reinhold
Zink, Gerda	Zucker, Angelika	Zwingel, Horst

Nachdem Sie Ihre Netzwerkkontakte gesammelt haben, betrachten Sie diese auf verschiedene Fragestellungen hin, um sie sinnvoll zu kategorisieren. Nach:

- den wichtigsten Kontakten im Privatleben
- den wichtigsten Netzwerkpartnern
- mit wem Sie welche Probleme gelöst haben
- was Ihr derzeit dringlichstes Problem ist
- wer Ihnen dabei möglicherweise behilflich sein kann
- mit wem Sie sich verpflichten, in den nächsten 48 Stunden einen Termin zu vereinbaren
- welche Fähigkeiten und Kenntnisse Sie haben, mit deren Hilfe Sie anderen einen Dienst erweisen könnten
- wem Sie damit in den nächsten 24 Stunden konkret Ihre Hilfe anbieten wollen
- wie bewerten Sie Ihre eigene Networking-Kompetenz auf einer Skala von 1 bis 10 und suchen Sie Gründe dafür
- welche Networkingfähigkeiten Sie noch verbessern möchten
- welche Networkingfähigeiten Sie sich noch aneignen möchten
- welche weiteren Aktionen Ihnen noch einfallen

Daten festhalten

Je größer Ihr Netzwerk ist, desto schwieriger wird es, alle Informationen im Kopf zu behalten und auf Bedarf abzurufen. Keine Frage, es gibt Menschen, die das können – wandelnde Datenbanken mit dem Gedächtnis von Elefanten. Allen anderen aber, und das werden wohl die meisten sein, rate ich, Kontakte und Informationen zu notieren und systematisch abzulegen. Entweder mithilfe von Karteikarten oder einem Rolodex. Besser ist allerdings die elektronische Datenspeicherung, weil sie sich sauberer aktualisieren und einfacher nutzen lässt. Ich selbst gebe Kontaktadressen und -daten immer sorgfältig in meine elektronische Datenbank ein und pflege sie regelmäßig. So wie ein Arzt bei jedem Patientenbesuch in seiner Praxis Notizen auf der Karteikarte macht, so sollten Sie wichtige

Informationen aus einem privaten Gespräch oder einem geschäftlichen Meeting notieren und auch Follow-ups unter der entsprechenden Person ablegen.

Nicht vergessen: Am Ball bleiben!

Kontakte brauchen kontinuierliche Pflege. Wenn Sie einen interessanten Kontakt knüpfen konnten, sollten Sie unbedingt in Verbindung bleiben. Regelmäßige Telefongespräche und E-Mails sind eine Möglichkeit, Beziehungen aufrechtzuerhalten, ohne viel Zeit zu investieren. Möchten Sie einen Kontrapunkt in unserer schnelllebigen Zeit der SMS und E-Mail setzen, empfehle ich, mit Briefen und kleinen Aufmerksamkeiten im Gedächtnis zu bleiben.

Am besten sind natürlich regelmäßige Treffen, vor allem mit Empfehlungsgebern und Multiplikatoren. Doch oft findet sich dafür nicht die notwendige Zeit. Vielleicht können Sie ja trotzdem ein kleines Ritual entwickeln. Das kann zum Beispiel die gemeinsam verbrachte Mittagspause am ersten Donnerstag im Monat sein oder gemeinsame Aktivitäten wie Joggen oder ein Yogakurs. Apropos Mittagspause, um neben einem gemeinsamen Treffen noch weiter ausgreifend auch andere Kontakte zu pflegen, habe ich es mir zur Gewohnheit gemacht, nach dem Mittagessen statt zur Zigarette zum Handy zu greifen und mindestens ein Telefonat zu führen.

Ebenfalls eine schöne Sitte ist es, nach einem persönlichen Treffen eine Follow-up-Mail zu schreiben. So können Sie dokumentieren, dass Sie die Erwartungen und Gedankengänge Ihres Networkingpartners verstanden haben, und ankündigen, wie Sie an die Umsetzung herangehen.

Weitere Follow-up-Strategien

• *Wunschzettelprinzip.* Versuchen Sie, nach jedem Gespräch mindestens zehn, ja, zehn! Wünsche Ihres Gegenübers herauszufinden. Manche seiner Wünsche sind offensichtlich und vor dem Zusammentreffen schon klar, manche erst durch das Gespräch, andere erfahren Sie durch geschicktes Fragen und wieder andere durch Andeutungen. So fand ich zum Beispiel im Laufe eines Gesprächs mit einem Kunden heraus, dass er auf der Suche nach einem guten Buch zum Thema Zeitmanagement ist oder von einem anderen, dass er nicht weiß, wohin er in den nächsten Urlaub starten soll. In solchen Fällen gibt es mehrere Möglichkeiten, zu reagieren: Eine Buchempfehlung kann ich, je nach Wissensstand, gleich vor Ort aussprechen oder das passende Buch direkt in einer Buchhandlung besorgen und als Geschenk überreichen oder durch www.amazon.de als Geschenk verpackt senden lassen. Bei Reisen können Sie zum Beispiel Reiseprospekte in einem nahegelegenen Reisebüro besorgen, eigene Erfahrungen dazu schreiben oder einen kleinen Reiseführer kaufen.

Ich persönlich lege mir immer eine Art Speicher an, bei dem ich mir kurz Wünsche und Ziele meiner Gesprächspartner und Kunden notiere. Immer dann, wenn ich einen Zeitungsbericht lese oder irgendwelche Informationen habe, die dazu passen, lege ich diese kurz aufs Fax und schreibe »Mit herzlichen Grüßen« darüber.

• *Krapfenstrategie.* Wenn ich zu Terminen und Besprechungen komme, habe ich immer eine »kleine Aufmerksamkeit« dabei, kleine Geschenke mit geringem Haltbarkeitsdatum – aber bewusst, nur für diese Person ausgewählt. Das können Blumen aus Feldern »zum Selberschneiden« sein, ein paar Tüten Eis oder Leckereien vom Bäcker um die Ecke. Morgens ein paar frische Brezeln, nachmittags kleine Teilchen oder aber Krapfen zum Kaffee.

• *Geburtstagsgrüße.* Es gibt wohl keinen Tag im Jahr, an dem genauer geschaut wird, was denn da so alles von wem kommt, als bei diesem Jubeltag. Lassen Sie sich rechtzeitig von Ihrem persönlichen Assistenten erinnern, so haben Sie Zeit, eine Karte, vielleicht auch eine kleine Aufmerksamkeit zu versenden.

• *Scheherasad-Prinzip.* Erzählen Sie wie die Geschichtenerzählerin Scheherasad aus dem Märchen 1001 Nacht fesselnde Geschichten mit offenem Schluss von sich, von Ihren Projekten, Ihren Produkten, Ihrer Dienstleistung, damit Sie zu einem späteren Zeitpunkt weitererzählen müssen.

Wie lernen Sie andere Menschen kennen?
Ein 4-Punkte-Plan

Natürlich ist es nicht nur wichtig, das eigene Netzwerk zu pflegen, sondern auch neue spannende Kontakte dazuzugewinnen. Doch wer könnten diese sein?

1. Checkup: Wer sind spannende Kontakte für mich?

Aktion: Wenn Sie sich drei Personen auf der ganzen Welt aussuchen dürften, die Sie gerne in Ihrem Netzwerk hätten, welche wären das?

Spannend wäre es sicher, mit Angela Merkel über Politik zu fachsimpeln oder mit Peter Maffay über die 80er-Jahre zu philosophieren. Aber können diese Menschen wirklich etwas für Sie tun? Und: Was könnten Sie für diese Menschen tun? Denn das ist ja der Grundgedanke des Networkings für Fortgeschrittene – der Austausch von Informationen und der beidseitige Nutzen. Daher bedenken Sie eines: Erfolgreiches Networking ist erfolgversprechend, wenn es auf Augenhöhe stattfindet. Überlegen Sie also noch einmal: zu wem Sie Kontakt herstellen, wen Sie kennenlernen möchten und wer tatsächlich in Ihr Netzwerk passt. Erwägen Sie, welche Menschen aus welchen Bereichen Ihr Netzwerk bereichern könnten. Wen Sie konkret ansprechen möchten, wo Sie recherchieren müssen, wer jemanden kennen könnte, der ... und wo Ihre Kunden sind.

2. Strategie ermitteln

Sie haben Ihre Ziele, Ihre Wunschkontakte ermittelt und Informationen über die gewünschten Personen gesammelt, eventuell auch über die entsprechenden Unternehmen oder Organisationen. Und jetzt? Jetzt kommt es darauf an, genau diese Personen anzusprechen und zu überzeugen. Dazu brauchen Sie nicht nur eine Idee, sondern auch gute Argumente, nämlich Nutzenargumente. Fragen Sie sich:

- Was habe ich zu bieten?
- Mit wem könnte ich meinen Idealkandidaten verbinden?
- Wer könnte sich für wen interessieren?
- Wer könnte für wen ein Problem lösen?

- Wer könnte mit wem gewinnbringend zusammenarbeiten?

Und ein ganz wichtiger Tipp an der Stelle: Verlangen Sie für dieses Connecting niemals eine Prämie. Wenn Sie vermittelt worden sind, bedanken Sie sich immer und stets persönlich bei dem, der den Kontakt herstellte.

3. Neue Menschen kennenlernen

Es gibt viele Wege, bestimmte Menschen kennenzulernen, falls keiner Ihrer Netzwerkpartner eine Verbindung herstellen kann. Der traditionellste Weg ist zweifellos das Clubbing.

- *Clubbing.* Als Mitglied von Berufsverbänden und Clubs haben Sie die Gelegenheit, bei Veranstaltungen andere Mitglieder kennenzulernen. Das Ganze hat einen gesellschaftlichen Touch, oft einen sozialen, manchmal auch Weiterbildungscharakter, aber letztlich ist allen gleichermaßen klar, worum es bei Round Table, bei den Lions oder im Berufsverband Junger Unternehmer u. ä. geht: um das Kontakte-Knüpfen, Empfehlungen-Erhalten und manchmal sogar darum, Kunden zu finden oder zu binden.

- *»Ich brauche einen Rat und Sie sind Experte«-Strategie.* Das ist eine sehr vielversprechende Strategie, wie das Beispiel von Alisa-Michèle Kox zeigt.

Die Abiturientin aus Köln wollte die Weichen für ihr Ziel, eine Führungsaufgabe in der Wirtschaft, richtig stellen und wollte wissen, wie der richtige Einstieg zu finden sei. Während ihrer Recherchen stieß sie auf das Buch »Wisdom for a Young CEO« von Douglas Barry, der im Alter von 14 Jahren über 100 Manager angeschrieben hatte, um deren Erfolgsgeheimnis zu erfahren. Gute Idee, dachte Alisa-Michèle Kox und schrieb ebenfalls über 65 Spitzenmanager an. Die Adressen dazu holte sie sich aus dem Internet. Das Ergebnis: Über 35 Manager antworteten, die meisten persönlich. Nur wenige ließen ihre Assistenten oder die Pressestelle antworten. Etliche legten zu ihren Antworten gar weiterführende Bücher, Kopien von lesenswerten Artikeln oder sie schickten kleine Präsente mit – zum Beispiel Porsche-Chef Wendelin Wiedeking einen Porsche im Maßstab 1:43.

Wieder andere Vorstände boten der Kölnerin ein Praktikum an, und Werner Seiwert, Chef der Deutschen Börse in Frankfurt, wollte sie persönlich kennenlernen und lud sie auf Kosten der Börse nach Frankfurt ein.

Denn andere um Rat zu fragen, macht Sie nicht nur sympathischer, da es einfach schmeichelhaft ist, als Experte betrachtet zu werden, sondern es zeigt auch, dass Sie Ihr Anliegen über Ihre Person stellen. Und glauben Sie mir – so haben Sie die Tür zu Ihrem neuen Networkingpartner schon einen Spaltbreit offen. Vorausgesetzt, Sie wirken mit Ihrem Anliegen authentisch.

• *Big-Event-Strategie.* Um Kontakte zu schließen, die Sie bislang nicht hatten, gehört eine Portion Mut dazu. Diese Courage können Sie einsetzen, um einen Brief zu schreiben oder ein Telefonat zu führen. Sie können aber auch eine Veranstaltung organisieren, zum Beispiel ein richtiges »Big Event«, wie ich, als ich Bill Clinton zum Essen eingeladen habe. Für seinen 45-Minuten-Vortrag mit anschließendem Essen verlangte er 225 000 Euro. Allerdings kamen die No Angels für einen Kuss von ihm kostenlos. Auch die Klitschko-Brüder nahmen unentgeltlich teil, weil wir 50 000 Euro der Kartei der Not spendeten, einem Hilfswerk, das unverschuldet in Not geratenen Menschen hilft.

4. Networking auf Veranstaltungen
Ganz klar, Veranstaltungen sind perfekte Plattformen für Networking, eine Kontaktbörse für privates wie berufliches Weiterkommen. Doch wenn Sie diese Plattform strategisch und professionell nutzen wollen, müssen Sie einige Grundregeln beherrschen, hier die wichtigsten:

• *Nicht aus dem Rahmen fallen.* Ihre Kleidung sollte Ihre Position oder Ihr Unternehmen repräsentieren, gleichzeitig aber auf die Veranstaltung abgestimmt sein. Gibt es keine Kleiderordnung, gilt: je später der Abend, umso eleganter die Kleidung. Selbstverständlich sollten Sie Ihre Bekleidung mit der Ihrer Begleitung abstimmen. Erscheinen Sie im Zweifelsfall zu vornehm statt zu leger: Eine Krawatte lässt sich beiseitelegen, ein Hawaii-Hemd nicht.

Halten Sie sich zu Anfang und Ende der Veranstaltung nahe am

Eingang auf. So kommen Sie mit den meisten Menschen in Kontakt. Seien Sie pünktlich, gesellen Sie sich nach dem offiziellen Teil an die Bar. Die Gespräche dort, im sogenannten »inner circle«, sind oft die wichtigsten.

Ihre Visitenkarte sollte Ihr Unternehmen repräsentieren und alle wichtigen Kontaktinformationen enthalten. Und nehmen Sie genug Visitenkarten griffbereit mit.

• *Auf andere zugehen.* Als Faustregel gilt: Verbringen Sie zwei Drittel der Zeit mit Unbekannten. Gehen Sie auf Menschen zu, die Sie schon im Vorfeld als interessant erkannt haben, oder stellen Sie sich einfach zu einer Gruppe. Noch bevor Sie das erste Wort gesprochen haben, können Sie sich durch Blickkontakt in die Gruppe »mogeln«. Wenn Sie in der Nähe einer Gruppe stehen, dem Redenden zuhören und ihn anschauen, werden Sie meist automatisch aufgenommen. Ich suche mir immer eine Gruppe aus, die aus mindestens drei Personen besteht. Es ist schwer, in intensiv diskutierende Gruppen hineinzukommen, und auch bei Zweiergruppen ist die Gefahr groß, zu stören. Besser: Halten Sie nach losen Gruppen Ausschau, die ein lockeres Gespräch führen. Manchmal stelle ich mich einfach dazu und sage: »Guten Tag, darf ich mich kurz vorstellen, mein Name ist Hermann Scherer, und ich würde mich gerne, sofern gestattet, zu Ihrer Gruppe dazugesellen.« Der eine oder andere schaut dann möglicherweise ein wenig überrascht, die meisten aber finden diese Art, Anschluss zu suchen, ganz pfiffig und zollen dem Respekt.

• *Der Gesprächseinstieg.* Für viele steckt die größte Hürde im Gesprächseinstieg. Dabei ist ein banaler »Eisbrecher« völlig okay. Wichtig ist, dass Sie den Leuten die Möglichkeit geben, problemlos auf Ihr Gesprächsangebot einzusteigen. Beginnen Sie mit dem Naheliegenden. Das ist nicht Ihr Beruf oder Ihre Meinung zum politischen Weltgeschehen, sondern die Veranstaltung selbst. Geben Sie dazu einen Kommentar oder eine Frage ab, wie »Wie sind Sie auf die Veranstaltung aufmerksam geworden?«, »Ich habe gehört, der Referent ist Experte auf dem Gebiet ...« oder »Was für schöne Räumlichkeiten«. Das ist nicht der Hit, aber besser, als dumm in der Ecke zu stehen.

43

Um sich anzuwärmen, können Sie zum Beispiel schon im Aufzug üben, fremde Menschen anzusprechen. So fällt Ihnen das auf dem Event leichter, und Sie haben darüber hinaus einen Kontakt mehr, auf den Sie später zurückkommen können.

• *Der Gesprächsaufbau.* Damit ein anschließendes Gespräch leichter in Gang kommt, ist es hilfreich, wenn Sie über aktuelle Ereignisse, kulturelle Themen oder Wirtschaftstrends informiert sind. Sie sollten allerdings nicht Zeitschriften- oder Zeitungsartikel referieren, sondern die Themen durch eigene Erfahrungen und Erlebnisse bereichern. Besonders gut kommen Sie übrigens als Person rüber, wenn Sie über sich selbst lachen, Wertschätzung ausdrücken und ein ehrlich gemeintes Lob aussprechen können. Und für all jene, die an dieser Stelle immer noch etwas unsicher sind, wie ein Gespräch am besten läuft, hier eine Liste, welche Stationen ein Gespräch haben kann:

- der Anlass zur Teilnahme an dieser Veranstaltung
- Ihr Name
- Ihre Firma
- Ihre Position
- Ihre Verantwortung
- einige der aktuellen Herausforderungen
- der Einfluss aktueller geschäftlicher Trends auf die eigene Situation bzw. Ihr Unternehmen
- eine interessante Zielgruppe oder Ihr angestrebter Kundenkreis
- eine kurze Einführung und ein 30-Sekunden-Werbespot über Sie selbst,

in dem Sie beschreiben, was Sie tun, wie Sie es tun, mit Referenzen und Metaphern (siehe zum Thema Selbst-PR auch Jon Christoph Berndts Beitrag: »Die stärkste Marke sind Sie selbst!«, Seite 17). Schließlich kann aus einem Small Talk durchaus ein Big Talk werden mit anschließendem Austausch der Visitenkarten und Einladung, sich wieder zu sehen oder zumindest anzurufen.

Mein Tipp: Stecken Sie die Visitenkarte nicht einfach weg, sondern werfen Sie einen Blick darauf und machen Sie sich im Anschluss auch gleich ein paar Notizen. Und: Vergessen Sie auf keinen Fall, ein interessantes Gespräch – ob Sie sich nun zu einem Treffen verabredet haben oder nicht – nachzubereiten. Zum Beispiel mit einer Follow-up-Mail, in der Sie sich für das angenehme wie interessante Gespräch bedanken und sagen, dass Sie sich freuen würden, dieses bald fortzusetzen ...

Hermann Scherer, geb. 1965, ist Businessexperte und Lehrbeauftragter an mehreren europäischen Hochschulen. Er hält Vorträge zum Thema »Networking«, »persönlicher Erfolg« und »Unternehmenserfolg« und hat bereits mehr als 20 Bücher veröffentlicht. Als exzellentem Networker gelang es ihm, Bill Clinton nach seiner Amtszeit 2001 für eine Veranstaltung als Redner zu gewinnen (www.hermannscherer.de).

Eckart von Hirschhausen

Humorvoll präsentieren

Ob in Meetings, auf Tagungen oder beim Kunden –
Präsentieren gehört zum Joballtag. Wie Sie mit Humor im
Gedächtnis bleiben und was Sie von Profis lernen können,
verrät Starkomiker Dr. Eckart von Hirschhausen.

»Nicht alles, was man mit einem ernsten Gesicht sagt, ist deshalb
schon vernünftig!«, so der Schriftsteller Georg Christoph Lichten-
berg (1742–1799) – und schon habe ich den ersten Fehler gemacht:
gleich mit einem Zitat angefangen. Dabei wissen Sie ja noch gar nicht
so richtig, wer ich bin und was dieser Artikel soll. Beim Lesen ist das
nicht so tragisch: Sie können eine Stelle notfalls noch einmal lesen.
Beim Hören können wir nicht zurückblättern und beim Fernsehen
auch nicht. Aber wir können abschalten.

Also noch mal von vorn: Guten Tag, mein Name ist Eckart von
Hirschhausen, ich habe Medizin und Journalismus studiert, lange
als Fernsehmoderator gearbeitet, und am liebsten mache ich nachhaltige Komik – Kabarett mit Nebenwirkungen. Ich verbinde gerne
anspruchsvolle Inhalte mit einer ansprechenden Form. Statt Fakten
mit Langeweile bringe ich lieber Langzeitwirkung mit Witz. Und das
geht! Seit über 20 Jahren stehe ich als Komiker oder als Moderator
auf der Bühne. Seit fünf Jahren gebe ich mein Wissen aus dieser Zeit
in Seminaren und als Coach weiter: »Präsentieren mit Humor«. Und

wenn Sie selber öfter vor anderen Menschen auftreten, um ihnen etwas zu vermitteln, könnten Sie das wahrscheinlich noch besser: Wenn Sie eine Idee aus diesem Artikel umsetzen, besser als Ihr Kollege. Wenn sie gar drei Ideen beherzigen, besser als Ihr Chef. Und wenn Sie keinen Chef haben, weil Sie Familienunternehmer auf Lebenszeit sind, dann bitte setzen Sie alle Ideen um – aus Liebe und aus Verpflichtung für Ihre Mitarbeiter!

Aktion: Ein kleiner Test – fragen Sie sich mal: Was wissen Sie noch von einem Vortrag, den Sie vor einem Jahr gehört haben? Was von einer Tagung oder einer Präsentation? Was von Ihrem liebsten Lehrer in der Grundschule? Was bleibt wirklich hängen?

Vermutlich wenig Fakten, aber viel Stimmung und Motivation. Herrn Rieks habe ich nie vergessen. Mein erster Mathelehrer, das ist 30 Jahre her. Aber warum erinnere ich mich an ihn? Er war witzig, hat kleine Cartoons an die Tafel gemalt, und die ganze Stunde habe ich aufgepasst, weil ich diesen Moment nicht verpassen wollte, an dem es wieder was zum Lachen gab. Stimmungen bleiben haften, und noch heute schmunzel ich, wenn ich an Herrn Rieks denke. Er kannte das Einmaleins der Vortragskunst: *»Du darfst alles, nur nicht langweilen!«*

»Ja, aber nimmt man mich denn noch ernst, wenn ich Humor in meine Präsentation einbaue?« Das ist eine der größten Sorgen meiner Seminarteilnehmer. Dabei besteht ja keine Gefahr, über Nacht aus jemandem einen Harald Schmidt zu machen. Der hat auch lange geübt, und er wird ernstgenommen. Mehr noch: zitiert, weitererzählt, erinnert. Die größte Gefahr bei Präsentationen aller Art ist also nicht der fehlende Ernst, sondern dass nichts davon hängenbleibt. Wie viel Mühe geben sich viele mit Folien und Powerpoint-Charts. Keine davon wird nach einem Jahr noch irgendeinem Zuhörer im Gedächtnis sein. Was aber alle wissen werden, in welcher Stimmung Publikum und Redner aufeinandertrafen und wie sie wieder auseinandergingen: gelangweilt, verärgert oder begeistert? Für unsere mitmenschliche Kommunikation sind Emotionen der Schlüssel zum Verständnis und zum Gedächtnis gleichermaßen. Dummerweise hat sich bis heute speziell an Universitäten, aber auch bei Kongressen, Tagungen und Feierlichkeiten ein Stil durchgesetzt, dessen oberstes Gebot zu sein scheint: keine Emotionen, nur sachlich, objektive Information, bitte!

Da muss mein emotionales Hirn doch revoltieren, wenn es so blutleere Vorträge erlebt. Wenn das Thema nicht einmal den Vortragenden interessiert, wird es auch keinen Grund geben, warum es mich interessieren sollte. Zuhause stimmen wir mit der Fernbedienung ab, bei Tagungen mit den Füßen und bei Meetings, wo wir nicht weglaufen dürfen, auch mit den Füßen – die schlafen noch vor unserem Kopf ein. Das Gegengift: 7,5 Schritte zu Vorträgen mit Unterhaltungswert, inklusive Komiker-Rat.

7,5 Schritte zu Vorträgen mit Unterhaltungswert

1. Schritt: Sei wach!

Präsentieren beginnt mit präsent sein. Der Vortragende sollte immer etwas wacher sein als die Anwesenden, sein Publikum!

Der Komiker rät: Machen Sie sich »warm«. Kein Fußballer wechselt direkt von der Bank aufs Feld ein. Um den Geist warmlaufen zu lassen, hilft jede körperliche Bewegung: Grimassieren, lächeln, lachen, gehen, hüpfen, Arme kreisen, laut vor sich hin die ersten Sätze sprechen. Die Vorbereitung müssen ja nicht alle sehen. Aber alle werden spüren, dass da jemand frisch auf sie zugeht, und sind neugierig, was diesen Menschen antreibt.

2. Schritt: Der erste Eindruck zählt

Der Schalk sitzt doch im Nacken. Also drehen viele Vortragende erst einmal ihrem Publikum den Rücken zu. Damit alle ihren Schalk gut sehen können, beschäftigen sie sich zu allererst mit ihrem Laptop, der Funkmaus und den Tücken von Windows. Der Start in einen Vortrag ist der entscheidende Moment. Wichtiger als jeder Neustart am PC. »You never get a second chance for a first impression!« Wenn der erste Eindruck sein soll: Mein Computer ist die Hauptperson in diesem Raum, kümmern Sie sich erstmal um ihn. Wenn Sie ein Publikum mit echten Menschen in Ihren Bann ziehen wollen, nehmen Sie Blickkontakt auf! Denn der Volksmund irrt: Der Schalk sitzt nicht im Nacken, sondern im Gesicht! Das wollen wir sehen, um jemanden beurteilen zu können. Und das geschieht innerhalb von 300 Tausendstel-Sekunden: Mann oder Frau? Freund oder Feind? Flucht oder Fortpflanzung? Das ist seit 40 000 Jahren Evolution so, und daran wird sich so schnell auch nichts ändern. Oft werden Räume abgedunkelt, um die ach so entscheidenden Folien besser sehen zu können. Der Redner steht dann häufig an einem Pult, das eine Lampe an der Lesefläche hat. Was viele nicht wissen, ihr Gesicht wird von unten so beleuchtet, dass sie aussehen wie Graf Dracula persönlich. Vielleicht erinnern Sie sich daran, wie gut man als Kind mit einer Taschenlampe unter dem Gesicht andere nachts erschrecken konnte?

Der Komiker rät: Wenn Sie auf einem Bestatterkongress sprechen, sorgen Sie für genau diese Beleuchtung. Für alle anderen gilt: Ihr Gesicht muss hell sein! Ein Spotscheinwerfer neben der Projektionsfläche wirkt Wunder! Um die Aufmerksamkeit Ihres Publikums zu erheischen: Stellen Sie sich Ihren Vortrag wie einen kleinen Flirt vor, ein platonisch-erotisches Aufeinandertreffen. Weil das Publikum bisweilen aus harten Brocken besteht, suchen Sie sich einzelne Augenpaare, die halbwegs wach und freundlich zurückschauen. Damit der Funke überspringt, tun Sie genau das, was Sie auch bei einem einzelnen Menschen tun würden, um einen sympathischen Eindruck zu hinterlassen: anschauen und lächeln. Und dann erst den Mund aufmachen. Schließlich wird ein Lächeln über 70 Meter weit wahrgenommen und als aggressionsmindernd empfunden. Wer lächelt, darf anderen näherkommen. Riskieren Sie es!

3. Schritt: Small Talk bringt hohe Rendite

Warum beginnen so viele englischsprachige Vortragende mit einer kleinen Anekdote über den Weg vom Flughafen? Weil es charmant ist. Die Botschaft lautet: Ich bin zwar Experte für XY, aber auch ein Mensch. Mir passieren wie euch komische und manchmal dumme

Geschichten. Ob diese Geschichten tatsächlich auf dem Flug gerade eben passiert sind oder vor 20 Jahren oder nie, ist ziemlich egal. Es geht darum, vor dem inhaltlichen Einstieg die Zuhörer mit einer kleinen Begrüßung, einem Scherz, einer Anekdote – wenn auch auf eigene Kosten – aufzutauen. Je spezifischer dieser Einstieg zu Ihnen, dem Publikum und der Situation passt, desto besser. Zur Vorbereitung überlegen Sie sich: Was verbindet die Menschen hier, was haben sie gemeinsam erlebt, welche Themen beschäftigen sie? Es muss nicht das Wetter sein, auch eine nette Bemerkung über die Stadt, die Taxifahrt, das Hotel, die Tageszeit, die Kaffeepause, den bisherigen Höhepunkt Ihrer Reise etc. zahlt sich aus. Denn: Gemeinsamkeiten schaffen Sympathie.

Der Komiker rät: Also nicht mit »Die erste Folie, bitte!« langweilen oder mit der Tür ins Haus fallen, sondern charmant anklopfen und Hallo sagen. Sinngemäß sollten die ersten Worte nicht viel mehr sagen als: »Schön haben Sie es hier. Ich bin ein Mensch. Ich hab Ihnen etwas mitgebracht, das Sie interessieren könnte.«

4. Schritt: Gib mir den Krimi – nicht den Mörder

Warum lesen wir Kriminalromane? Um zu erfahren, wer es war? Nein, dann würden wir gleich hinten zu lesen beginnen. Nein, wir lieben die Geschichte, die Entwicklung, die Spannung. Ein guter Redner berücksichtigt das. Und wenn das Thema selber keine Geschichte hergibt, ist es immer lohnend, kurz zu erklären, was einen selbst zu dem Thema geführt hat: welcher Zufall, welche Person, welche Fragestellung. Der sicherste Weg, andere zu begeistern, ist, selber von seiner Sache begeistert zu sein. Erzählen Sie, was Sie wirklich antreibt, sich mit XY zu beschäftigen. Wer allerdings ausstrahlt: »Ich bin der Experte, ihr dürft froh sein, dass ich heute mein herrschaftliches Wissen mit euch teile«, ist schnell unten durch.

Der Komiker rät: Die Haltung des Komikers oder des mit Humor Präsentierenden ist die, sich über Dinge zu wundern, zu fragen, warum das so sein muss, was dahintersteckt. Diese kindliche Neugier treibt im Kern auch die Wissenschaft und die Wirtschaft an. Es ist keine Schande, zu seiner Neugier zu stehen. Im Gegenteil: Fragen sind interessanter als Antworten!

5. Schritt: Sandwiches heißen nach dem Belag, nicht nach dem Brot
Humor in Präsentationen bedeutet nicht, einen Witz zu erzählen und dann »jetzt aber zum eigentlichen Thema« zu kommen. Genauso unbeliebt sind Menschen, die einem ungefragt und ohne Zusammenhang ihren Humor aufdrängen. Deshalb habe ich die »Sandwich-Technik« erfunden: Das Brot nährt, der Belag macht es schmackhaft. Der Belag ist die humorvolle Bemerkung, die zwischen den beiden Scheiben liegt, nämlich zwischen der thematischen Hinführung und nach dem Belag wieder zurück zum Thema.

Ihre Aufgabe ist es, etwas zu finden, was als »Belag« zu Ihrem »Brot«, Ihrer Botschaft passt. Wer als Humor-Neuling frischen Wind in seine Vorträge bringen möchte, schafft dies statt mit einer eigenen Geschichte anfangs leichter mit bereits Vorgefertigtem: Bonmots, Zitaten, Anekdoten, einem lustigen Foto, einem Cartoon. Im Internet, in Büchern, in Nachschlagewerken gibt es sehr viel Material.

Ein Beispiel für die Sandwich-Technik:
Erste Scheibe Brot, die Hinführung zum Thema:
»Heute ist mein Thema Qualitätsmanagement. Wie wichtig das ist, wurde mir neulich klar, als ich las ...«
Jetzt kommt der Belag des Sandwiches, das humorvolle Zitat:
»... Nur weil sich niemand beschweren kommt, heißt das nicht, dass alle Fallschirme gut funktionieren!«
Rückführung zum Thema:
»Was heißt das für uns – wie bekommen wir eigentlich mit, was mit unseren Produkten passiert, welche Fehler auftauchen und wie zufrieden unsere Kunden sind?«

Der Komiker rät: Wann immer Sie selbst etwas lustig finden, sofort sammeln! Sprüche notieren, Cartoons ausschneiden, Fotos machen. Packen Sie sich eine Humorschatzkiste. Vor einem wichtigen Vortrag können Sie diese systematisch durchgehen und sich fragen: Was passt zu meinen Botschaften? Wo sehe ich einen Zusammenhang? Und dann machen Sie kleine Sandwiches daraus: Damit das Publikum Ihre Botschaften »schluckt«, braucht es mehr als Knäckebrot!

6. Schritt: Humor ist machbar

Sie haben einen unschätzbaren Vorteil gegenüber jedem Kabarettisten: Von Ihnen erwartet niemand etwas Lustiges! Umso leichter übertreffen Sie alle Erwartungen, wenn Sie einen originellen Einstieg ins Thema finden, zwischendrin ein verdauungsförderndes »Sandwich« anbieten und mit einem schönen Dreh enden. Das ist zu schaffen! Allerdings unterläuft auch dem größten Redner manchmal mehr Komik als geplant. John F. Kennedy sagte: »Ich bin ein Berliner«, anstatt nur zu sagen: »Ich bin Berliner.« Was ihm später erst ein Übersetzer steckte: »Mr. President, you just said: I am a jelly doughnut.«

Der Komiker rät: Wenn etwas unvorhergesehen lustig ist – genießen Sie es!

7. Schritt: Kürze. Würze. Comedy is timing!

Die Ratschläge von Schriftsteller Kurt Tucholsky (1890–1935) für einen schlechten Redner gelten bis heute: »Kündige den Schluss an, und dann beginne Deine Rede von vorne. Dies kann man mehrere Male wiederholen.«

Der Komiker rät: Aufhören lässt aufhorchen. Und: aufatmen. Jedem Redner ist man irgendwann dankbar. Spätestens nach dem Ende! Besser schon vorher. Also: Machen Sie's kurz!

7,5. Schritt: Es ist noch kein Meister vom Himmel gefallen, ...

... wohl aber auf die Schnauze!

Der Komiker rät: Übe da, wo es weniger wehtut, wenn du scheiterst. Im Gespräch, am Telefon, im kleinen Kreis. Und richtig locker bist du vor Publikum erst, wenn du mit Freude auch mal scheitern kannst. Das Publikum liebt dich genau für diesen Mut, ein Lächeln zu riskieren. Viel Spaß!

Die Kunst der Pointe

Gute Witze sind und bleiben ein Geschenk und ein Rätsel. Dennoch gibt es eine Handvoll Grundregeln und Erfahrungen aus der Praxis, die aber in keinem Buch stehen. In keinem? Doch, ausnahmsweise hier. Aber nicht weitersagen!

Ich verrate Ihnen, was ich aus der Witztheorie und vor allen Dingen aus Tausenden von Stunden auf der Bühne vor echtem Publikum gelernt habe. Und zwar auf die harte Tour, indem ich mich immer wieder fragte, warum an dieser Stelle gelacht wurde, aber nicht da, wo ich es selber geplant hatte.

* *Komik ist Anti-Journalismus: Das Wichtigste kommt zum Schluss!* Komik hat auch viel mit Ökonomie zu tun. Je weniger Worte gebraucht werden, um die Situation klarzumachen, desto schwächer darf der Witz sein, der folgt. Wir alle nehmen es Witzeerzählern übel, wenn sie lang und breit die Vorgeschichte ausschmücken, und nachher kommt ein müder Gag. Das Gleiche gilt für jede Form der »Aufmerksamkeit auf Kredit«. Je länger der Aufbau und die Hinführung zu einem Kunststück, desto stärker muss der Effekt sein, die Überraschung am Ende. Publikum und Vortragender haben eine ungeschriebene Vereinbarung: Ich, der Zuschauer, investiere Zeit und Aufmerksamkeit, du, Vortragender, belohnst mich mit etwas, das diese Investition rechtfertigt. So fühlt man sich bei schlechten Witzen auch regelrecht »betrogen« um seine kostbare Zeit. Gleichermaßen bei einem schlechten Film oder einem Krimi, wenn sich am Ende die Stunden des Zuschauens oder Lesens nicht bezahlt machen.

* *Die Dreier-Regel.* Eine Linie wird durch zwei Punkte beschrieben. Und weil wir geradlinig denken, erwarten wir, dass auch ein dritter Punkt auf der gedachten Linie liegen wird. Aber die Pointe liegt gerade nicht dort. Sondern ganz woanders.

Ein Beispiel: Ein Mann geht frühmorgens im Nebel aufs Eis, um zu angeln. Er will sich gerade ein Loch hacken, da hört er eine tiefe Stimme von oben: »Hier gibt es keine Fische!«
Er wundert sich, denkt, er habe das nur geträumt, und hackt weiter. Wieder kommt die Stimme: »Hier gibt es keine Fische!«

53

Diesmal ist er sich sicher, das war keine Einbildung! Und ganz zaghaft wendet er seinen Kopf gen Himmel und fragt: »Herr, bist du es?«

»Nein«, antwortet die Stimme, »ich bin der Sprecher des Eisstadions!«

Die Pointe wäre beim zweiten »Hier gibt es keine Fische« nicht so lustig wie beim dritten Mal. Sie würde beim sechsten »Hier gibt es keine Fische« nicht noch besser werden. Im Gegenteil, zum Himmel stinken. Daher: Die Dreier-Regel. Sie findet sich in vielen Witzen und ist ein beliebtes Schema für Klischees und Nationalitäten, zum Beispiel: Ein Franzose, ein Italiener und ein Pole wollen die Wüste durchqueren, jeder soll etwas Nützliches dazu mitbringen. Der Franzose bringt Brot: »Wenn wir hungrig werden, können wir was essen.« Der Italiener bringt Wein: »Wenn wir durstig werden, können wir was trinken.« Der Pole schleppt eine Autotür an. Die beiden anderen: »Was sollen wir denn mit einer Autotür?«

Darauf der Pole: »Wenn es heiß wird, können wir das Fenster runtermachen!«

Jetzt müsste nach der Dreier-Regel eigentlich noch ein dritter Witz kommen, kommt aber nicht. Jetzt sind nämlich Sie dran. Was jetzt folgt, ist eine kleine Übung:

Aktion: Versuchen Sie, aus dem »Polen-Witz« eine Adaption zu machen. Welche Personen könnten Sie einsetzen, um aus den abgedroschenen Nationalklischees eine aktuelle Pointe zu machen? Könnten das drei Abteilungen Ihres Unternehmens sein, denen Sie das in den Mund legen, drei Kollegen ...?

Übrigens: Das Witze-Material sollte in jedem Fall originell sein. Andererseits sollten Sie keine zu große Angst davor haben, dass jemand eine Pointe schon einmal gehört hat. Der Einwurf »den kenn ich« zeugt von einem sehr einfachen Humorverständnis. Es ist die Art, wie etwas erzählt wird, warum, mit welchem aktuellen Bezug, mit welchem Erkenntnisgewinn. Oder geht dieser Jemand auch in die Philharmonie und ruft, wenn Beethovens Neunte erklingt, laut hinein: »Kenn ich!«?

Ihr Notfall-Koffer für sterbende Witze

Wenn ein Witz nicht funktioniert hat, nicht gleich aufgeben! Das ist normal. Häufig haben wir einfache Grundregeln nicht beachtet oder willentlich verletzt. Prüfen Sie daher folgende Punkte:

Mechanik:
- War ich gut zu hören und zu verstehen?
- War der Aufbau zu lang für die Stärke der Pointe?
- War die Pointe schon vor dem letzten Satz zu erahnen?
- Habe ich die Feinarbeit gemacht: alles Überflüssige gestrichen?
- War die Pointe überraschend und mit einem Atemzug erreicht?

Inhalt:
- Habe ich ein Klischee oder ein Stereotyp vorausgesetzt, das nicht alle kannten?
- Habe ich etwas vorausgesetzt, was unbekannt war?
- Habe ich einen persönlichen Bezug zum Thema?
- Hat der Empfänger einen Bezug zum Thema?
- Lässt sich der Witz auf die Situation personalisieren, aktualisieren, anpassen?

Emotion:
- War mir der Witz selber peinlich?
- Könnte sich jemand persönlich angegriffen gefühlt haben?
- War ich von der Pointe selber überzeugt?
- War der Aufbau bis zur Pointe glaubhaft?
- Kam in dem Witz eine Grundhaltung hervor, die nicht zu mir passt, zum Beispiel überaggressiv, sexistisch, schadenfroh?
- Teilte der Witz das Publikum in zwei Lager?

Der Komiker rät: Spannender ist es übrigens immer,
- in der Gegenwart zu erzählen statt in der Vergangenheit.
- von sich zu erzählen, als von irgendjemand, dem irgendetwas angeblich passiert ist.

- wenn die Zuschauer mit eingebaut wurden. Wenn kein Monolog stattfindet, sondern ein Dialog. Die Zuschauer haben den wichtigeren Teil zu leisten, nämlich zu hören und zu verstehen. Darum geht es! Dazu brauchen sie Zeit. Deutlich und mit Pausen zu sprechen, ist ein Zeichen von Respekt. Wenn Sie zu schnell Ihre Gags und Ideen »abfeuern«, dann bleibt dem Publikum die Luft weg, weil es gar nicht mehr hinterherkommt. Lassen Sie es auslachen!

Wirklich lernen kann man Komik nur in der Arena, beim Vorführen, im Kampf mit den Bestien – dem Zuschauer. Thomas Alva Edison (1847–1931) hat jahrelang an der Glühbirne gebastelt, nichts hat funktioniert. Als es dann doch klappte, wurde er in einem Interview gefragt: »Wie haben Sie das ausgehalten, so viele tausend Male zu scheitern?« Seine Antwort: »Ich bin nie gescheitert. Ich habe erfolgreich Wege eliminiert, die nicht zum Ziel führten.«

So kann man es auch sehen. Daher: Wenn ein Vortrag, ein Gag, ein Effekt mal nicht funktioniert, denken Sie an Edison. Irgendwann geht jedem ein Licht auf, man muss nur lange genug dran bleiben. Letzte Einsicht: Wenn man keinen Sinn für Humor hat – welchen dann?

© Frank Eidel

Dr. med. Eckart von Hirschhausen, geb. 1967, studierte Medizin und Wissenschaftsjournalismus. Seit über 15 Jahren ist er als Kabarettist, Humortrainer, Redner und Autor in den Medien zu sehen, zuletzt mit der »Hirschhausen Akademie« bei Schmidt und Pocher. Sein Markenzeichen: intelligenter Witz mit nachhaltigen Botschaften. So ist Hirschhausen einer der gefragtesten Key-Note-Speaker Deutschlands. Bekannt für humorvolle Reden zu speziellen Anlässen, sprach Hirschhausen zum Beispiel vor dem Bundespräsidialamt anlässlich der Verleihung des Zukunftspreises, zu 40 Jahren Stiftung Warentest, zu 50 Jahren Konrad-Adenauer Stiftung, für die Telekom zum »Best Brains Award« oder für das renommierte Grimme-Institut zur Online Award Verleihung. Hirschhausen trainiert Führungskräfte im Gesundheits- und Stressmanagement sowie im Gestalten eigener wirkungsvoller und nachhaltiger Präsentationen (www.hirschhausen.com). Er ist Autor des Bestsellers »Die Leber wächst mit ihren Aufgaben« sowie diverser Kolumnen, (u.a. für »Emotion« und »Stern gesund leben«). Außerdem sammelt er für die von ihm gegründete Initiative »Humor-Hilft-Heilen« unermüdlich Spendengelder und bringt Clowns in Krankenhäuser.

57

Claudia Croos-Müller

Multitalent Körpersprache

Körpersprache ist mehr, als Lehrbücher vermuten lassen.
Neurologin und Coach Dr. Claudia Croos-Müller erklärt, wie
Körpersprache tickt und wie Sie sich mit der Body2Brain
Methode optimal in Szene setzen.

Vergessen Sie (fast) alles, was Sie über Körpersprache wissen. Selbst
bei der Frage: Wie kann ich meinen Gesprächspartner besser einschätzen, wie seine Körperhaltung deuten und für meine Ziele nutzen?, kann ich Ihnen nicht weiterhelfen. Denn geheime Deutungs-
muster gibt es nicht: Vor dem Körper verschränkte Arme signalisieren
nicht zwangsläufig, dass sich Ihr Gesprächspartner gegen Sie und
Ihre Argumente verschließt. Genauso gut könnte es seine individuelle Körperhaltung sein, über deren Außenwirkung er sich gar nicht
bewusst ist. Das Gleiche gilt für jemanden, der mit zusammenge-
kniffenen Augen auf Sie und Ihr Exposé schaut. Er ist vielleicht gar
nicht skeptisch, sondern einfach nur kurzsichtig. Und runzelt jemand
beim Nachdenken die Stirn, heißt das noch lange nicht, dass er unzufrieden oder verärgert ist.

Natürlich können Sie mit Körpersprache Gefühle und Gedanken ausdrücken oder verstärken. Und natürlich macht das auch Ihr
Gesprächspartner. Aber: Jeder Mensch hat körperliche Verhaltensweisen, die gar nichts mit Ihnen zu tun haben müssen. Vergessen Sie
also Versuche, Körpersprache verallgemeinern zu wollen, und sehen
Sie sie als das an, was sie ist: *Körpersprache unterstützt Sie mental und*

hilft Ihnen, einen guten Eindruck zu machen und auf andere Menschen überzeugend zu wirken. Was genau ich damit meine, macht folgende Übung deutlich:

Aktion: Senken Sie Ihren Kopf, so gut Sie können, bis auf das Kinn. Halten Sie diese Stellung und spüren Sie, welche Stimmung, welches Gefühl in Ihnen entsteht. Sicher könnten Sie jetzt nicht sagen »Ich bin ja so glücklich.« Sie fühlen sich wahrscheinlich eher bedrückt, eingeschränkt. Wenn Sie aber Ihren Kopf hochheben, das Kinn etwas vorstrecken, passt plötzlich – bewirkt durch Ihre veränderte Körperhaltung – der Satz »Ich bin ja so glücklich.« Durch Ihre geänderte äußere Haltung hat sich auch Ihre innere Haltung verändert und damit Ihre Außenwirkung. Denn natürlich machen Sie mit erhobenem Kopf auf andere Menschen einen stabileren, zuverlässigeren und positiveren Eindruck als mit gesenktem Kopf und hängenden Schultern. Und Ihnen selbst tut diese veränderte Haltung auch gut. Das bedeutet, Ihre äußere Haltung unterstützt Ihre innere Haltung, eine Tatsache, auf die Sie achten und die Sie ausbauen sollten. Ist sie doch das Rückgrat erfolgreichen Auftretens.

Beginnen Sie mit Ihrer Körpersprache immer bei sich selbst

Mit Ihrer Körpersprache können Sie zuerst bei sich selbst und dann bei Ihrem Gesprächspartner etwas bewirken. Richten Sie daher Ihre Achtsamkeit und Ihre Aufmerksamkeit zuerst einmal auf sich selbst:

Aktion: Schließen Sie kurz die Augen und nehmen Sie wahr – ohne an Ihrer augenblicklichen Körperhaltung etwas zu verändern –, wie Sie jetzt gerade sitzen. Nehmen Sie die Stellung Ihrer Halswirbelsäule, Ihrer Schultern, Ihrer Oberarme, Ellbogen, Unterarme und Hände wahr. Ist Ihre Brustwirbelsäule nach vorn übergebeugt, seitlich verdreht? Wie viel Raum hat Ihr Brustkorb zum Atmen? Wie ist die Stellung Ihrer Lendenwirbelsäule, wie Ihr Becken? Sitzen Sie mit beiden Gesäßhälften auf einem Stuhl? Wie ist die Haltung Ihrer Oberschenkel, Ihrer Knie, Unterschenkel und Füße? Berühren sie sich, sind sie überkreuzt, stehen die Füße beidseits auf dem Boden und spüren diesen? Und wie ist gerade die Haltung Ihres Kopfes – geradeaus gerichtet, eher nach vorn gebeugt oder zur Seite gedreht? Und wie ist Ihre Mimik – die Ober- und Unterkiefer fest aufeinander oder eher locker, der Mund halb geöffnet oder die Lippen zusammengepresst, die Augenbrauen zusammengezogen oder die Stirn entspannt?

Nach so einer Aufmerksamkeitsübung könnte es sein, dass in Ihnen ein Impuls entsteht, Ihren Körper zurechtzurücken, Ihre Haltung zu korrigieren, beide Füße auf den Boden zu stellen, aufrechter zu sitzen, um besser durchatmen zu können. Diese Aufmerksamkeit für Sie und Ihren Körper führt zu einer optimalen Anpassung an die jeweilige Situation und hat eine positive Wirkung auf Sie, aber auch auf Ihren Gesprächspartner: Sie fühlen sich kraftvoll und präsent und werden auch so wahrgenommen. Die folgenden zehn Punkte helfen Ihnen, dies weiter zu verstärken:

1. Der erste Eindruck ist entscheidend
»Ich habe sofort Vertrauen zu Ihnen gehabt. Schon als Sie zur Türe hereinkamen, als ich Sie gesehen habe, da wusste ich, jetzt wird alles gut.« Wenn Klienten mir so etwas sagen, dann ist das das Ergebnis meiner Körpersprache mit diesem Menschen. Der erste Eindruck ist der Augenblick, in dem Sie einem Menschen erstmals gegenüberstehen. Wie Sie eintreten, wie Sie diesen Menschen anschauen, ob Sie lächeln, ob Sie sich mit Ihrem Körper ihm zuwenden, wie Sie ihm die Hand geben und wie Ihr Händedruck ist: Das ist der Augenblick, in dem Sympathie entsteht, in dem Sie einen Menschen gewinnen können. Es ist Ihr Körper, der in diesem Augenblick zum anderen spricht, es ist Ihr Körper, mit dem Sie etwas Entscheidendes bewirken können, noch bevor Sie Ihren Mund aufmachen und das erste Wort sprechen.

Body2Brain-Körpertipp:
- Konzentrieren Sie sich auf den Menschen, dem Sie gegenübertreten.
- Gehen Sie mit ruhigen, festen Schritten auf diesen Menschen zu.
- Schauen Sie ihn intensiv und freundlich – mit einem inneren Lächeln – an.
- Wenden Sie sich ihm körperlich ganz zu.

- Wenn Sie ihm zum Gruß die Hand geben, dann ergreifen Sie seine Hand bewusst und mit Empathie.

2. Platz da!, präsentieren Sie sich richtig

Achten Sie darauf, dass Sie einen Raum beherzt betreten: Es spielt eine entscheidende Rolle, wie Sie eine Türe öffnen und einen Raum betreten, in dem Personen auf Sie warten: leise, schnell und verstohlen oder – noch schlimmer – laut, hastig und atemlos. So etwas wirkt in keinem Fall souverän, kompetent oder vertrauensbildend.

Nehmen Sie sich genug Zeit, um einen Überblick zu bekommen, und wählen Sie sich dann einen guten Platz aus. Achten Sie im Stehen und im Sitzen auf Ihre Körperlichkeit: Seien Sie kein schmaler Strich, sondern eine gut sichtbare Person. Halten Sie die Ellbogen leicht abgespreizt, stehen Sie stabil, nehmen Sie den ganzen Platz eines Stuhles oder eines Sessels komplett mit Ihrem Körper ein.

Ich kann Ihnen nur raten: Fallen Sie auf – aber positiv! Wenn es um Präsenz geht, sind hintere Plätze und Außenplätze absolut verboten und kontraproduktiv. Nehmen Sie Plätze in der vorderen Mitte und in den ersten Reihen ein.

Achten Sie auf die richtige Beleuchtung Ihrer Person: Wählen Sie keinen Platz, der nicht ausgeleuchtet ist oder an dem Sie mit dem Rücken zum Fenster sitzen: Ihre Zuhörer oder Zuschauer können Sie nicht vollständig wahrnehmen – Sie sind unterrepräsentiert als Person.

Bringen Sie sich immer wieder körperlich ein, üben Sie. Angst und Feigheit kommen aus dem Kopf und hängen mit alten Erinnerungen und Mustern zusammen. Ihr Körper dagegen ist jederzeit bereit, ganz einfach einen guten Platz zu ergattern. Für Ihren Körper ist das geradezu lebensnotwendig, so wie für jedes andere Lebewesen auf dieser Welt.

Body2Brain-Körpertipp:
- Üben Sie im Alltag Mittelpunktspositionen und Raumeroberungen: Gehen Sie in der Mitte des Ganges statt ganz am Rand. Durchqueren Sie eine Hotelhalle in der Mitte, nehmen Sie an Tischen eine zentrale Position ein.

- Atmen Sie tief ein und dehnen Sie sich dabei gedanklich wie ein Luftballon aus, das macht Sie präsenter.
- Schieben Sie das Brustbein nach vorne, dadurch wird der Brustkorb weiter, Sie fühlen sich freier.
- Und wieder: Kopf hoch, das macht souverän!

3. Ein guter Blickkontakt öffnet Türen und Herzen

Die meisten Informationen nehmen Sie über Ihre Augen auf. Dem Auge und dem Blick kommt in der Mimik und beim ersten Eindruck eine ganz besondere Bedeutung zu. Es gibt einen betrachtenden Blick, aufdringliches Anstarren, einen beurteilenden oder gleichgültigen Blick, wohlwollendes oder liebevolles Betrachten. Die Art und Weise, wie Sie andere Menschen anschauen, beeinflusst Ihr Verhalten und Ihre Einstellung zur Umwelt – und umgekehrt.

Blicken Sie Ihre Gesprächspartner aktiv und empathisch an, dadurch verschaffen Sie sich auch mental Aufmerksamkeit und Präsenz.

Body2Brain-Körpertipp:

- Vor Publikum ist es wichtig, dass Sie nicht nur passiv die Blicke aushalten, sondern selbst aktiv – neugierig, interessiert, mutig, selbstbewusst – Ihre Zuhörer betrachten.
- Atmen Sie ruhig und tief. Das unterstützt Ihre Blicksicherheit. Atmen Sie geradezu eine Person mit Ihrem Blick ein und dann wieder aus. Wenden Sie sich dann der nächsten Person zu. Mit der Rhythmik eines ruhigen Atems entsteht auch ein ruhiger Blick.
- Suchen Sie sich als Redner als Erstes immer aufmerksame und wohlwollende Blicke aus dem Publikum. Stärken Sie sich an diesen, um dann andere Personen aufmerksam anzuschauen, kehren Sie immer wieder zu den aufmerksamen und wohlwollend blickenden Zuschauern zurück.
- Blicken Sie alle an: das heißt von ganz links bis ganz rechts, von vorn bis hinten.

4. Das richtige Lächeln

Wenn Ihnen nicht zum Lächeln zumute ist, lassen Sie es lieber bleiben. Das menschliche Auge erkennt ganz genau ein echtes Lächeln, das von Herzen kommt, und ein gezwungenes Grinsen. Denn der Blick bleibt dabei kalt, unberührt oder ängstlich unsicher.

Body2Brain-Körpertipp:
- Üben Sie zu Hause: Lächeln Sie sich im Spiegel morgens, bevor Sie das Haus verlassen, herzlich zu, aus den Augen heraus. Das wirkt Wunder für den ganzen Tag, so wie ein gutes Frühstück sorgt es für gute Laune, wirkt antidepressiv und steckt andere Menschen an – und man findet Sie sympathisch.

5. Ihre Hände sind zum Handeln da
Die Hand ist ein Symbol für Macht und Aktivität. Und je mehr Ihre Hände präsent sind, desto mehr wirken Sie selbst präsent und beeindruckend. Daher sollten Sie in jeder zwischenmenschlichen Begegnung Ihre Hände zeigen und wenn möglich auch einsetzen. Hände gehören nie, nie, nie in die Hosentaschen, hinter den Rücken, unter den Tisch. Sie wirken dadurch unvollständig, amputiert und im wahrsten Sinne des Wortes handlungsunfähig. Sie bremsen sich selbst aus, denn Gestik unterstützt, das ist wissenschaftlich erwiesen, Ihren Gedanken- und Redefluss.

Ist Ihre Handsprache allerdings zu unruhig, könnte Ihnen das – auch wenn es nur Ihr Temperament ist – als Unsicherheit ausgelegt werden, andererseits können Sie sich auch mit einer zu unruhigen Hand- und Zeichensprache selbst am Kochen halten, da Sie mit Ihrem Handzappeln Ihre innere Unruhe noch verstärken.

Body2Brain-Körpertipp:
- Stellen Sie sich vor, sie sind Dirigent, und unterstreichen Sie Ihre Worte durch passende, stimmige Gestik.
- Legen Sie Ihre Hände achtsam, wie schöne Gebrauchsgegenstände, auf den Tisch. Damit zeigen Sie Präsenz und Handlungsfähigkeit.
- Lassen Sie die Arme bewegt, aber entspannt in die Handgestik mit einfließen.
- Halten Sie Ihre Ellbogen nicht an den Körper gepresst.
- Vermeiden Sie aggressives Mit-dem-Finger-Zeigen.

- Keine geballten Fäuste oder verkrampften Hände, bitte, Sie bremsen sich dadurch mental aus.

- Projizieren Sie in Ihre Hand ein inneres Bild der Ruhe, Kraft oder Freude, das Sie – für andere nicht sichtbar, immer schnell einmal anschauen, um sich zu stabilisieren.

- Und lassen Sie Ihre Arme nicht kraftlos rechts und links an sich herunterhängen: Sie wirken auf andere flügellahm und fühlen sich selbst antriebslos.

6. Wie sitzen Sie denn da?

Ihr Gesäß und Ihr Becken sind wichtige Körperteile, um sich mental durchzusetzen und einen kraftvollen Einsatz für sich selbst zu entwickeln. Setzen Sie sich zum Beispiel nur auf die Kante eines Stuhles – sprungbereit –, wie Sie das in der Eile vielleicht oft tun. Dann ist es ein Leichtes, dass jemand Sie nach vorne kippt und vom Stuhl fallen lässt. Ganz anders, wenn Sie mit dem ganzen Gesäß den Sitz richtig ausfüllen: Da werden Sie zum zentnerschweren Schwergewicht. Auch mental ändert sich Ihr Durchsetzungsvermögen durch eine körperlich stabile Sitzposition, und das erleben auch Ihre Gesprächspartner so.

Body2Brain-Körpertipp:
- Stellen Sie sich vor, Sie sitzen wie ein Löwe: kraftvoll, selbstbewusst und gewichtig.

- Stellen Sie sich vor, Sie sitzen auf einem Thron, auf Ihrem Thron: souverän, selbstbewusst, würdig und eindrucksvoll.

- Sitzen Sie wie ein Berg: stabil, unerschütterlich, mit Überblick.

7. Beinstellungen sind Einstellungen

Ihre Beine sind dafür da, um darauf zu stehen, um aufzustehen und um vorwärtszukommen. Stellen Sie sich einmal in Spielbein-Standbeinposition hin und lassen sich, einfach so zum Spaß, von jemandem schubsen: Sie werden erstaunt sein, wie leicht Sie umfallen. Jetzt setzen Sie sich, schlagen die Beine übereinander und lassen sich dann auch wieder schubsen: Sie werden fast vom Stuhl fallen. Sie signalisieren mit solchen Beinhaltungen unbewusst Kraftlosigkeit und machen sich nicht nur körperlich instabil, sondern auch mental: Sie sind schneller unsicher, weniger einsatzbereit, weniger standhaft, weniger widerstandsfähig.

Für eine richtige körperliche wie mentale Stabilität brauchen Sie Ihre Füße! Der Fuß steht als Symbol für den Willen und die Besitznahme. Durch Ihre Füße sind Sie mit dem Boden verbunden, sind Sie geerdet. Wenn Sie mit Ihren Füßen herumzappeln, machen Sie auf andere einen labilen Eindruck und verunsichern sich selbst.

Body2Brain-Körpertipp:
- Gehen Sie bewusst etwas breitbeiniger, stehen Sie etwas breitbeiniger und sitzen Sie auch in wichtigen Verhandlungen etwas breitbeinig da: Sie werden dadurch mehr Stabilität und Kraft erleben und ausstrahlen.
- Realisieren Sie: Ihre Beine sind Ihre Stütze, auch im mentalen Bereich.

8. Erfolgreiche Vorgehensweisen

Ein chinesisches Sprichwort lautet: »Wenn Du gehen willst, dann gehe, aber vor allem, schwanke nicht.« Schließlich überträgt sich Ihre körperliche Gangart auch auf Ihre Stimmung: Latschen Sie, ohne die Beine anzuheben, fühlen Sie sich lustlos und kraftlos. Gehen Sie beschwingt und kraftvoll, fühlen Sie sich auch so und wirken auf andere Menschen entsprechend. Deshalb: Dehnen und strampeln Sie sich schon morgens im Bett wach, stehen Sie ruhig, aber kraftvoll und dynamisch auf und gehen Sie bewusst mit festen Schritten ins Bad. Setzen Sie einen Fuß kraftvoll vor den anderen, spüren Sie den festen Boden unter Ihren Füßen, freuen Sie sich über Ihre Kraft und über Ihre Beweglichkeit und machen Sie aus diesem Vorwärtskommen ein Ritual, mit dem Sie sich stabilisieren. Es wird Sie den ganzen Tag begleiten, wenn Situationen entstehen, in denen es um Vorgehensweisen und Entscheidungen geht.

Machen Sie es sich zur Regel, dass Sie bewusst vor Meetings und Präsentationen einige Minuten zu Fuß gehen: Schlagen Sie dabei eine Gangart an, die für die Situation erforderlich sein wird. Mit Schwung und dem Zustand, den Sie während Ihres Vorbereitungsganges erzeugt haben, gehen Sie dann ohne Unterbrechung in Ihre Gesprächssituation und verinnerlichen Ihr Körpergefühl.

Body2Brain-Körpertipp:

- Gehen Sie täglich einige Minuten ganz bewusst: Regulieren Sie Ihre Schrittlänge, die Art, Ihre Füße auf dem Boden aufzusetzen, Ihr Tempo. Entwickeln Sie Ihre für Sie am besten passende körperliche Gangart. Übertragen Sie diese in Ihren Berufsalltag.
- Stellen Sie sich vor: Sie sind eine Königin/ein König. Übertragen Sie diese Würde auf Ihre Gangart.
- Stellen Sie sich vor, Sie sind ein Tiger. Übertragen Sie diese Stärke auf Ihre Gangart.
- Wenn Sie Ruhe brauchen: Nehmen Sie bei jedem Schritt die Festigkeit und Zuverlässigkeit des Bodens in sich auf.
- Wenn Sie Leichtigkeit und Beschwingtheit brauchen: Machen Sie große Schritte und schwingen Sie dabei in den Hüften und in den Schultern.

Eine kleine Geschichte. Christin ist Pressereferentin bei einem großen Unternehmen, das häufig in die Schlagzeilen gerät. Bei den einberufenen Pressekonferenzen muss sie oft auf unangenehme Fragen Rede und Antwort stehen. Während Christin ruhig und sachlich spricht und alle Anwesenden auch gezielt anschaut, wirkt sie dennoch unruhig und nervös (und fühlt sich auch so). Warum? Sie sitzt leicht vorgebeugt auf der vordersten Kante des Stuhls, ihre Hände spielen immer wieder mit einem Stift, und wenn sie ihn weglegt, bewegt sie unruhig die Finger hin und her. Und vor allem: Unter dem Tisch sind ihre Füße in ständiger Bewegung, Fußspitzen rauf und runter, Füße vor und zurück – gerade so, als ob sie davonlaufen wollte. Dadurch passiert zweierlei: Einerseits macht sie tatsächlich unbewusst auf die Anwesenden einen unruhigen und somit unglaubwürdigen Eindruck, andererseits hält sie sich mit ihrer unruhigen Körpersprache selbst emotional und mental am Kochen, macht sich nervöser, als sie ist.

Wie kann sie sich durch ihre Körpersprache stabilisieren und auf die anderen einen souveränen Eindruck machen?

Christin setzt sich aufrecht auf ihren Stuhl, dadurch kann sie gut und ruhig atmen und sich auch anlehnen, womit sie sich mental stabilisiert. Ihre Hände legt sie nun immer wieder ruhig auf den Tisch, wodurch eine vertrauensbildende Handgestik entsteht, und vor allen Dingen stellt sie beide Füße fest und unverrückbar auf den Boden. Sie bleibt dadurch standfest – mental für sich selbst, aber auch in ihrer Außenwirkung gegenüber den Presseleuten.

Body2Brain-Körpertipps gegen Angst und Selbstunsicherheit:

- Gehen Sie sehr bewusst und energisch, setzen Sie die Füße auf den Boden.
- Gehen Sie im Rhythmus eines sehr ruhigen Herzschlages, pro Sekunde maximal einen Schritt.
- Strecken und dehnen Sie Ihr Brustbein nach vorn, brüsten Sie sich.
- Spüren Sie Ihr Rückgrat und dessen Festigkeit, indem Sie sich zum Beispiel kurz und fest an einen Türrahmen lehnen oder an eine Wand.
- Stehen und sitzen Sie bewusst breitbeinig.
- Stellen Sie Augenkontakt zu Ihrem Gesprächspartner oder Ihren Zuhörern her: beim Einatmen blicken Sie Ihr Gegenüber freundlich an, beim Ausatmen blicken Sie zum nächsten und so weiter.
- Entspannen Sie bewusst Ihren Unterkiefer, indem Sie ihn einfach lockerlassen. Dadurch vermeiden Sie angespanntes, ängstliches Lächeln.

Body2Brain-Körpertipps für gute Gesprächsatmosphäre:

- Wenden Sie sich mit Ihrem ganzen Körper Ihrem Gesprächspartner zu.
- Nicken Sie immer wieder beim Zuhören mit dem Kopf, um Ihr Verständnis dem anderen deutlich zu machen.
- Nehmen Sie Blickkontakt auf.
- Lächeln Sie nur mit den Augen (!) Ihren Gesprächspartner an. Dadurch entsteht Empathie ohne übertriebene Freundlichkeit.
- Lächeln Sie glaubwürdig, wenn es von der Situation her passt.

67

- Begrüßen Sie mit einem festen Händedruck von zirka einer Sekunde Dauer – spüren Sie dabei bewusst auch den Händedruck Ihres Gegenübers und dessen Nähe.
- Durch eine leicht vorgebeugte Körperhaltung entsteht ebenfalls Nähe, außerdem zeigt sie Interesse und Sympathie.

Body2Brain-Körpertipps gegen Nervosität:
- Richten Sie Ihre Wirbelsäule auf, halten Sie sich aufrecht, dadurch können Sie besser und tiefer ein- und ausatmen.
- Sorgen Sie für eine Ruhestellung Ihrer Hände. Legen Sie sie zum Beispiel ruhig auf den Tisch.
- Setzen Sie sich stabil mit Ihrem ganzen Gesäß auf die ganze Sitzfläche Ihres Stuhles.
- Stellen Sie beide Füße fest und etwas breitbeinig nebeneinander, sowohl im Sitzen als auch im Stehen. Halten Sie Ihre Hüften und Ihren Oberkörper ruhig.
- Schlürfatmen: Atmen Sie die Luft mit etwas gespitzten Lippen – wie durch einen Strohhalm – ein: Ihr Brustkorb weitet sich, Sie beatmen Ihre Lunge bis hinauf zu den Lungenspitzen und hinunter zum Zwerchfell. Dadurch entsteht, was wissenschaftlich erwiesen ist, mentale Ruhe.

Body2Brain-Körpertipps gegen Ärger:
- Gehen Sie etwas schneller als sonst und vor allem mit großen, federnden Schritten.
- Lassen Sie beim Gehen Ihre Arme mitschwingen.
- Heben Sie dabei auch leicht die Schultern; auch die Schultern sollen schwingen, sodass eine Art »Schlendergang« entsteht.
- Nehmen Sie den Kopf leicht hoch.
- Lassen Sie Ihren Blick immer wieder von rechts nach links schweifen.

Body2Brain-Körpertipps gegen Müdigkeit und »Aufschieberitis«:
- Reiben Sie Ihre Handflächen fest gegeneinander, bis Sie Reibungswärme spüren.
- Gähnen Sie mehrfach herzhaft. Durch die gelockerte Kiefermus-

kulatur und die vermehrte Sauerstoffzufuhr fühlen Sie sich frischer, außerdem wirkt Gähnen antidepressiv.

- Strecken und recken Sie sich intensiv. Dadurch werden aktivierende Impulse zum Gehirn geleitet.
- Ballen Sie unbemerkt und mehrfach hintereinander Ihre Hand zur Faust, um sich so mit Energie »aufzupumpen«.

9. Üben, üben, üben

Haben Sie keine Angst und lassen Sie keine Gelegenheit aus, täglich, auch bei kleinen Anlässen, Ihre Kommunikation zu trainieren – körperlich und mental. Wie alle anderen Menschen auch möchten Sie gehört, gesehen, anerkannt und wertgeschätzt werden. Sie möchten vorwärtskommen und Ihren Platz im Leben finden. Aber Ihre besten Gedanken, Ihre beste Vorbereitung und Ihre gescheiteste Rede werden erst dann richtig wirken, wenn Ihr Körper Ihre ganze Überzeugung und Ihre ganze Begeisterung auch zum Ausdruck bringen kann. Wenn Ihr mentaler Einsatz sich über Ihren körperlichen Einsatz zeigt und verstärkt, dann sind Sie viel besser, viel sicherer und viel erfolgreicher.

10. Bleiben Sie authentisch und glaubwürdig

Am Ende einer Seminargruppe kam einmal eine Teilnehmerin auf mich zu und meinte, sie wären alle sehr erleichtert gewesen, nachdem sie bei mir einen kleinen Fehler gesehen hätten und ich ja doch wohl nicht ganz perfekt sei. Genau das ist der Punkt: Bleiben Sie authentisch und glaubwürdig in Ihrer Körpersprache, beginnen Sie nicht, zu schauspielern und zu manipulieren. Sosehr Sie sich auch bemühen werden, Sie können sowieso nicht allen Menschen gefallen und nicht immer erfolgreich sein. Aber durch eine stimmige Körpersprache, die zu Ihnen und der Situation passt und Ihren Gesprächspartner wertschätzt trotz möglicher Unterschiede, werden Sie immer als einmalige Persönlichkeit in Erinnerung bleiben.

Körpersprache ist ein magischer Schlüssel: zu Ihnen selbst, zu anderen Menschen, zu einem gelungenen Dialog und zum Erfolg. Üben Sie jeden Tag, denn nur Übung macht den Meister und die Meisterin. Kopf hoch – Sie schaffen es!

Spüren Sie den Unterschied?

Zum Atmen bleibt bei dieser Haltung nicht viel Luft – Sie sind verspannt, das kostet Energie, und ohne sichtbare Hände wirken Sie passiv

So bekommen Sie gut Luft, sind dadurch konzentrierter, erscheinen souverän und interessiert, durch die Hände wirken Sie handlungsbereit

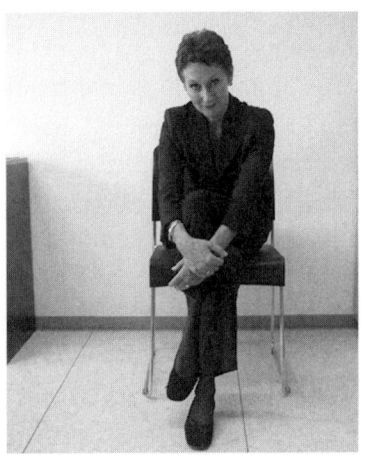 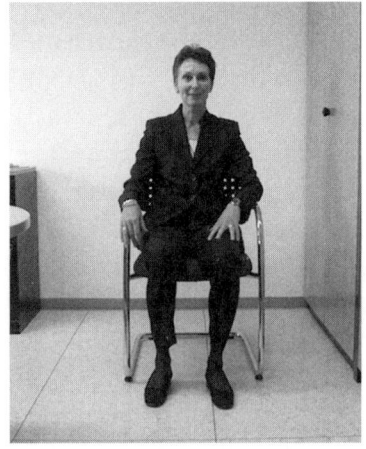

Blick schräg von unten, Beine überkreuzt, vornübergebeugt: Das macht kraftlos und wirkt einfach nur brav

Aufrecht, auf dem ganzen Stuhl sitzend, Füße stabil auf dem Boden: So fühlen Sie sich präsent und wirken kraftvoll

In Spielbein-Standbeinposition, mit
gesenktem Kopf und Zeigefinger-Gestik
wirken Sie nicht souverän

Aufrecht, etwas breitbeinig und mit
klarer Handgestik vermitteln Sie
mehr Überzeugungskraft

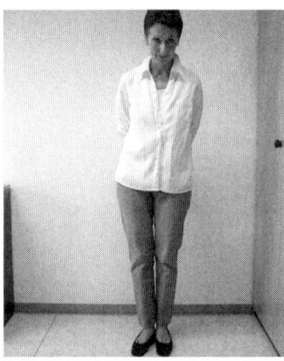

Und Beine nebeneinander, Hände hinter
dem Rücken versteckt, ist auch nicht
kraftvoll

Etwas breitbeiniger, mit offener
Gestik: Sie fühlen sich viel freier,
und das macht guten Eindruck

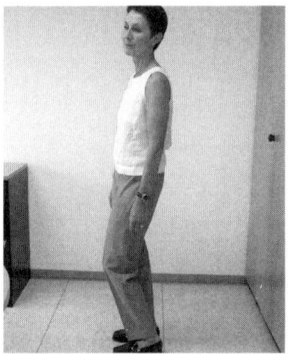

In Spielbein-Standbeinposition, hängende
Schultern und Arme: Sie wirken klein und
nicht dynamisch

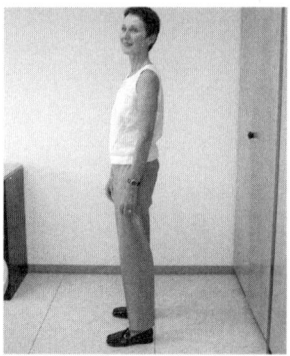

Das Brustbein ist aufgerichtet, dadurch ist der Rücken gerade: Sie
haben Luft zum Atmen und sind präsent

71

Dr. med. Claudia Croos-Müller,
geb. 1952, ist Fachärztin für Neurologie,
Nervenheilkunde und Psychotherapie,
Therapeutin für Konzentrative Bewegungs-
therapie und Traumatherapeutin. Sie leitet
den Konsiliardienst für Neurologie,
Psychiatrie und Psychotherapie am
Klinikum Rosenheim, dem Akademischen
Lehrkrankenhaus der Universität München,
und hat eine Privatpraxis für Neurologie,
Nervenheilkunde und Psychotherapie.
Croos-Müller arbeitete mit Körpersprache-
Guru Samy Molcho zusammen und ist seit
1985 als freiberuflicher Coach (unter
anderem für »Emotion«) tätig. Sie hält
Vorträge, Workshops und Seminare ab und
macht Firmentrainings und Beratung in den
Bereichen: Persönlichkeitsentwicklung,
Teambuilding, Verhandlungsstrategien,
Stressmanagement, Kreativität und
Körpersprache (www.croos-mueller.de). Zur
Körpersprache hat sie im Kösel-Verlag den
Ratgeber »Überzeugend auftreten.
Körpersprache und Selbstpräsentation für
Frauen« veröffentlicht.

Selbstmanagement

Lothar Seiwert

Die neue Lust der Langsamkeit

Werden Sie langsamer, rät Europas führender und bekanntester Zeit- und Selbstmanagement-Experte Professor Dr. Lothar Seiwert. Denn damit haben Sie mehr Zeit für das Wesentliche und entkommen dem Hamster-im-Rad-Gefühl ein für alle Mal.

Im antiken Rom war Langsamkeit ein echtes Statussymbol. Wer etwas auf sich hielt, bewegte sich gemessenen Schrittes. Nur Sklaven waren in Eile. Und heute? Heute machen sich freie Bürger zu Zeitsklaven, die gleichzeitig essen, E-Mails schreiben und im Fernsehen Nachrichten verfolgen. Wir trinken Kaffee »To go«, brühen 5-Minuten-Terrinen, benutzen Sekundenkleber und reisen in Hochgeschwindigkeitszügen oder in Flugzeugen kreuz und quer um den Erdball. Und statt am Terminal innezuhalten, nutzen wir jede Sekunde, um in der Lounge zu telefonieren, eingegangene E-Mails zu checken, Wirtschaftsnachrichten oder Fachmagazine zu lesen. Nur ist immer schneller nicht immer besser. Im Gegenteil. Allein in den USA verplempern Angestellte pro Jahr 28 Milliarden Arbeitsstunden, weil sie sich ständig durch eingehende E-Mails, Telefonate etc. ablenken lassen. Diese Fahrlässigkeit schlägt per anno mit 588 Milliarden US-Dollar zu Buche, sagen Experten der Beratung Basex und riefen

»Information Overload« zum »Problem des Jahres 2008« aus. Der amerikanische Psychotherapeut Edward Hallowell diagnostizierte gar eine neue Manager-Krankheit: *Attention Deficit Trait* (ADT), wie er sie nennt. Das ist eine Konzentrationsschwäche bei Kopfarbeitern, die im Gegensatz zum Aufmerksamkeits-Defizit-Syndrom (ADS) nicht genetisch bedingt ist, sondern eine Folge von zu viel Hektik. Denn: Wer zu vielen Informationen ausgesetzt ist und immer mehr Dinge erledigen will, kann sich irgendwann nicht mehr konzentrieren, wird aggressiv, rastlos und hinterfragt Probleme kaum noch. Auf bis zu 40 Prozent schätzt Hallowell gegenüber der »Wirtschaftswoche« die Verbreitung dieses Phänomens unter Managern. Doch nicht nur Führungskräfte, jeder Einzelne kennt solche Phasen großer Zeitverdichtung im Job ebenso wie im Privaten. Etwa wenn sich ein Lebensabschnitt durch ein Kind, eine Heirat, einen Umzug oder einen Berufswechsel ändert und einen viele kleine Organisationsaufgaben zusätzlich Zeit und Nerven kosten.

Irgendwann können wir mit unserem eigenen Tempo nicht mehr Schritt halten. Überfordert, übermüdet, überlastet verlieren wir die Balance. Die Balance zwischen erfolgreichem Arbeiten, glücklichen Beziehungen, körperlichem Wohlergehen und innerer Orientierung. Unsere Zeit ist eben nicht nur zum hektischen Abhaken von erledigten Aufgaben und Terminen da. Nein, Zeit ist Leben und Lebensqualität! Und da neben unserem Job das Kümmern um die eigene Lebens- und Altersvorsorge immer mehr zu unseren Aufgaben zählt und in unsere Freizeit hineinragt, ist Besinnung umso wichtiger. Um sich nicht wie ein Hamster gefangen in einem Laufrad zu fühlen, sondern um mehr Zeit für das Wesentliche zu haben, um zu regenerieren, um Platz für Ideen und Kreativität zu schaffen, um Ziele, Wünsche und Sehnsüchte zu verfolgen und das Leben zu genießen.

Wenn Sie sich wirklich Zeit für die nun folgenden Zeilen nehmen, eröffnet Ihnen das vielfältige Möglichkeiten, mehr Eigen-Zeit zu leben und das Tempo in Ihrem Alltag zu drosseln. Zuallererst gilt es bei dieser Neuorientierung herauszufinden, was genau das Wesentliche für Sie ist. Das schafft man nicht faul von der Hängematte aus. Das kostet eine Menge Energie. Es ist Chance und Verpflichtung zugleich – lohnend wie anstrengend. Aber – und das ist es, was letztlich zählt –, wenn Sie das Wesentliche für sich gefunden haben, macht es unendlich glücklich und entspannt. Hier eine Anleitung, wie Sie das Wesentliche für sich entdecken und in Ihren Alltag integrieren und wie Sie Tempo aus Ihrem Leben nehmen.

1. Ihre Prioritäten haben Vorfahrt!
Da sich Zeit nicht beliebig vermehren lässt – ein Tag hat nur 24 Stunden –, ist es umso wichtiger, Prioritäten zu setzen. Und: Diese so zu setzen, dass Ihnen möglichst viel Zeit für das Wesentliche bleibt. Der nachfolgende Selbsttest zeigt Ihnen, inwieweit Sie bereits über Ihre Zeit verfügen oder in die Dringlichkeitsfalle tappen und Ihre Kräfte mit unwichtigen Aufgaben verausgaben.

Selbsttest: Sind Sie selbst- oder fremdbestimmt?

Bestimmen Sie über Ihre Zeit oder die anderen: Ihr Job, Ihre Familie …? Um das herauszufinden, schreiben Sie in die linke Hälfte der hier anschließenden Liste die fünf Dinge, die Ihnen ganz besonders wichtig sind. Auf der rechten Seite notieren Sie, womit Sie Ihre Zeit in den letzten vier Wochen tatsächlich verbracht haben.

Das ist mir besonders wichtig.   **Damit habe ich meine Zeit verbracht.**

Stimmen Ihre beiden Listen überein? In den meisten Fällen tun sie das nur teilweise oder überhaupt nicht. Machen Sie sich klar, dass Sie in Ihrem Leben die Prioritäten setzen – nicht die anderen! Sorgen Sie dafür, dass Ihre Prioritäten Vorfahrt haben.

(Stephen R. Corvey gilt als einer der wichtigsten Management-Vordenker unserer Zeit. Mit seinem Bestseller »Die 7 Wege zur Effektivität« hat er das Zeitmanagement grundlegend verändert. Sein Credo: *»Machen Sie Schluss mit der Dringlichkeitssucht, stellen Sie die wesentlichen Dinge des Lebens in den Vordergrund.«*

2. Was ist für Sie das Wesentliche?

Auf dem Apollotempel in Delphi steht die Inschrift: »Erkenne dich selbst«. Nehmen Sie sich dieses Motto zu Herzen, denn wenn Sie sich selbst kennen, wissen Sie, was zu tun ist. Blicken Sie in Ihr Inneres und entscheiden, was für Sie gut und richtig ist und was Sie ändern möchten. Stehen Sie zu sich selbst. Lassen Sie sich aber auch auf das Leben ein, und bleiben Sie offen für das, was es für Sie bereithält.

Aktion: Schreiben Sie auf, was Ihnen ganz persönlich wichtig ist – im Job, im Alltag, in Ihrer Beziehung. Denken Sie dabei an Ihren Tagesablauf der letzten Tage und Monate. Was hat Ihnen besondere Freude und Spaß bereitet? Ein spezielles Projekt, ein Spaziergang während der Arbeitszeit, ein anregendes, offenes Gespräch, ein gutes Essen, eine Fortbildung, die Lektüre eines Buches, eine Reise in eine bestimmte Stadt, Unternehmungen, Hobbys, ein ganz besonderes Engagement, Naturerlebnisse, Sinneseindrücke ...

Meine ganz persönliche Wohlfühlliste

Versuchen Sie, jeden Tag mindestens einen Punkt Ihrer Liste »abzuarbeiten«. Lassen Sie keinen Tag verstreichen, ohne sich etwas Gutes zu tun und zu entschleunigen.

Vergessen Sie allerdings nicht, dass Sie möglicherweise Platz schaffen müssen. Halten Sie beispielsweise fest, dass Sie sich in Zu-

---

Meine ganz persönliche Wohlfühlliste

_____

_____

_____

_____

_____

_____

_____

_____

_____

_____

_____

_____

_____

---

kunft mehr Zeit für Ihre Lieben nehmen wollen, bedeutet das, dass Sie auf den Snowboard- oder den Spanischsprachkurs verzichten, bei dem Sie nicht unbedingt die Fortschritte machen, die Sie sich wünschen. Denn Zeit ist keine unbegrenzte Ressource. Also: Entscheiden Sie sich – was ist Ihnen wichtiger?

Schnelle Entscheidungshilfe

Ob Spanisch- oder Snowboardkurs, in die Berge oder ans Meer? Können Sie sich nur schwer zwischen zwei Alternativen entscheiden? _Mein Tipp:_ Werfen Sie eine Münze. Das hört sich banal an, verkürzt aber lange Grübelphasen und bestärkt Sie in dem, was Sie intuitiv ohnehin schon wussten. Denn: Wenn Sie sich mit der Münzentscheidung unwohl fühlen, zeigt das, dass Sie längst die andere Möglichkeit gewählt haben.

Vertrauen Sie Ihren Entscheidungen. Entwickeln Sie Mut und Fantasie, um Ihr Leben mit Qualität, mit Sinn und auch mit einer gewissen Portion Leichtigkeit zu erfüllen. Versuchen Sie das, was Sie für sich als wesentlich erkannt haben, umzusetzen. Geben Sie nicht auf, wenn das eine oder andere nicht auf Anhieb gelingt. Haben Sie den Mut, die Dinge tatkräftig anzugehen, den Mut, über den eigenen Schatten zu springen, den Mut, loszulassen, und den Mut, aus Fehlern zu lernen.

3. Machen Sie Ihr Leben leichter

Auch sehr viele Kleinigkeiten ergeben noch niemals ein Ganzes. Nehmen Sie sich deshalb vor, alles, was Sie tun, mit ganzem Herzen zu tun. Fragen Sie sich: Was motiviert mich? Was macht mir Spaß? Was könnte ich anders machen? Worauf könnte ich verzichten? Denn: Zu viel von allem hindert uns daran, klar zu sehen, Raum für Ideen zu haben und uns auf Veränderungen einzulassen. Zu viel Auswahl blockiert uns in Entscheidungen. Das gilt für Aufgaben und Projekte, für Ihren Schreibtisch ebenso wie für Ihre Wohnung, für Freunde und Verpflichtungen. Sich von dem zu trennen, worin man sich nicht mehr findet, ist einfach, aber es ist ein sehr schwieriger Schritt, sein Leben auf das Wesentliche auszurichten.

Bauen Sie Muße-Puffer ein

Lassen Sie sich nicht länger von Ihrem Wecker in letzter Minute aus dem Bett jagen, um dann abgehetzt und schlecht gelaunt in den Tag zu starten. Schenken Sie sich morgens mindestens eine Viertelstunde für ein angenehmes, entspanntes Warm-up. Solche Puffer sollten Sie auch vor jedem Kundenbesuch, jedem wichtigen Meeting und jedem Lunchtermin einbauen, damit Sie nicht gehetzt und fahrig, sondern in sich ruhend ankommen und so wesentlich präsenter sind.

Kommen Sie zur Be-Sinnung

Nutzen Sie Ihre Zeit nicht bis zum Anschlag – etwa mit E-Mails-Be-
antworten, bis Ihr Flugzeug boardet –, sondern nehmen Sie Ihre Umgebung wieder wahr und genießen Sie den Augenblick als Mußeinsel
und zur Selbstreflexion! Ein schönes Ritual am Ende eines Tages ist
es, sich 15 Minuten Ruhe zu gönnen, um nachzudenken und Kraft zu
tanken. Im Winter vor dem Kaminfeuer, im Sommer im Garten, auf
der Terrasse oder im Park. Planen Sie am Wochenende einen längeren Spaziergang ein und genehmigen Sie sich ab und zu einen
Wellnesstag. Vielleicht können Sie sich auch eine längere Zeit Ruhe
in einem Kloster gönnen – zur inneren Einkehr, zum Nachdenken
und Sich-klar-Werden über die eigenen Wünsche, Bedürfnisse und
Sehnsüchte (siehe dazu auch Michael Merks: »Masterplan für ein
erfülltes Leben«, Seite 191).

Entrümpeln Sie Ihre Kontakte

Halten Sie nicht länger an unliebsamen Treffen mit anstrengenden
Bekannten und Kollegen fest. Nehmen Sie keine Einladung an, von
der Sie wissen, dass Sie eigentlich gar nicht hingehen möchten. Genießen Sie lieber die Zeit für sich oder mit Ihren Lieben.

Lessness als Lebensprinzip

Reduzieren Sie auch in Bezug auf Ihre Konsumhaltung. Schon So-
krates (469–399 v. Chr.) soll beim Gang über den Markt von Athen
gesagt haben: »Ich sehe mit Freuden, wie viele Dinge es gibt, die ich
nicht benötige.« Machen auch Sie Lessness zu Ihrem ganz persönlichen Lebensstil. Entscheiden Sie sich ganz bewusst, weniger zu
wollen. Dieses Wenige aber so richtig zu genießen. Denn das bedeutet weniger Entscheidungen und: je größer die Entbehrung, desto
intensiver der Genuss.

Befreien Sie sich von Zwängen

Reduzieren Sie Ihren Erfolgsdruck, indem Sie sich von »Muss-Sätzen« verabschieden. Formulieren Sie positiv. Sagen Sie nicht »Ich muss zufrieden sein«, sondern »Ich möchte gerne zufrieden sein.«

Ballast abwerfen

Leben Sie das Prinzip der Zeitlupe

Drosseln Sie Ihr Tempo ab und zu ganz bewusst. Trödeln Sie gemütlich durch die Fußgängerzone, schlendern Sie in Zeitlupentempo durch die U-Bahn-Gänge und beobachten Sie gelassen das ganze Gehetze und Gedränge um sich herum. Damit haben Sie jetzt nichts zu tun. Nutzen Sie gezielt langsame Fortbewegungsmittel. Machen Sie es sich zur Gewohnheit, für kürzere Strecken das Rad zu nehmen. Das langsamere Gefährt bringt Sie oft schneller ans Ziel, Sie sammeln neue Eindrücke und stärken so Ihr Wohlgefühl.

4. Nehmen Sie sich wichtig

Auch wenn Sie es zunächst nicht glauben wollen: Sie sind selbstbewusst! Selbstvertrauen ist ein Teil Ihrer Persönlichkeit. Leider ist unser Selbstbewusstsein allzu oft verschüttet. Verschüttet unter einem Berg von ständig wachsenden Anforderungen. Egal, ob wir uns selbst zu viel abverlangen oder ob es andere tun, die Folgen sind fatal: Wir sind unzufrieden, schlecht gelaunt, fühlen uns überfordert und hilflos. Unser Selbstwertgefühl landet im Keller. Irgendwann empfinden wir es als völlig normal, keine besonders hohe Meinung von uns selbst zu haben.

Konzentrieren Sie sich nicht immer nur auf den Erfolg. Vielleicht reicht es Ihnen ja auch, weniger zu verdienen und dafür mehr zu leben? Und: Vergleichen Sie sich nicht ständig mit anderen, die erfolgreicher sind, besser verdienen, mehr Geld ausgeben können. Setzen Sie Ihre eigenen Maßstäbe. Sagen Sie Ja zu sich selbst, Ihren Wünschen und Sehnsüchten, ebenso wie zu dem, was wir manchmal als Macke oder Schwäche bezeichnen.

Ein Brief an Ihr Selbstbewusstsein

Wollen Sie Ihr Selbstbewusstsein trainieren, dann sollten Sie auch etwas für Ihre guten Vorsätze tun. Schreiben Sie einen Brief an sich selbst. Notieren Sie ganz konkret, was Sie in punkto Selbstsicherheit tun werden, etwa:

- In Zukunft werde ich mich mehr über meine Erfolge freuen. Ich erstelle eine Erfolgsliste und halte kleinere Erfolgserlebnisse fest.
- Ich fühle mich nicht für alles und jeden verantwortlich – vor allem nicht für die Probleme und Fehler anderer.
- Ich werde mich bemühen, öfter nein zu sagen, um anderen keine Blankovollmacht über meine Zeit zu geben. Das heißt,

---

in Zukunft werde ich nein sagen zu unliebsamen Aufgaben, die andere bei mir abladen, zu Interessen und Prioritäten anderer, zu dem Gedanken, es allen recht machen zu müssen, und zu unnötigem Stress (mehr zu Stress, siehe Dr. Sabine Schonert-Hirz: »Ein hilfreicher Partner: Stress«, Seite 91).

Stecken Sie den Brief in einen an Sie selbst adressierten Umschlag und geben Sie diesen einem Freund oder einer Freundin mit der Bitte, ihn in vier Wochen an Sie abzuschicken. Kontrollieren Sie, welchem Ihrer Vorsätze Sie schon nähergekommen sind.

Werden Sie ruhig ein bisschen eigen-sinnig. Eigen-Sinn macht Spaß. Eigen-Sinn hat auch rein gar nichts mit Egoismus zu tun und erst recht nichts mit Starrsinn. Wer eigensinnig ist, ist selbstbewusst und besinnt sich auf das, was ihm wirklich wichtig ist. Er bestimmt die Richtung seines Lebens selbst und weiß, dass er allein für sein Glück verantwortlich ist. Eine Lebenseinstellung, die heutzutage unter dem Begriff Selfness für Aufmerksamkeit sorgt. Bedeutet es doch, die Dinge selbst in die Hand zu nehmen, statt abzuwarten, für Fehler geradezustehen, statt sie anderen in die Schuhe zu schieben. Machen auch Sie Selfness zu Ihrem Lebensprinzip. Übernehmen Sie Verantwortung für sich selbst und gestalten Sie Ihre Zeit und Ihr Leben.

Selfness ist daher nichts anderes als die entscheidende Umsetzung von Work-Life-Balance, als die konsequente Konzentration auf das Wesentliche. Selfness zu leben, bedeutet, vorauszudenken, bewusst zu handeln, sich zu finden und ständig weiterzuentwickeln. Dabei sind Individualität, Eigenverantwortung und Flexibilität gefragt. Zur Eigenverantwortung gehört übrigens auch, nicht ständig erreichbar zu sein, sondern sich ebenso zurückzuziehen. »Jung von Matt«-Strategiechefin Karen Heumann zum Beispiel sagt von sich, dass sie nur die wichtigsten ihrer täglich bis zu 200 E-Mails sofort beantwortet. Den Rest in Ruhe und meist am Abend. Schließlich gibt es dringlichere Dinge zu erledigen. Daher mein Tipp: Beschließen Sie Ihren Arbeitstag mit einfachen, aber unumgänglichen Routinearbeiten, etwa E-Mails abarbeiten, Tagespläne erstellen, Reisen und Meetings planen oder Akten ablegen.

Bedenken Sie: Zeit ist nicht immer Geld, aber Leben! Daher: Befreien Sie sich, wann immer Sie können, von dem engen Zeit-Korsett, in das Ihr Tagesablauf eingebunden ist, und durchbrechen Sie festgefahrene Gewohnheiten. Warum biegen Sie auf der Fahrt ins Büro nicht einfach ab und gönnen sich einen Kaffee in dem kleinen Bistro, das so viel südländische Lebensfreude ausstrahlt? Sie kommen zwar etwas später zur Arbeit, sind aber sicher gut gelaunt und hochmotiviert nach diesem kleinen Urlaub im Alltag. Zwar hat der kleine Abstecher Sie Zeit gekostet, doch es geht Ihnen alles leichter von der Hand. Das heißt, Sie haben unterm Strich Zeit gewonnen, sind kreativer, produktiver und fühlen sich in Ihrer Haut umso wohler!

Gewohnheit, Anstrengung

5. Mehr Energie für das Wesentliche

Leistung braucht Pausen. Pausen sind keine Zeitverschwendung, sondern eine sinnvolle Möglichkeit, neue Energie zu tanken. Oft hilft schon eine kurze Aktiv-Pause mit einigen Dehnübungen und ausreichend frischer Luft über ein Leistungstief hinweg. Gehen Sie in der Mittagspause um den Block, oder drehen Sie eine kleine Runde auf Ihren Inlinern. Die Extraportion Bewegung tut gut und sorgt dafür, dass Sie richtig fit in den zweiten Teil Ihres Arbeitstags gehen.

Sport macht fit – auch im Kopf

Diese Sportarten sind ideal für Körper und Geist und daher ganz hervorragende Pausenfüller:

- Walken/Spazierengehen verbessert die Umweltwahrnehmung und verjüngt die Zellen.
- Jonglieren schärft zugleich Konzentration und Motorik.
- Kraulschwimmen verbindet die rechte und die linke Gehirnhälfte und gibt Kondition.
- Frisbee fördert die Koordination und bringt die Atmung auf Trab.
- Bumerang-Werfen schult das räumliche Denken und die Geschicklichkeit.

Probieren Sie aus, was Ihnen Spaß macht.

Achten Sie darauf, auch regelmäßig kleinere Pausen zu machen. Selbst wenn Sie völlig in eine Aufgabe versunken sind, gilt: Legen Sie trotzdem nach 90 Minuten eine kurze Pause ein. Es ist ein Mythos, zu glauben, wer pausen-los arbeitet, leiste Überdurchschnittliches. Im Gegenteil. Wer pausen-los arbeitet, verliert seine Kreativität, wird müde und stumpft ab. Spätestens am Nachmittag ist dann endgültig die Luft raus, und die Qualität der Arbeit leidet merklich. Die Folge: Fehler, Nachbessern, Mehrarbeit, Ideenmangel, Unzufriedenheit. Also: Vergessen Sie Ihre Pausen nicht, denn der menschliche Körper ist nicht auf Non-stopp-Leistung ausgerichtet. Normalerweise brauchen wir nach 90, spätestens nach 120 Minuten eine Pause.

6. Das 20:80-Prinzip

Pareto ist vielen von Ihnen sicherlich ein Begriff. Er geht auf den italienischen Volkswirt Vilfredo Pareto zurück, der bereits im 19. Jahrhundert erkannt hat, dass 20 Prozent der Menschen 80 Prozent des Besitzes ihr Eigen nennen. Ein Prinzip, das sich auf viele Lebensbereiche übertragen lässt:

- 20 Prozent Kunden bringen 80 Prozent Umsatz.
- 20 Prozent der Schreibtischarbeit ermöglichen 80 Prozent des Arbeitserfolges.
- 20 Prozent der Besprechungszeit bewirken 80 Prozent der Ergebnisse.
- 20 Prozent der Zeitung enthalten 80 Prozent der Nachrichten.
- 20 Prozent unserer Beziehungen bewirken 80 Prozent unseres Glücks.

Für unseren Umgang mit Zeit bedeutet das: In 20 Prozent der aufgewendeten Zeit erzielen wir 80 Prozent der Ergebnisse. Dennoch verbringen viele von uns viel Zeit mit nebensächlichen Aufgaben und unwichtigen Problemen – reine Zeitverschwendung!

Pareto-Fallen:

Viele Dinge, die wir tun, sind eigentlich reine Zeitverschwendung. Denn sie tragen nicht wesentlich zum Ergebnis bei, rauben uns 80 Prozent unserer Zeit. Echte Pareto-Fallen sind:
- Dinge, die andere von uns erwarten.
- Tätigkeiten, die wir nicht an andere delegieren.
- Arbeiten, die schon immer so gemacht worden sind.
- Alles, was uns nicht leicht von der Hand geht.
- Tätigkeiten, bei denen wir ständig unterbrochen werden.
- Arbeiten, die viel länger dauern, als geplant.
- Projekte, bei denen wir mit inkompetenten, unzuverlässigen Partnern zusammenarbeiten müssen.

Damit Sie Ihre Zeit nicht länger verschwenden, müssen Sie herausfinden, wo bei Ihnen die entscheidenden 20 Prozent liegen. Meist sind das Dinge, die

- Sie am besten können.
- Spaß machen.
- anderen nutzen.

Setzen Sie klare Prioritäten und investieren Sie Ihre Zeit in die entscheidenden 20 Prozent. Nutzen Sie Ihre Zeit für

- Alles, was Sie Ihrer Lebensvision und Ihren Zielen näher bringt.
- Alles, was Sie schon längst einmal machen wollten.
- Alles, was sich bereits nach Pareto bewährt hat.
- Alles, was Ihnen hilft, Zeit zu sparen oder Arbeitsergebnisse zu optimieren.
- Alles, was Ihre Kreativität voll zur Geltung bringt.

20 Prozent für Ihren Erfolg

Es ist gar nicht so schwer, den entscheidenden 20 Prozent auf die Spur zu kommen. Ermitteln Sie einfach die Erfolge, die Sie bereits mit einem sehr guten Zeit-Nutzen-Verhältnis erzielen konnten. Erstellen Sie eine Liste und vergleichen Sie diese Erfolge. Können Sie ein Prinzip entdecken? Dann haben Sie es gefunden: Ihr persönliches Erfolgsprinzip zu mehr Wesentlichem auch im Job.

7. Denken Sie an die Zukunft

Wenn Sie an das Wesentliche denken und stärker das Hier und Jetzt genießen, vergessen Sie dabei Ihre persönliche Lebensplanung nicht. Denn auch die sollte zum Wesentlichen Ihres Lebens zählen. Was nützen Ihnen die schönsten Träume, Wünsche und Ziele, wenn Sie sie nicht in die Tat umsetzen und in Ihr Leben einplanen. Natürlich müssen Sie die nächsten Jahre nicht bis ins Detail verplanen – das kann niemand. Doch eine grobe Lebensplanung für die nächsten 15 bis 20 Jahre wird Ihnen sicherlich helfen, Ihre Vision vom Wesentlichen zu verwirklichen.

Selbsttest: Meine Lebensplanung bis zum ___ Lebensjahr (Zeitraum 15–20 Jahre)

1. Was will ich in einem bestimmten Alter, mit etwa ___ Jahren, erreicht haben?

   _____

   _____

2. Welche Wünsche möchte ich mir erfüllt haben?

   a) Einkommen, Besitz, Wohlstand?

   _____

   _____

   b) Anerkennung, Selbstverwirklichung?

   _____

   _____

   c) Erfahrungen, Erlebnisse?

   _____

   _____

   d) Familie, Hobbys, Privates?

   _____

   _____

3. Welches Image hätte ich gern:

   a) Während dieser Zeit?

   _____

   _____

b) Nach dieser Zeit?

_____

_____

c) Im Vergleich mit bekannten Personen?

_____

_____

d) Was sollen Menschen von mir sagen, wenn ich einmal nicht
   mehr bin?

_____

_____

4. Welche Leistungen muss ich erbringen, um meine Ziele und
   Wünsche zu verwirklichen?

_____

_____

5. Welchen Nutzen haben andere von meinen Leistungen?

_____

_____

6. Welche Bedeutung erreiche ich dadurch:

a) Für mich persönlich?

_____

_____

b) Für meinen Arbeitgeber oder mein Unternehmen?

_____

_____

c) Für meine Kollegen?

_____

_____

d) Für meine Kunden?

_____

_____

7. Welche Auswirkungen hat das oben Beschriebene auf mein Leben:

a) In sieben Jahren?

_____

_____

b) In 20 Jahren?

_____

_____

c) In 50 Jahren?

_____

_____

Ein Tipp: Damit Sie sich bei der Umsetzung Ihrer Lebensvision nicht verzetteln, ist es unverzichtbar, dass Sie Ihr Hauptaugenmerk auf die wirklich wichtigen Dinge richten.

Tagesziel,
Jahresziel,
Lebensziel.

Buchtipps:

Seiwert, Lothar: *Die Bären-Strategie. In der Ruhe liegt die Kraft*, Heyne, 3. Aufl. 2008.
Dazu das gleichnamige Hörbuch: *Bären-Strategie. In der Ruhe liegt die Kraft*, Ariston, 2005.
Seiwert, Lothar: *Noch mehr Zeit für das Wesentliche. Zeitmanagement neu entdecken*, Ariston, 2006.
Seiwert, Lothar: *Wenn du es eilig hast, gehe langsam. Mehr Zeit in einer beschleunigten Welt*, Campus, 13. Aufl. 2008. Dazu das gleichnamige Hörbuch: *Wenn du es eilig hast, gehe langsam. Mehr Zeit in einer beschleunigten Welt*, Campus, 4. Aufl. 2008
E-Gratis-Newsletter: SEIWERT-TIPP, Der wöchentliche Life-Balance-Tipp (nur *eine* Seite!) vom führenden Zeit-Experten Lothar Seiwert: jeweils ein konkreter Tipp zu den vier Lebensbereichen Job, Kontakt, Body und Mind. Zu abonnieren unter: www.seiwert.de oder www.baeren-strategie.de.

Prof. Dr. Lothar Seiwert ist Europas führender und bekanntester Experte für das neue Zeit- und Lebensmanagement. Kaum ein anderer Sachbuchautor und Business-Speaker dürfte so häufig ausgezeichnet worden sein: Prof. Seiwert erhielt in den letzten Jahren mehr als zehn Awards, unter anderem den Benjamin-Franklin-Preis (»Bestes Business-Buch des Jahres«), den Internationalen Deutschen Trainingspreis, den Life Achievement Award für sein Lebenswerk oder den Conga-Award der Deutschen Veranstaltungsbranche. Die German Speakers Association e. V. ehrte ihn mit der Aufnahme in die Hall of Fame der besten Vortragsredner. Der international erfolgreiche Bestsellerautor (mehr als vier Millionen verkaufte Bücher in über 30 Sprachen) leitet die Heidelberger Seiwert Keynote-Speaker GmbH, die sich auf Time-Management, Life-Leadership® und Work-Life-Balance spezialisiert hat (www.Lothar-Seiwert.de).

Sabine Schonert-Hirz

Ein hilfreicher Partner: Stress

Jeden Tag stehen wir vor neuen Herausforderungen – und manchmal wächst uns alles über den Kopf. Da helfen nur »mentale Beruhigungsmanöver«, rät die als Dr. Stress bekannte Expertin Sabine Schonert-Hirz und zeigt uns, wie beflügelnd Stress eigentlich ist.

Der Server zickt, der Chef nervt, die Kollegin kann ihre spitzen Bemerkungen nicht lassen, das Telefonat mit dem unangenehmen Kunden steht an, der Sohn hat Masern und wartet darauf, von der Krippe abgeholt zu werden. Und als ob das alles nicht reichen würde: Die 200 Seiten Projektunterlagen müssen bis morgen früh korrigiert, geordnet und geheftet sein. Warum sich schon beim Lesen Ihr Magen zusammenzieht? Weil jeder von uns solche Situationen kennt, in denen einem alles über den Kopf zu wachsen scheint, weshalb wir dieses Horrorszenario als Stress pur bezeichnen würden. Doch meiner Meinung nach ist es falsch, Stress nur zu verteufeln. Schließlich ist er ein sehr hilfreicher Partner, der uns auffordert, uns Problemen zu stellen und sie zu lösen. Daran können wir wachsen. Haben wir nämlich eine schwere Aufgabe erst einmal bewältigt, fühlen wir uns stark. Stark genug für die nächste Herausforderung, die uns noch stärker machen wird. Wie großartig Stress ist, zeigt, dass ohne ihn die Evolution nicht stattgefunden hätte.

91

Schließlich ist Stress nach neuen wissenschaftlichen Erkenntnissen nichts anderes als ein System, das von Anbeginn des Lebens dazu da war, Probleme zu lösen. Das liegt daran, dass wir auf die Ausschüttung der Stresshormone Adrenalin, Noradrenalin und Cortisol mit gesteigerter Aufmerksamkeit und Leistungsfähigkeit reagieren. Unser Körper wird dann auf Abwehr programmiert. Eine lebensnotwendige Maßnahme, die bereits unsere Urahnen bei Gefahr in Alarmbereitschaft versetzte, sie fliehen oder angreifen ließ und so das Überleben unserer Spezies sicherte. Daher sehe ich Stress in erster Linie als positiv und werde in den folgenden Zeilen nie von »Stress bekämpfen« sprechen. Im Gegenteil: Ich setze auf Kooperation und lade Sie ein, Stress aus einer anderen Perspektive kennenzulernen und ihn sich zum Partner statt zum Feind zu machen. Denn ohne Stress gäbe es kein Lernen, keine Weiterentwicklung, kein Glück!

Stress – so tickt er

Warum Stress von den meisten Menschen als negativ empfunden wird, erklärt sich durch die verschiedenen Arten von Stress. Dabei werden gerade die unkontrollierbaren Situationen als bedrohend angesehen, die, je länger sie anhalten, natürlich auch zu Erkrankungen führen können. Hier ein kurzer Überblick über die

Vier Arten von Stress:

1. Die unproblematischste ist die *akute, kontrollierbare Stresssituation.* Ein Beispiel: Riecht es in der Wohnung nach angebrannter Milch, laufen wir in die Küche, nehmen den Topf vom Herd, schalten die Platte ab, und alles ist wieder gut.
2. Wer einer *chronischen, kontrollierten Anspannung* ausgesetzt ist, muss sich zwar ständig nach einem prall gefüllten Terminkalender richten, kann sich aber am Ende des Tages freuen, sein Pensum erledigt zu haben. Anders verhält es sich mit den beiden nächsten, den unkontrollierbaren Varianten:

3. Bei der *akuten, unkontrollierbaren Stresssituation* fühlt man sich im ersten Moment völlig ausgeliefert, wie etwa dann, wenn einem der Zug vor der Nase wegfährt. »Was mache ich jetzt?«, »Das schaffe ich nie mehr pünktlich!« sind häufige Gedanken, und gern wünscht man sich in diesem Moment an einen Traumstrand irgendwo andershin. Stattdessen hastet man zur nächsten Informationsstelle und blafft das Auskunftspersonal an.

4. Noch schlimmer, wenn die Lage *chronisch unkontrollierbar* ist: Man ackert und ackert, doch das Erfolgserlebnis stellt sich nicht ein. Was bleibt, ist das Gefühl, nichts im Griff zu haben. Als Reaktion produziert der Körper verärgert Cortisol und sendet ein Unzufriedenheitssignal. Wenn über lange Zeit viel Cortisol ausgeschüttet wird, funktioniert die Stressregulation im Hirnareal des Hippocampus zusehends schlechter. Hilflosigkeit und Tunnelblick sind die Folge, was auf Dauer zu Burnout und Depression führt.

Vor diesem Super-GAU versucht uns unser Körper zu warnen. Erste Anzeichen: Reaktions- und Konzentrationsstörungen. Wir beginnen, permanent nach Autoschlüsseln, Brille und Portemonnaie zu suchen. Namen fallen einem nicht mehr ein, und Sätze verlieren sich in Füllwörtern: »Der Dingsda, ach, du weißt schon, wen ich meine ...«. Von Ihrer gewohnten Schlagfertigkeit, Ihrem Wortwitz ganz zu schweigen. Werden diese anfänglichen Zeichen nicht ernst genommen, können körperliche Symptome auftreten: Augenzucken, Kopf-, Schulter- und Nackenschmerzen, Bandscheibenvorfall, Infektanfälligkeit, Magen-Darm-Probleme, Bluthochdruck, Herzrhythmusstörungen. Auch psychische Erkrankungen wie ein Angstsyndrom, Panikattacken oder Suchtprobleme sind mögliche Folgen.

Problemlösung statt Problemhypnose

Um das Übel bei der Wurzel zu packen, sollten Sie sich darüber bewusst werden, was Sie genau stresst. Ist es der Job, ein aggressiver Kollege, eine unerfüllte Sehnsucht in Ihrer Partnerschaft, oder fehlt

Ihnen einfach Zeit für sich selbst? Haben Sie den Übeltäter entlarvt, geht es um die Frage, wie Ihr realistisches Ziel aussehen könnte. Damit kommen Sie Ihrem Problem und dessen Lösung einen gewaltigen Schritt näher. Das ist sinnvoller, als in Grübeleien zu versinken oder permanent danach zu suchen, wer die Schuld an der scheinbar nicht zu bewältigenden Situation trägt. Das ist übrigens eine sehr beliebte Strategie von Frauen, sich der Problemhypnose hinzugeben: Zusammen mit einer Freundin kauen sie ein Thema stundenlang durch und fühlen sich am Ende schlechter und hilfloser, statt sich zu fragen: Wie hätte ich es gern, was ist die Lösung, und wie kriege ich das hin? Dabei ist ein offenes Gespräch mit dem »Stressor« der beste Weg.

Raus aus der Stressfalle!

Um in unserem immer fordernderen Alltag nicht zu dünnhäutig zu werden, ist ein gesunder Körper die Stressprophylaxe Nummer eins (siehe auch Tipps von Slatco Sterzenbach, Seite 174). Schlafen Sie siebeneinhalb Stunden pro Nacht. Versuchen Sie, zwei- bis dreimal die Woche 30 bis 60 Minuten Ausdauersport zu treiben, und achten Sie auf eine leichte, fettreduzierte, eiweißhaltige Ernährung. Dies vernachlässigen ehrgeizige Menschen in akuten Stresssituationen gern, vor allem, wenn sich die Panik vor einer unkontrollierbaren Aufgabe gemeldet hat. Mit diesem Verhalten vermindern Sie jedoch ihre Kraft und können Druck auf Dauer nicht standhalten. Das ist absolut kontraproduktiv! Deshalb: Raus aus der Stressfalle! Lassen Sie sich nicht verrückt machen, sondern erinnern Sie sich lieber an frühere Erfolge. Das fördert Ihr Selbstbewusstsein, nimmt der Aufgabe ihre Bedrohlichkeit. Hilft das nicht, malen Sie sich aus, was im schlimmsten Fall passieren könnte. Wenn Sie es tatsächlich nicht schaffen sollten, die Projektunterlagen komplett fertigzustellen, wäre es schließlich kein Weltuntergang, das letzte Kapitel unkorrigiert auf die Schreibtische Ihrer Kollegen zu legen. Und damit entdramatisieren Sie dieses Worst-Case-Szenario.

Außerdem: Nehmen Sie sich nicht zu viel gleichzeitig vor! Schluss mit Multitasking, erledigen Sie stattdessen lieber eine Aufgabe nach der anderen. Diese Etappenziele motivieren, geben Ihnen immer wieder ein befriedigendes »Geschafft!« als Rückmeldung. Ebenfalls wichtig ist es – trotz Zeitdruck –, kleine Pausen einzulegen. Nutzen Sie diese für einen kurzen Spaziergang. Denn körperliche Bewegung baut Stresshormone ab und regt die Ausschüttung von Endorphinen an. Diese sind für unser Wohlbefinden verantwortlich und sorgen dafür, dass Sie wieder klarer denken können und Mut gewinnen, die Sache aufs Neue anzupacken. Schließlich gibt es – wie gesagt – ohne Stress kein Lernen, keine Weiterentwicklung, kein Glück! Also nutzen Sie ihn, diesen Partner fürs Glück!

Mentale Beruhigungsmanöver

Wer gestresst ist, reagiert oft überzogen und sieht in jedem kleinen Problem eine unüberwindbare Hürde. So nehmen Sie Spannungssituationen die Spitze:

• *Positiv denken.* Betrachten Sie Ihr Arbeitspensum aus der »Das Glas ist halb voll«-Perspektive, indem Sie nicht nur all die Aufgaben sehen, die noch vor Ihnen liegen, sondern vor allem das, was Sie schon erledigt haben. Belohnen Sie sich! Denken Sie an das Treffen mit Freunden am Abend. Und wäre es nach diesem Projekt nicht Zeit für eine Gehaltserhöhung? Erinnern Sie sich auch daran, dass Ihr Ärger in einem Jahr oder sogar schon in einem Monat verflogen sein wird.

• *Halt! Aufhören!* Mit Grübeleien nähren Sie nur melancholische Gefühle. Halten Sie deshalb düsteren Gedanken ein Stopp-Schild vor oder umhüllen Sie sie in Ihrer Vorstellung wie eine Sprechblase und packen sie weg.

• *Distanz hilft.* Bloß nicht reinsteigern! Bewahren Sie den Blick von außen. Beschwören Sie bei einem bevorstehenden Vortrag keine Nervosität herauf, sondern stellen Sie sich vor, wie Ihnen die Zuhörer aufmerksam lauschen. Manche Sprechprofis malen sich auch geistig aus, vor einem Feld Rüben zu reden oder vor Zuhörern in Pyjama.

- *Perfektionismus, ade!* Sie müssen nicht alles 200-prozentig richtig machen, das setzt Sie nur unter noch größeren Druck. Gehen Sie stattdessen überlegt an Aufgaben heran, fragen Sie sich, was Sie bei jeder einzelnen erreichen wollen, und setzen Sie Prioritäten.
- *Positives Fehlermanagement.* Dass eine Aufgabe, ein Projekt mal danebengeht, kann passieren. Wichtig: Bewerten Sie Fehler nicht als Versagen, sondern als Möglichkeit, neue Erfahrungen zu sammeln, um an ihnen zu wachsen.
- *Erden Sie sich.* Setzen Sie im Sitzen oder im Stehen die Füße schulterbreit auf den Boden. Spüren Sie den Kontakt der Fußsohlen mit der Erde. Im Sitzen spüren Sie den Kontakt des Körpers mit dem Stuhl, im Stehen den Kontakt der Arme und Hände mit Ihrem Körper. Spüren Sie, wie Ihr Atem den Bauch und den Brustkorb bewegt. Überlegen Sie, was Sie jetzt im Moment am liebsten täten. Erfüllen Sie sich den Wunsch in Gedanken für einen Augenblick, und kehren Sie dann mit frischer Energie in die Gegenwart zurück.
- *Improvisieren Sie.* Wenn Ihr gewünschter Weg zur Lösung versperrt ist, finden Sie rasch eine kreative andere Lösung. Verabschieden Sie sich von Ihren Vorstellungen, die Sie nur in die Frustration treiben würden, und genießen Sie die Freude der Improvisation. Die anderen wissen schließlich nicht, was Sie Tolles im Kopf geplant haben.
- *Relativieren Sie.* Stellen Sie fest, dass Sie einen bestimmten Soll-Wert (zum Beispiel eine bestimmte Einkommensprämie oder die perfekte Präsentation) nicht erreichen können, dann vergleichen Sie sich mit anderen, die auch nicht perfekt sind und trotzdem gut durchs Leben kommen. Fahren Sie daher den Soll-Wert runter und entspannen Sie sich.

Dr. Sabine Schonert-Hirz ist Ärztin und hat über Herzinfarkt promoviert. Weil sie sich sehr für die Prävention interessierte, begann sie neben ihrem Job als Medizinerin vor 23 Jahren mit ersten Stressmanagement-Trainings und hat sich heute den Namen Doktor Stress erworben (www.doktorstress.de). Pro Monat hält sie verschiedene Seminare und Vorträge zum Thema Stressmanagement ab und ist zudem beratend tätig. Ihre Kunden sind Unternehmen wie RWE, REWE, Nestlé, Sparkasse, Finanzverwaltung NRW, Henkel, Lufthansa, ARAG oder Bertelsmann.

Marco von Münchhausen

Selbstmanagement mit dem inneren Schweinehund

Er bremst uns aus und ist ein eifriger Partner beim Aufschieben von Tätigkeiten und Entscheidungen – der innere Schweinehund. Ein problematischer Umgang – doch: Ohne ihn geht's nicht, meint Selbstmanagement-Experte Marco von Münchhausen und gibt Tipps, wie sich das Borstentier zähmen lässt.

Manchmal ist es auch für einen Trainer und Coach wie mich hilfreich, auf den Boden der Tatsachen zurückgeholt zu werden. Blinde Flecken bei anderen zutage zu fördern, das gehört zu meinem täglichen Handwerk, aber in eigenen Angelegenheiten... Meine Tochter war es, die meine Sinne wieder schärfte. Sie holte mich unlängst zu einem lange versprochenen Mittagessen in meinem Büro ab. Nun muss man sich mein Büro als einen, nun ja, »kreativ« gestalteten Ort vorstellen mit einem Ablagesystem, das genügend Raum für plötzliche Ideen lässt. Über diese Berge an Manuskriptstapeln, Vortragsskripten, noch auszuwertenden Zeitungen und Zeitschriften und gesammelten Buchhaltungsunterlagen schweifend, blieb der Blick meiner Tochter schließlich an einer meiner Neuerscheinungen heften. Zielsicher griff sie nach dem Titel »Entrümpeln mit dem inneren Schweinehund« und riss mich mit den Worten: »Sag mal, Papa, liest du deine Bücher eigentlich auch?« aus meiner Zufriedenheit.

Das saß. »Warum lesen? Ich weiß doch, was drinsteht, ich habe das Buch ja schließlich geschrieben«, sagte ich mit leichter Entrüstung. »Dann muss dein Schweinehund ein ganz besonderes Exemplar sein«, konterte meine Jüngste. Spiel, Satz und Sieg: Sie hatte natürlich recht. Wie oft hatte ich mir schon vorgenommen, mein Bürochaos, das ich nur mühsam mit meiner Kreativität zu rechtfertigen vermochte, in den Griff zu bekommen. Was hat es nur auf sich mit diesem unsäglichen inneren Widerstand, den man immer dann überwinden muss, wenn man sich etwas vorgenommen hat oder eine Veränderung in seinem Leben erreichen will? Der einen davon abhält, aufzuräumen, sich gesünder zu ernähren, mehr Sport zu treiben, die beruflichen Aufgaben rechtzeitig anzugehen, überfällige Briefschulden abzuarbeiten und endlich mal wieder ins Theater zu gehen? Was ist das nur für eine Kraft, die es uns oft so schwer macht, unsere Vorhaben umzusetzen? Natürlich: der innere Schweinehund! Er ist es, der unsere Vorsätze frisst, und mein Arbeitszimmer beweist immer wieder: Er ist trotz aller Erkenntnisse ein hartnäckiger Begleiter, und es braucht besondere Strategien, um ihn zu zähmen.

Der innere Schweinehund – ein schwieriger Charakter?

Zunächst einmal weiß natürlich jeder, dass es »den inneren Schweinehund« in der Realität nicht gibt. Es handelt sich hier um ein sprachliches Bild für unsere inneren Widerstände und unsere Neigung, Aufgaben zu vermeiden und aufzuschieben. Ein sehr sympathisches Bild allerdings – mit zwei wichtigen Vorteilen: Zum einen fällt es so vielen leichter, die Teile ihrer Persönlichkeit, die sie nicht so sehr mögen, mit etwas Distanz zu betrachten. In der Figur des inneren Schweinehundes können Sie Ihre inneren Widerstände von außen ansehen, fast so, als ob es nicht unsere eigenen Probleme wären, mit denen wir uns da beschäftigen, sondern die eines Fremden. Diese Distanz in eigenen Angelegenheiten beseitigt zwar noch nicht das Problem, aber Sie können anders damit umgehen. Und zum zweiten hat dieses Bild etwas sehr Humorvolles. Den meisten fällt es schwer, angesichts der Marotten ihres Begleiters immer ganz ernst zu bleiben. Sie lächeln über ihn – und damit letztlich auch ein wenig über sich selbst. Und Humor in eigenen Angelegenheiten stellt, wie ich glaube, eines der wirkungsvollsten Selbststeuerungselemente dar.

Übrigens: Auch wenn Sie Ihren eigenen Schweinehund oft am liebsten weit aus Ihrem Wahrnehmungsfeld verbannen wollen: Bei näherer Betrachtung sind seine Ziele nicht nur negativ. Denn auch, wenn er uns dem ersten Anschein nach sabotiert und als störender Widersacher und Bremser in unserem Leben agiert: In vielen Fällen will der innere Schweinehund uns vor Überforderung, Überarbeitung und Überanstrengung schützen! Er will verhindern, dass wir unsere eigenen Grenzen auf schädigende Weise überschreiten. Im Grunde genommen will unser Begleiter also nur unser Bestes: Er will, dass es uns gut geht! Das Problem ist nur, dass er dabei oft ein wenig übertreibt. Wie bei einem kleinen Kind ist es daher erforderlich, ihm Grenzen zu setzen. Auch er muss lernen, dass es immer wieder darum geht, sich neu aufzuraffen, sich zu überwinden und auf dem Weg zu einem Ziel durchzuhalten.

Selbsttest: Lernen Sie Ihren Schweinehund besser kennen

Die folgende Übersicht zeigt viele typische Bereiche, in denen der Schweinehund aktiv ist. Überlegen Sie sich bitte kurz, wo Ihr eigener Schweinehund besonders gern zuschlägt – und wo nicht.

Tätigkeit/Vorhaben	Schweinehundaktivität gering ___ stark					
	1	2	3	4	5	6
Aufräumen						
Finanzen klären						
Steuererklärung						

	1	2	3	4	5	6
Früher aufstehen						
Sport, z.B. Joggen, Fitnessstudio						
Gesündere Ernährung						
Diäten, Abnehmen						
Gesundheitschecks beim Arzt						
Briefe schreiben oder beantworten						
Unangenehme Telefonate						
Aufgeschobene Besuche / Einladungen						
Computer / Internet						
Tanzkurs / Sprachkurs / Musikinstrument						
Bücher lesen						
Konzert / Theater / Ausstellungen						
Weniger Fernsehen						
Größere berufliche Projekte anpacken						
Klärung von Beziehungsfragen						
Auseinandersetzung mit Kindern / Eltern						
Fälliger Wohnungswechsel						
Längst fällige / gewünschte Reise						
Eine Rede halten						
Die eigene (ggf. unerwünschte) Meinung äußern/ Partei ergreifen für jemanden						
Mich zeigen, wie ich bin (mit meinen Schwächen)						
Regelmäßige Zeitplanung						
Meine Lebensvision klären						
Innehalten, Meditieren						
Auch mal nichts tun						

Ein gerissener Stratege

Wenn Sie zusammen mit Ihrem inneren Schweinehund Ziele erreichen wollen, ist es zunächst einmal hilfreich, sich über seine Tricks
und Taktiken klar zu werden. Der innere Schweinehund kann Vorhaben zu unterschiedlichen Zeitpunkten sabotieren:

- Er kann bereits im Vorfeld den *Entschluss zum Handeln* verhindern.
- Er kann dafür sorgen, dass der Wurm *in der Entscheidung* selbst
  steckt.
- Und wenn er damit immer noch nicht erfolgreich war, wird er
  versuchen, die *Ausführung* zu sabotieren, um uns dann – nach
  unserem Scheitern – bei jedem aufkeimenden Zweifel tröstend in
  die Arme zu nehmen.

In allen drei Phasen stehen Ihrem Schweinehund eine Fülle von Sabotagetechniken zur Verfügung. Die folgende Übersicht gibt Ihnen
einen Überblick über besonders zugkräftige Strategien. Vielleicht
kommt Ihnen die eine oder andere nur zu bekannt vor.

Er verhindert schon im Vorfeld den Entschluss zum Handeln durch	
1. die Unmöglichkeitstaktik	• »Ich kann nicht!« • »Das hat keinen Sinn!«
2. Tarnkappenspiele	• vermeintliche Pflichterfüllung • falsche Rücksichtnahme • Deckmantel der Moral
3. Sprache der Unverbindlichkeit	• müsste, sollte, könnte, dürfte • man ...

4. Verzögerungstaktik	• »Ich kann noch nicht ...« • »Ich muss erst noch ...«
5. Verharmlosung	• »Ist nicht so wild« / »Macht doch nichts« • »Andere tun's doch auch (nicht)!«
6. Unzuständigkeit	• »Ich bin nicht verantwortlich!« • »Andere können das besser!«
7. Traditionsfloskeln	• »Das war schon immer so!« • »Das habe ich noch nie so gemacht!«
8. Sicherheitsdenken	• »Bloß nichts riskieren!« • »Besser den Spatz in der Hand!«

Er bringt den »Wurm« in die Entscheidung hinein durch

1. bloßes »Versuchen«-Wollen	• »Ich werde versuchen zu ...« • »Mal seh'n, ob ich das schaffe ...«
2. die Nebeltaktik	• ungenaue Formulierungen • Wörter wie »mehr, häufiger, gesünder, mal, bald, irgendwann«
3. den Freigeist	• ohne Plan, ohne Termine
4. Herkulesvorhaben	• sich zu viel vornehmen (»jetzt aber ...!«)

Er sabotiert die Ausführung unserer Vorhaben durch

1. Ablenkungsmanöver	• noch nicht in Stimmung sein • nur noch kurz XY tun • sich etwas gönnen
2. Ausnahmefallen	• der »besondere« Anlass • »Einmal ist keinmal!«
3. die Abbruchstaktik	• »Viel zu anstrengend!« • »Bringt nichts!«

4. den verhängnisvollen Blick auf andere	• »Die/der tut's ja auch (nicht)!« • gemeinsam nichts tun / »sündigen«
Und hinterher lässt er uns	
1. Opferlieder singen	• Sündenböcke finden • »Ich kann ja nichts dafür!«
2. oder destruktive Versagerlieder	• »Ich schaff eh' nichts!« • »Alles hat keinen Sinn …«

Machen Sie Ihren Schweinehund zum Verbündeten

Der innere Schweinehund ist ein Teil unserer Persönlichkeit. Das bedeutet aber auch: Wir können vor ihm nicht weglaufen, und vertreiben lässt er sich auch nicht. Viele versuchen, ihren inneren Schweinehund einzusperren, indem sie ihr Leben in den festen Griff eiserner Disziplin legen. Das hat zur Folge, dass er im Untergrund höchst aktiv weiterarbeitet – und seine Sabotageakte umso unerwarteter und heftiger ausfallen. Da wir dem Schweinehund aber auch nicht die Herrschaft überlassen können (denn das würde über kurz oder lang zur Anarchie führen), müssen wir lernen, mit unserem inneren Schweinehund zu leben und ihn zu zähmen. Das bedeutet zunächst, den Saboteur als notwendigen Lebensbegleiter zu akzeptieren. Gleichzeitig geht es darum, Strategien und Mittel zu finden, die es uns ermöglichen, trotz unseres Begleiters und sogar mit ihm zusammen Ziele und Vorhaben zu verwirklichen. Auf diese Weise kann er vom ärgsten Feind zum besten Freund werden.

Von der hohen Kunst schweinehundgerechter Selbstmotivation

Nun soll es erst mal nicht um Schweinehunde gehen, sondern um ein anderes Tier, das aber für seine Motivationsprobleme auch bestens bekannt ist: der Esel. Der amerikanische Motivationsforscher Herzberg beschäftigte sich mit der Frage, wie man einen störrischen Esel zum Laufen bringt – und musste feststellen, dass die beiden

Strategien, die er fand, auch bei den meisten Menschen Wirkung zeigen.

Strategie 1: K.I.T.A.
Diese Abkürzung klingt höflicher, als ihr Inhalt ist – sie steht für »kick in the ass«. Man verpasst dem Esel also schlicht einen Tritt in den Hintern, und wenn man fest genug tritt, setzt er sich auch in Bewegung. Diese vielfach erprobte Motivationsmethode arbeitet mittels Druck, Drohungen, Sanktionen, Vorhaltungen und so fort. Auch wir selbst haben gelernt, uns unter Druck zu setzen, uns Vorwürfe zu machen und uns mit unserem schlechten Gewissen immer wieder einen Tritt zu geben.

Der entscheidende Nachteil: Diese Methode funktioniert nicht lange. Mit Druck alleine kann man keine dauerhafte Motivation erreichen. Denn sobald der Druck aufhört, bleibt nicht nur der Esel stehen ... auch wir Menschen lassen dann schnell nach. Und je größer der Druck, desto bissiger der Schweinehund.

Strategie 2: Karotte
Herzberg stellte noch eine andere naheliegende Strategie fest. Hierzu hält man dem Esel eine Karotte vor die Nase, lässt ihn etwas davon knabbern und geht dann, mit der Karotte wedelnd, ein Stück voran. Natürlich folgt der Esel, hegt er doch – die Karotte vor der Nase – die Hoffnung, mehr vom Gemüse zu bekommen. Ab und zu müssen seine Bemühungen von Erfolg gekrönt sein, sonst funktioniert die Methode über kurz oder lang nicht mehr! Hier handelt es sich um die Motivationsmethode mittels Belohnungen, Prämien, Beförderung, Anerkennung, Schmeichel- und Streicheleinheiten. Doch haben auch »Karotten« nur eine begrenzte Wirkung, denn irgendwann ist jeder Esel satt. Leider ist das auf den Menschen übertragbar. Zahlreiche Untersuchungen haben ergeben, dass raffinierte Prämiensysteme und Zusatzprovisionen die Arbeitszufriedenheit immer nur kurzfristig steigern können. Mittelfristig lässt der Effekt nach, man muss nachlegen. Das gilt ganz ähnlich auch für den privaten Bereich: Belohnen Sie sich für jeden Besuch im Fitnessstudio mit einem Glas Prosecco, wird Ihr Schweinehund, der ja hauptberuflich Genießer ist,

dagegen nichts einzuwenden haben. Nur wird er sich nach ein paar Wochen mit dem einen Glas nicht mehr zufrieden geben. Sie müssen nachlegen – darf es Champagner sein?

Mit dem Schweinehund im Flow

Haben Sie sich auch schon mal gefragt, was Zigtausende Tennisspieler, Surfer, Bergsteiger, Schachspieler, Musiker und andere dazu bringt, so viel Zeit und Geld zu investieren, um ihren Hobbys hochmotiviert nachzugehen? »Na, es wird ihnen halt Spaß machen«, werden Sie sagen. Richtig! Aber was genau bewirkt diesen Spaß? Diese Frage hat die Motivationspsychologen seit langer Zeit beschäftigt. Vor allem Mihaly Csikszentmihalyi, Autor des Buches »Flow – Das Geheimnis des Glücks«, scheint dabei ein überzeugendes, wenn auch zunächst überraschendes Modell gefunden zu haben. Maßgeblich trägt zum Spaß an einer Sache die Herausforderung bei, so seine Meinung, und diese konkrete Herausforderung muss mit den eigenen Fähigkeiten korrespondieren.

Was ist damit gemeint? Drei Szenarien, hier der Einfachheit halber als »mathematische Gleichungen« dargestellt, sind denkbar:

- Herausforderung > Fähigkeiten = Überforderung = Frust und Stress
- Herausforderung < Fähigkeiten = Unterforderung = Langeweile
- Herausforderung = Fähigkeiten = Spaß an der Sache = FLOW

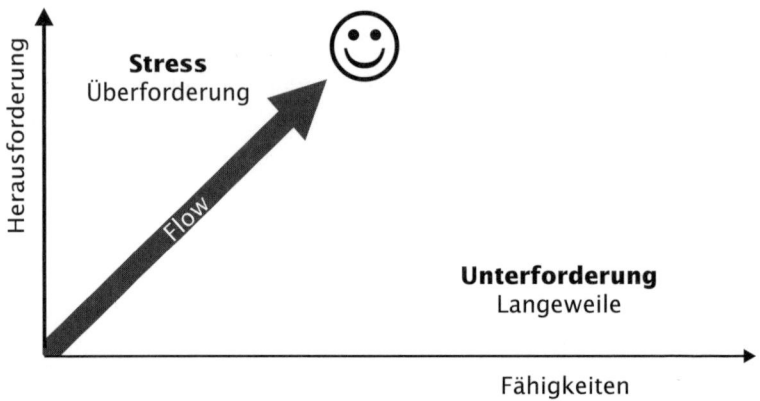

Das bedeutet also: Nur wenn die Herausforderung den eigenen Fähigkeiten entspricht, entsteht Spaß an einer Sache. Dann kommen wir an unsere Grenzen, allerdings ohne überfordert zu werden. Die Formel für eine schweinehundgerechte Selbstmotivation lautet also: *Vermeiden Sie Unterforderung, suchen Sie immer wieder neue Herausforderungen, aber ohne sich zu überfordern!*

Strategisches Rüstzeug für Ihren Schweinehund

Auch wenn Schweinehunde mit Strategien mehr oder minder auf Kriegsfuß stehen: Ganz ohne geht es nicht. Die nun folgende hat allerdings den Vorteil, dass sie gar nicht erst versucht, Ihren Begleiter zu vertreiben, einzusperren oder zu bezwingen. Sie ist in gewisser Weise »schweinehundsicher«. Hier die fünf Schritte, wie Sie Ihren Schweinehund sicher zähmen:

Schritt 1: Treffen Sie eine eindeutige Entscheidung!

Der Erfolg eines Vorhabens steht und fällt zunächst mit der Eindeutigkeit der Entscheidung. Viele Vorsätze, die unserem Schweinehund schon nach kurzer Zeit zum Opfer gefallen sind, hatten von Anfang an gar keine Chance, weil wir deren Umsetzung eigentlich gar nicht so richtig wollten und daher auch nur einen halbherzigen Entschluss gefasst hatten. Um dem entgegenzuwirken, machen Sie sich am besten die Kraft des WWW-Prinzips zunutze: **Wirklich Wissen Warum.** Was das bedeutet?

In vielen Fällen fällt uns Veränderung schwer, weil wir nicht so genau wissen, was die Veränderung uns bringt. Uns ist unklar, warum wir etwas tun sollen beziehungsweise wie sehr wir uns mit unserem bisherigen Verhalten schaden. Hier heißt es gegensteuern: Holen Sie sich die nötigen Informationen von Experten, sei es durch Sachbücher, Seminare, Filme oder das Internet! Und meistens fehlt uns nicht nur das Wissen um das Warum (das »Know-why«), sondern gleichzeitig vermeiden wir eine Veränderungsentscheidung, weil wir gar nicht richtig wissen, wie es geht (uns fehlt das Know-how). Ob Computer, Tanzen, Abnehmen oder Joggen – vorher denken wir oft, das sei sicher viel zu kompliziert, zu anstrengend, zu entbehrungsvoll oder zu zeitraubend –, bis wir dann überrascht die gegenteilige Erfahrung machen. Erleichtern Sie sich also die Entscheidung dadurch, dass Sie (mit dem nötigen Know-why und Know-how) wirklich wissen, warum & wie! Folgen Sie also dem kombinierten WWW&W-Prinzip!

Schritt 2: Machen Sie eine klare Zielplanung!
Mit der klaren Entscheidung haben Sie auch ein Ziel vor Augen. Nun geht es darum, dieses Ziel gegen mögliche Attacken Ihres inneren Saboteurs abzusichern. Dabei gilt: Je realistischer, genauer und terminierter Ihr inneres Zielbild ist, desto schwächer wird der Widerstand Ihres Schweinehundes. Vor allem ist aber eines ganz wichtig: Um sich zu überwinden, brauchen Sie das Gefühl der Machbarkeit!

Natürlich sind Ziele zunächst nur realistisch, wenn sie im Rahmen unserer objektiven Fähigkeiten und Möglichkeiten liegen, uns also nicht tatsächlich (in messbarer und nachprüfbarer Weise) überfordern. Ein viel sensiblerer Punkt im Umgang mit unserem inneren Schweinehund ist aber die subjektive Ebene. Ein Vorhaben ist für uns nämlich auch nur dann wirklich realistisch, wenn es uns selber machbar erscheint, also im Rahmen unserer subjektiv empfundenen Fähigkeiten liegt. Diesen Aspekt müssen Sie bei Ihrer Zielsetzung unbedingt mit berücksichtigen, sonst wird Ihr kleiner Widersacher Sie mit allen Mitteln sabotieren. Und ich gehe fast jede Wette ein: mit Erfolg! Wenn Sie bei Ihren Zielen (in noch so guter Absicht) die »Latte« psychologisch zu hoch legen, wird das in Kürze Ihre innere Hemmschwelle erheblich anheben. Und schon bekommen Sie dieses unangenehme »Das-schaff-ich-ja-nie«-Gefühl, und eine wohlbekannte innere Stimme flüstert Ihnen zu: »Das ist ja auch gar nicht zu schaffen!«

Das Gefühl der Machbarkeit können Sie erreichen, indem Sie sich zum einen informieren und das nötige Wissen aneignen, wie Ihr spezielles Vorhaben am einfachsten anzugehen ist, zum anderen, indem Sie es in kleinen Einheiten anpacken.

- *Kleinere Dinge*, die Sie ohne Mühe in einer Einmalaktion erledigen können (wie das Aufhängen eines Bildes, die Arztvisite, der längst fällige Brief), gehen Sie an wie ein Austernessen: So wie Sie eine Auster nach der anderen verspeisen, verwirklichen Sie ein Vorhaben nach dem anderen. Kämpfen Sie nie an zwei Fronten gleichzeitig! Verteilen Sie die aufgeschobenen Vorhaben am besten einzeln auf verschiedene Tage über einen längeren Zeitraum hinweg, gehen Sie beispielsweise jeden Tag eine Sache an. Oder Sie bündeln, wenn dies sinnvoll erscheint, mehrere Vorhaben und erledigen diese dann an einem Tag – allerdings auch dann nacheinander!

- *Größere Vorhaben*, die Sie kaum auf einmal bewältigen können, die vielmehr längere Zeit und Ausdauer erfordern (wie das Ausmisten und Renovieren des ganzen Kellers, das Lernen einer neuen Sprache, die Ausarbeitung eines Projekts, das Lesen eines Buches), gehen Sie wie beim Elefantenessen an: Man schneidet den Elefanten in kleine Häppchen und isst ihn stückchenweise. Diese Methode ist hierzulande auch unter dem Begriff Salamitaktik bekannt. Ein solches Herangehen mindert die Hemmschwelle, anzufangen, erleichtert also den Start, wenn es mit der Motivation mal hapert – und diese wächst mit jedem kleinen Teilerfolg. Auch kleine Schritte können nämlich eine große Wirkung haben. In diesem Sinne gilt: im Zweifel am Anfang lieber zu kleine als zu große Häppchen verspeisen!

- *Verhaltensänderungen*, bei denen Sie Ihr Leben durch eine neue Gewohnheit dauerhaft bereichern wollen (wie zum Beispiel regelmäßiger Sport), gehen Sie mithilfe desselben Prinzips an: besonders am Anfang nur kleine Einheiten. Also lieber täglich zunächst nur zehn Minuten laufen, als dass Ihnen bei einem höheren Pensum Ihr Schweinehund das Wasser abgräbt. Ein neues Verhalten zur Gewohnheit werden zu lassen, bringt besondere Schwierigkeiten mit sich und ist daher eines der Vorhaben, das den Schweinehunden am häufigsten zum Opfer fällt. Daher finden Sie am Ende dieses Beitrages dazu noch einige spezielle Tipps.

Schritt 3: Beginnen Sie mit der konkreten Ausführung!
Hier geht es um zwei entscheidende Aspekte: Um den Start und um das Durchhalten.

- *Beginnen Sie möglichst sofort!* Am besten, Sie fangen einfach schon mal an, auch ganz spontan und ungeplant. Der Vorteil: Sie erhalten einen Vorsprung vor Ihrem Schweinehund. Denn bevor er überhaupt merkt, was geschieht, sind Sie schon losgelaufen und so – wenn auch nur vorübergehend – aus der Reichweite seiner Einwände gelangt. Dieses erste Erfolgserlebnis, das Sie auf diese Weise in Ihrem Nervensystem verankern, kann Ihnen dann als Bollwerk gegen spätere Attacken Ihres Begleiters dienen.

Möglicherweise wird Ihnen nun eine innere Stimme, die sich ein wenig so anhört wie Ihr innerer Schweinehund, zuflüstern: »Einfach so? Ganz ohne Planung? Das geht doch nicht!« – Und das stimmt prinzipiell auch, vor allem für die Durchführung größerer Vorhaben. Aber im Regelfall wird eine kleine ungeplante spontane Anfangsaktion der weiteren Gesamtplanung nicht im Wege stehen.

- *Durchhalten und weitermachen!* Probleme mit dem Durchhalten ergeben sich meist bei größeren Vorhaben und Verhaltensänderungen – hierzu am Ende dieses Beitrages noch einige spezielle Tipps. Ganz allgemein gilt aber für jedes Vorhaben: Geben Sie bitte nie aus einer momentanen Laune heraus ein Vorhaben auf, selbst dann nicht, wenn die negativen Gefühle im Moment überwiegen. Verschieben Sie in einem solchen Fall die Entscheidung lieber auf den nächsten Tag. So kann es zum Beispiel sein, dass Sie die Latte einfach nur ein wenig zu hoch gelegt haben und Ihr subjektiv empfundenes Gefühl der Machbarkeit einem Gefühl der Überforderung gewichen ist. Werfen Sie dann nicht gleich das ganze Vorhaben über Bord – es reicht, einen Gang zurückzuschalten. Nur: Für solche Entscheidungen ist der Schweinehund ein schlechter Ratgeber. Entscheiden Sie daher nicht aus der Laune eines schwachen Momentes heraus, sondern rational und mit ein wenig Abstand.

Schritt 4: Kontrollieren Sie Ihre Zwischenergebnisse!

Die Kontrolle hat einen doppelten Effekt: Zum einen gewinnen Sie Orientierung, wie weit Sie mit Ihrem Vorhaben schon sind. Sie können erkennen, was zur Zielerreichung noch fehlt, und wie Sie Ihren Plan gegebenenfalls anpassen können, um leichter zum Ziel zu kommen. Zum anderen hat die Kontrolle aber auch einen motivierenden Aspekt: Denn jedes Mal werden Sie sich Ihrer bisherigen Teilerfolge bewusst. Schweinehunde sind in diesem Bereich übrigens sehr auf optische Eindrücke fixiert: Schreiben Sie Ihr Vorhaben und Ihre einzelnen Etappenziele daher auf, pinnen Sie das Blatt an die Wand und markieren Sie mit Farbe Ihre Erfolge, sodass Sie und Ihr Schweinehund diese immer vor Augen haben.

Schritt 5: Belohnen Sie sich für Ihre Erfolge!

Ganz wichtig: Betrügen Sie sich und Ihren Schweinehund niemals um die versprochene Belohnung. In diesem Punkt sind Schweinehunde nachtragend und rächen sich. Je besser Sie sich und ihn hingegen belohnen, je öfter Sie beispielsweise eine kleine Erholungspause einlegen und sich ein wenig Entspannung gönnen, umso eher wird er geneigt sein, Sie auch beim nächsten Projekt in Ruhe zu lassen.

Spezialtipps für dauerhafte Verhaltensänderungen

Dauerhaft eingeschliffene Verhaltensweisen ändern zu wollen, ist oft ein schwieriges Unterfangen. Was die meisten Menschen dabei nicht ausreichend berücksichtigen, ist die Kraft unserer Gewohnheiten, besser wohl: ihre Widerstandskraft.

Wenn man mit einer neuen Tätigkeit beginnt, ist es häufig so, als würde man gegen einen Strom schwimmen: den Strom der vertrauten Gewohnheiten. Und dieses Gegen-den-Strom-Schwimmen ist äußerst ermüdend.

Allerdings besteht dieses Problem nur am Anfang. Denn anders als ein Fluss, der seine Richtung niemals ändert, können wir die Richtung, also den »Lauf unserer Programme« in unserem Nervensystem, ändern, uns sozusagen umprogrammieren und damit unsere

Gewohnheiten verändern. Voraussetzung ist allerdings, dass wir dabei die Gesetzmäßigkeiten unseres Nervensystems beachten.

Stellen Sie sich vor, Sie gehen an einem strahlenden Sommermorgen über eine taufrische Wiese. Nach einer Weile drehen Sie sich um, blicken zurück und sehen die Spur, die Sie im nassen Gras hinterlassen haben. Doch die Wirkung dieser Spur ist nicht von langer Dauer: Schon nach kurzer Zeit wird sich das Gras wieder aufgerichtet haben, und es wird nicht mehr erkennbar sein, wo Sie die Wiese überquert haben. Nur wenn Sie immer wieder und immer auf genau derselben Trasse über die Wiese gehen, wird mit der Zeit ein kleiner – zunächst noch schmaler – Trampelpfad, später vielleicht sogar ein Weg entstehen.

Ähnlich funktioniert die Umprogrammierung Ihres Nervensystems: Wenn Sie einen neuen »Verhaltenstrampelpfad« anlegen wollen, dann müssen Sie immer wieder und stets an derselben Stelle, das heißt, auf die gleiche Weise und am besten zur gleichen Zeit, die neue Tätigkeit ausführen. Zum Beispiel jeden Tag zur selben Zeit auf derselben Laufstrecke joggen. Nach einer gewissen Zeit, wenn Sie einen neuen Trampelpfad in Ihrem Nervensystem angelegt haben, also eine neue Gewohnheit implementiert haben, schwimmen Sie nicht mehr gegen den Strom. Es ist Ihnen gelungen, seine Richtung zu ändern, und Sie schwimmen mit dem Strom der neuen Gewohnheit!

Allerdings gilt auch hier: Aller Anfang ist schwer – und zwar in doppelter Hinsicht. Zum einen ist das erforderliche Investment am Anfang besonders hoch. Schließlich schwimmen Sie ja noch gegen den Strom Ihrer alten Programmierung. Zum anderen kann Ihnen gleichzeitig der »Return on Investment« noch relativ gering erscheinen. Aber das ist eben nur der Anfang. Wenn Sie kontinuierlich weitermachen und am Ball bleiben, dann erreichen Sie bald den »magischen Punkt«, an dem sich das Verhältnis von Investment und Rendite umkehrt! Von nun an wird es Sie nicht mehr so viel Selbstüberwindung und Kraft kosten, während der Profit stetig zunimmt. Jetzt haben Sie einen wirklich guten »Return on Investment«! Dieser »magische Punkt« ist dann gewissermaßen der »Point of no Return«: Jetzt wird es immer unwahrscheinlicher, dass Sie wieder umkehren, da die Rendite ständig steigt und der Selbstüberwindungsaufwand immer geringer wird! Das folgende Kurvendiagramm zeigt das sehr anschaulich.

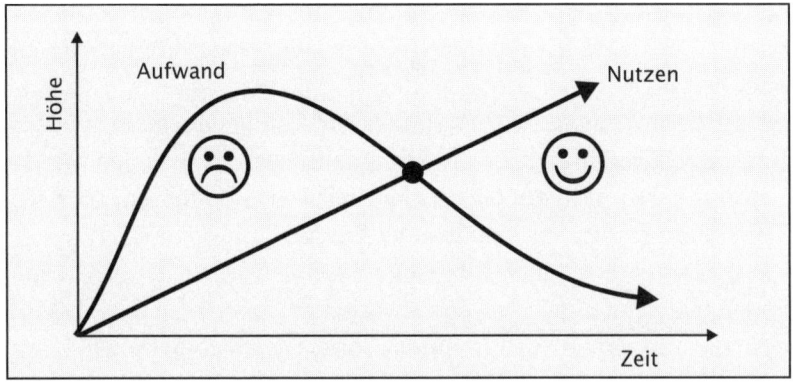

Natürlich gelten auch für die Anfangsphase einer dauerhaften Verhaltensänderung die fünf Schritte, die Sie bereits kennengelernt haben. Die folgenden drei Punkte werden Ihnen zusätzlich helfen, die besonders schweinehundgefährdete Anfangsphase zu überstehen:

1. *Machen Sie sich den Anfang leicht!* Nehmen Sie sich am Anfang nicht zu viel vor. Überforderung ist – wie schon beim Flow-Modell erwähnt – der Motivationskiller Nummer 1 und führt häufig zum Scheitern neuer Vorsätze. Steigern Sie Ihr Pensum lieber langsam.

2. *Nur eine Sache mit Priorität A angehen!* Geben Sie Ihrem Vorhaben Vorrang vor anderen Dingen in Ihrem Leben. Planen Sie es gleich am Morgen ein, hegen Sie es wie eine junge, empfindliche Pflanze. Man könnte sagen: Schweinehunde-Angelegenheiten haben Vorfahrt!

3. *Lassen Sie keine Ausnahmen zu!* Eine der wirkungsvollsten Sabotagetechniken des Schweinehundes ist die Ausnahmefalle. Bei vielen Verhaltensänderungen, die wir planen, lässt uns der Schweinehund weise lächelnd ungestört anfangen – weiß er doch, dass wir früher oder später einen äußeren Umstand als Anlass dafür nehmen, diese neue Gewohnheit zu unterbrechen, bis sich schließlich die Ausnah-

men häufen und zur Regel werden. Der Schweinehund jubiliert dann – denn sein Credo lautet: »Ausfallen lassen – schleifen lassen – sein lassen!«

Deswegen ist es gerade in der Anfangsphase eines neuen Vorhabens wichtig, auf diese Ausnahmefalle zu achten. Dabei können Sie auf zwei bewährte Mittel zurückgreifen:

• *Die Nachholtechnik.* Wenn Sie wirklich mal verhindert waren, Ihre neue Gewohnheit in die Tat umzusetzen, dann holen Sie das Versäumte bei nächster Gelegenheit nach. Am besten am nächsten Tag, spätestens aber innerhalb einer Woche.

• *Das Fünf-Minuten-Programm:* Kommen Sie aus zeitlichen oder anderen Gründen nicht zu Ihrem Vorhaben, greifen Sie auf ein Mindestpensum zurück. Auch wenn Sie sonst täglich 25 Minuten joggen – gestehen Sie sich an einem solchen Tag wenigstens 5 Minuten zu. Das bringt Sie in Ihrer Fitness nicht wesentlich weiter, aber Sie haben keine Ausnahme zugelassen. Und gerade in der Anfangsphase ist es wichtig, dass Sie die Neuprogrammierung Ihres Nervensystems nicht durch zu viele Ausnahmen unterbrechen.

»Alles schön und gut«, sagte meine Tochter nach dem Essen, bei dem ich ihr einen ausführlichen Vortrag über den inneren Schweinehund und die möglichen Strategien zum Umgang mit ihm gehalten hatte. »Alles schön und gut, Papa, aber was hilft dir all diese Erkenntnis?« – »Ja, meine Liebe, die Erkenntnis alleine ist nicht genug, aber sie ist der erste Schritt. Zumindest weiß ich, was ich tun kann, und setze es langsam, aber sicher immer mehr um, Hand in Hand mit meinem Schweinehund. Weißt du«, sagte ich und fuhr nach einer kurzen Pause fort: »Zum Glück kanntest du mich früher nicht, als mein Schweinehund noch mein Feind war.« – Mehr gab es nicht zu sagen. Meine Tochter hatte verstanden, ich war zufrieden, und der Schweinehund unterm Tisch grinste wissend.

10 Tipps für den Umgang mit Ihrem Schweinehund

1. *Wo begegnet Ihnen Ihr Schweinehund?* Machen Sie sich bewusst, in welchen Lebensbereichen Ihr innerer Schweinehund Ihnen am meisten in die Quere kommt.

2. *Den Schweinehund akzeptieren.* Sie können vor ihm weder weglaufen noch ihn vertreiben oder auf Dauer einsperren. Sie können nur lernen, ihn zu zähmen und ihn als Teil Ihrer Persönlichkeit zu akzeptieren und zu integrieren.

3. *Entdecken Sie seinen positiven Zweck für sich.* Angenommen, Ihr Schweinehund würde in Ihrem Leben auch einen positiven Zweck für Sie verfolgen – welcher könnte das sein?

4. *Suchen Sie Herausforderung...* Einer der maßgeblichen Faktoren, um Spaß an einer Sache zu haben, ist die Herausforderung – aber nur, wenn sie mit den eigenen Fähigkeiten im Einklang steht. »Flow« und Glück erlebt man häufig an der Grenze zur Herausforderung.

5. *... aber vermeiden Sie Überforderung!* Unterforderung und vor allem Überforderung sind die größten Motivationskiller im Leben. Wer sich ständig überfordert und gar nicht mehr auf Warnungen seines Schweinehundes hört, wird umso häufiger Opfer seiner Sabotageakte.

6. *Folgen Sie dem WWW&W-Prinzip.* Beschaffen Sie sich die nötigen Informationen, damit Sie *wirklich wissen, warum* Sie etwas wollen, und eignen Sie sich das nötige Know-how an, *wie* Sie die Angelegenheit am leichtesten und effektivsten angehen.

7. *Das Gefühl der Machbarkeit ist wichtig.* Wenn Sie ein Ziel erreichen wollen, muss es nicht nur objektiv realistisch sein, Sie brauchen von Anfang an subjektiv das Gefühl der Machbarkeit: das Gefühl, dass Ihr Vorhaben für Sie wirklich realistisch ist.

8. *Einen Gang zurückschalten.* Verlangsamen Sie das Tempo, wenn Ihnen etwas zu anstrengend wird. Geht gar nichts mehr: Schmeißen Sie ruhig alles hin – aber nur für diesen Tag. Dann machen Sie weiter.

9. *Nicht in die Ausnahmefalle tappen.* Ausnahmen führen schnell dazu, ein Vorhaben aufzugeben. Prüfen Sie deshalb, ob die Ausnahme wirklich zwingend ist oder nur einen Sabotageversuch Ihres Schweinehundes darstellt.

10. *Das Fünf-Minuten-Programm anwenden.* Sollte es wirklich mal nicht klappen mit Ihrem neuen Vorhaben: Ziehen Sie zumindest ein Minimumprogramm durch. Damit verhindern Sie, aus dem Rhythmus zu kommen.

© Willi Wagner, Murnau

Dr. Marco Freiherr von Münchhausen, geb. 1956, ist promovierter Jurist und Autor zahlreicher Bestseller wie »So zähmen Sie Ihren inneren Schweinehund« und »Wo die Seele auftankt«. Der erfolgreiche Unternehmer zählt zu den renommiertesten Referenten, Trainern und Coaches Mitteleuropas. Er war »Trainer des Jahres« (2002), wurde 2005 mit dem Excellence Award und 2007 mit dem Conga Award für herausragende Leistungen als Trainer und Referent ausgezeichnet. Marco von Münchhausen hält Vorträge und Seminare über Work-Life-Balance, Selbstmotivation und Stressmanagement, Selbstmanagement im Alltag sowie die Aktivierung persönlicher Ressourcen. Sein Motto »100% Engagement – Motivation durch Werte« wird so für seine Zuhörer zu einem nachvollziehbaren Leitsystem für mehr Erfolg in Beruf und Privatleben (www.vonmuenchhausen.de).

Ulrich Dehner

Adieu, Psychospielchen!

Nicht länger die Marionette des Chefs, von Kollegen oder der »besten« Freundin sein: Wie Sie Manipulation erkennen und sich dagegen wehren, erklärt Experte Ulrich Dehner.

Psychologische Spiele begegnen uns jeden Tag: wenn der Chef über Gebühr Initiative fordert, ein Kollege versucht, Arbeit abzuwälzen, eine gute Freundin mit ihrem Besserwissergehabe nervt oder die eigene Mutter sich am Telefon beschwert, dass man nie Zeit für sie hat. Manipulation ist aus der sozialen Interaktion nicht wegzudenken. Wir alle benutzen taktische Mittel, um persönliche Ziele zu erreichen, weswegen wir es den anderen auch nicht übel nehmen sollten, wenn sie es tun. Trotzdem ist es hilfreich, psychologische Spiele zu erkennen und damit umzugehen. Denn sie verursachen viel unnötigen Ärger. *Häufig sind psychologische Spiele raffiniert und subtil und laufen unbewusst ab – das unterscheidet sie von ganz bewusst eingefädelten Intrigen.* Diesen Unterschied sollte man unbedingt im Auge behalten! Dennoch können psychologische Spiele vom harmlosen, wenn auch enervierenden Geplänkel bis hin zu schmerzvollen, immer wiederkehrenden Angriffen reichen. Jedes Spiel wird dabei als ein persönlicher Angriff erlebt, bei dem immer ein schlechtes Gefühl zurückbleibt, das – je häufiger es gespielt wird – beim Opfer in Frust, Wut und Aggression umschlagen kann. Gelegentlich enden solche Geschichten sogar tragisch.

117

Doch das eigentlich Tragische ist, dass die meisten Menschen nicht aus Boshaftigkeit psychologische Spiele anwenden, sondern aus einer Notsituation heraus. Das heißt, sie haben für das Bewältigen der Situation, in der sie sich gerade befinden, keine »vernünftige« Verhaltensalternative. Sie haben meist früh gelernt, Spiele quasi als »Überlebensstrategie« zu nutzen. Um das zu erreichen, was sie auf anderem Weg nicht erreichen konnten, stellten sie »dumme Fragen«, erpressten ihre Umgebung mit Beleidigtsein, machten sich selbst klein und unfähig oder wurden laut und dominant. Im Erwachsenenalter bringen sie andere durch diese Strategien ebenfalls in Not, weil die nicht wissen, wie sie mit diesen Verhaltensweisen anders umgehen sollen, als darauf einzusteigen und mitzuspielen. Wie also kann ich mich vor dieser negativen Manipulation schützen? Sie durchschauen? Wie gehe ich vor?

Ein 5-Punkte-Plan gegen psychologische Spiele

Um Psycho-Spielern nicht hilflos ausgeliefert zu sein, sollten Sie als Erstes die Spielregeln negativer Manipulation kennen. Damit lassen sich Spiele leichter durchschauen und abwehren.

1. Köder nicht schlucken

Ein Spiel beginnt für gewöhnlich damit, dass vom Spielführer ein Köder ausgeworfen wird, der bei seinem Gegenüber auf einen »wunden Punkt« treffen muss.

- Köder blenden entweder einen Teil der Realität aus oder verzerren die Realität im Sinne von Über- oder Untertreibung. Das können mit Absolutheitsbegriffen gespickte Vorwürfe sein wie »Können Sie nicht ein einziges Mal ordentliche Arbeit abliefern?«, »Ich bekomme keinerlei Unterstützung«, »Nie haben Sie/hast du Zeit für mich.«

- Oder sie negieren eigene Fähigkeiten und Kenntnisse. Man macht sich kleiner und unfähiger, als man ist. Zum Beispiel: »Ich habe schon wieder vergessen, wie das geht. Können Sie mir das noch mal erklären?«, »Sie können das so gut, können Sie das nicht schnell für mich erledigen?«, »Ich fühle mich mit diesem Computerprogramm so hilflos, wie ging das noch mal?«

- Köder können auch ungeeignete Situationen oder der falsche Zeitpunkt sein, sein Anliegen anzusprechen. Zum Beispiel jemanden im Beisein Dritter zu kritisieren oder keine Rücksicht darauf zu nehmen, dass der andere im Moment keine Zeit hat.

Reagiert der andere auf den ersten Köder nicht, legt der Angreifer häufig mit einer zynischen Bemerkung oder einer provokanten Aussage nach, um sein Gegenüber zu veranlassen, in das Spiel einzusteigen.

Hilfreich ist es, wunde Punkte zu kennen. Um es erst gar nicht zu einem Spiel kommen zu lassen, sollten Sie sich überlegen, warum und in welchen Situationen Sie in unnötige Auseinandersetzungen geraten, weshalb Sie wieder und wieder in die gleichen fruchtlosen Diskussionen verstrickt werden oder warum Sie sich zum Beispiel immer wieder die Arbeit von Kollegen aufhalsen lassen. Fragen Sie sich selbstkritisch: Was ist mein wunder Punkt? Worauf reagiere ich spontan? Muss ich mich zum Beispiel sofort verteidigen, wenn jemand mir Inkompetenz unterstellt? Oder kann ich es nicht mit ansehen, wenn jemand seine Hilflosigkeit zur Schau stellt – selbst wenn mir eigentlich klar sein könnte, dass der andere sehr wohl sein Problem selbst lösen kann? Oder reagiere ich sofort empfindlich, wenn jemand über »typisch Frau« oder »typisch Mann« herzieht? Wer seinen wunden Punkt kennt, wird bei Attacken, die in diese Richtung zielen, hellhörig und lässt sich künftig nicht mehr so leicht treffen.

2. Sich fragen: Welche Rolle spiele ich?

Meist laufen Spiele nach einem ganz bestimmten Drehbuch ab, in dem Sie in eine bestimmte Rolle gedrängt werden. Auf der Bühne der Manipulation gibt es klar voneinander zu unterscheidende Rollen, die die Spieler einnehmen können, nämlich Opfer, Retter und Angreifer. Dabei ist immer im Auge zu behalten, dass »Opfer«, »Retter« und »Angreifer« im Sinne eines psychologischen Spieles sich klar unterscheiden von Opfern, Rettern und Angreifern in der Alltagsbedeutung der Begriffe. Vorhang auf für die drei archetypischen Rollenmodelle des sogenannten Drama-Dreiecks:

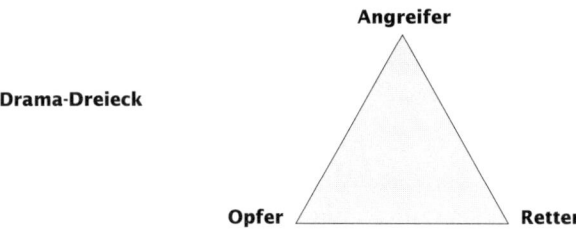

Drama-Dreieck

Angreifer

Opfer   Retter

▶ *Opfer/Retter*

Das »Opfer« macht sich selbst klein und unfähig, oder es gibt sich dumm und hilflos und sucht einen »Retter«. Das kann die Kollegin sein, die einen bei bestimmten Tätigkeiten immer wieder bittet, ihr zu helfen, oder die Mutter, die sagt, dass ihr seit der Scheidung alles über den Kopf wächst und die Ihnen vorjammert, welche Probleme sie mit Ihrem Vater hat. Das Ziel dabei ist immer, Sie als »Retter« zu instrumentalisieren, der eine Sache – die gar nicht Ihre eigene ist! – in die Hand nimmt und sich tapfer für das fremde Anliegen einsetzt. Merke: Ein »Opfer« blendet die eigenen Fähigkeiten aus. Das ist der Köder für den »Retter«, der es nicht mit ansehen kann, wie jemand leidet, und der deswegen einspringen muss.

▶ *Retter/Opfer*

Der vermeintliche »Retter« unterscheidet sich von einem netten, hilfsbereiten Menschen durch die Betonung des »Muss«. Er steckt selbst in der »Ich muss helfen«-Zwangslage. Entweder muss er helfen, weil die Aufopferung für andere seine »Lebensberechtigung« darstellt, und verausgabt sich dabei selbst, indem er Raubbau an seinen Kräften betreibt. Oder er manipuliert sein »Opfer«, indem er es klein macht und sich selbst, auf Kosten des »Opfers«, etwas größer. Typisch für diese Variante sind Wichtigtuer, die andere mit ihrem Besserwissergehabe und notorischen Ratschlägen in die Statistenrolle drängen: etwa der Kollege, der, kaum liefern Sie ein Stichwort, sofort die Rede an sich reißt; die liebe Freundin, die Sie bei der medizinischen Versorgung Ihres Kindes homöopathisch missionieren möchte, oder der Ehemann, der Sie als Beifahrer mit seinem Fahrlehrergehabe zur Weißglut bringt. Merke: Dem edlen »Retter« gelingt es, sein »Opfer« unfähig und hilflos erscheinen zu lassen. Diesem wird so vermittelt, es sei dumm und zu nichts zu gebrauchen.

▶ Angreifer/Opfer

Der »Angreifer« beschießt den anderen mit pauschalen Vorwürfen und macht ihn dadurch zum »Opfer«: »So nicht! So können Sie das nicht formulieren.« oder: »Nie kann man sich auf dich verlassen!«. Sein Ziel ist es, das »Opfer« durch Schuldzuweisungen zu lähmen oder zumindest zum Verstummen zu bringen. Er ist ein Meister darin, die Schuld auf andere abzuwälzen. Er gräbt auch gern olle Kamellen aus und dreht Ihnen daraus einen Strick. Das kann der Chef, der Vater oder die Schwiegermutter sein, die Sie mit der Bemerkung »Ich hab ja gewusst, dass du/Sie das nicht schaffst/en« mitten ins Herz treffen. Merke: Der »Angreifer« gewinnt Macht über Sie, weil er es schafft, Sie an einem wunden Punkt zu treffen oder durch ein Ablenkungsmanöver zu verunsichern. Ohne es zu wollen, müssen Sie sich verteidigen oder rechtfertigen.

Mithilfe dieses Rollenmodells können Sie schneller durchschauen, was gespielt wird. Wenn Sie sich unwohl fühlen, wie jemand mit Ihnen umgeht, fragen Sie sich: »In welcher Rolle ist der andere, und welche hat er für mich vorgesehen?« So können Sie die Rolle, die Sie besetzen beziehungsweise die Ihnen zugedacht werden soll, leichter zurückweisen. Dabei gilt es zu bedenken, dass diese Rollen nicht starr sind: Aus einem Retter kann plötzlich ein gemeiner Angreifer werden oder ein jammerndes Opfer. Manchmal geschehen die Rollenwechsel so schnell, dass sie die Dramatik manchen Bühnenstücks in den Schatten stellen. Der Rollenwechsel ist sogar notwendiger Bestandteil eines psychologischen Spiels.

Wenn Sie Ihre Umgebung spielefreier gestalten wollen, ist mein Tipp: Prüfen Sie immer, wie sehr Ihr eigenes Verhalten dazu beigetragen hat, das Spielchen überhaupt erst zu ermöglichen. Vielleicht haben Sie einem selbst ernannten Retter Schwäche signalisiert und ihn so quasi eingeladen, Ihnen zu »helfen«. Oder Sie sind unversehens in die Angreiferrolle geraten, weil Sie sich über jemanden geärgert haben. Und statt nur sein Verhalten zu kritisieren, haben Sie den Menschen mit einem Donnerwetter zur Minna gemacht. Vielleicht hatten Sie auch gerade keine Lust, sich in eine mühevolle Aufgabe einzuarbeiten, und haben vorgeschützt, etwas einfach nicht zu kapieren.

3. Die Lösung: entwaffnende Offenheit

Das wirksamste Mittel gegen psychologische Spiele ist entwaffnende Offenheit (siehe dazu auch 5. »Begrenzen Sie Manipulation«). Mit klaren Ansagen und manchmal auch mit Humor nimmt man nicht nur den meisten Angreifern den Wind aus den Segeln. Auch Opfer werden es einem letztes Endes danken, wenn man sie freundlich, aber bestimmt, auf ihre Stärken und Fähigkeiten verweist. Auch dagegen, »zwangsgerettet« zu werden, sollte man sich klar abgrenzen. Jedoch immer freundlich, denn wenn man ärgerlich oder gar wütend reagiert, zettelt man allzu leicht selbst ein Angreiferspiel an.

4. Vertrauen Sie Ihrer Intuition!

Ihr eigenes Gespür ist meiner Meinung nach der beste Seismograf für ein falsches Spiel: Wenn Sie plötzlich eine Spannung im Bauch fühlen oder Ihnen sonst irgendwie unbehaglich wird, sollten Sie sich fragen: »Was läuft hier?« Bei einer offenen und sauberen Kommunikation taucht diese Spannung erst gar nicht auf, es sei denn, es ist etwas im Busch!

5. Begrenzen Sie Manipulation

Diese Tipps helfen, Ihre Umgebung möglichst spielefrei zu gestalten:

- *Klare Absprachen treffen und einfordern.* Unklare Vereinbarungen oder vage Entscheidungen liefern schnell jede Menge Zündstoff.

Denn ist etwas unklar und schwammig, entsteht ein Bereich, den jeder Beteiligte mit eigenen Fantasien und Begehrlichkeiten füllen kann. Statt zu sagen: »Ich erledige das demnächst«, also besser konkretisieren: »Ich werde das bis nächste Woche Donnerstag erledigt haben.« Oder statt bei einem Partnerkonflikt nur diffus zu raunen: »Wir müssen reden«, besser gleich die Punkte benennen, über die diskutiert werden soll.

- *Verantwortlichkeit begrenzen.* Wendet sich ein Kollege, Ihre Mutter oder eine Freundin mit einem Problem an Sie und nimmt mehrere ernst gemeinte Hilfsangebote nicht an, sollten Sie aufhören, sich für das Wohlergehen des anderen verantwortlich zu fühlen. Denn dann scheint jemand aus Prinzip zu jammern, um Aufmerksamkeit auf sich zu ziehen. Wenn Sie diesen Köder nicht mehr schlucken, rutschen Sie auch nicht mehr in das entsprechende Spielchen.

- *Bei den Tatsachen bleiben.* Wenn das nächste Mal wieder einer sagt: »Ich kann das nicht«, um Ihre Hilfsbereitschaft zu wecken, dann entwaffnen Sie den Blödspieler ganz einfach, indem Sie sagen: »Das letzte Mal hast du das gut ohne mich hingekriegt. Ich bin mir sicher, dass du das auch wieder schaffst.« Macht jemand aus einer Mücke einen Elefanten, bitten Sie darum, die Verhältnismäßigkeit zu wahren, indem Sie ihm zum Beispiel sagen, dass sich seine Pauschalkritik nur auf einen von vielen Punkten bezieht. Und bevor harmlose Lästereien in Feindseligkeiten umkippen, rücken Sie auch hier die Tatsachen wieder ins Blickfeld.

- *Wind aus den Segeln nehmen.* Ironische Bemerkungen, Sticheleien oder Zynismus enthalten oft verdeckte Vorwürfe. Statt sich zu verteidigen oder Ihrerseits mehr oder weniger aggressiv zu reagieren, können Sie auch sagen: »Ich habe den Eindruck, dass du sauer bist ...« oder noch besser: »Nimmst du mir übel ...?«. Allerdings müssen Sie in Kauf nehmen, dass meist mehr als ein Anlauf nötig ist, bevor der andere seine Wut hinunterschluckt und entweder offen über sein Problem redet oder das Thema fallen lässt.

- *Mit Humor gegensteuern.* Wenn Sie merken, dass Ihnen ein Spiel angeboten wird, können Sie den anderen damit konfrontieren. Geschickter ist es allerdings, das Ganze mit Übertreibungen in Lachen aufzulösen. Oder mit Schlagfertigkeit und Humor zu kontern, um eine Situation, die sonst leicht zum fauchenden Schaukampf ausarten könnte, erfolgreich zu deeskalieren. Das gelingt jedoch nur, wenn Sie wirklich ohne Ironie auskommen, denn jede Form von Ironie ist wieder ein versteckter Angriff, und das Spiel geht weiter.

- *Auf die eigene innere Grundhaltung achten.* Immer dann, wenn Ihre innere Grundhaltung negativ ist oder Sie sich unter Druck fühlen, steigt die Gefahr, dass auch Sie zum psychologischen Halali blasen. Denn wer nicht sagen kann: »Ich bin okay, du bist okay«, wertet sich und andere schnell ab und ist in der inneren Not, entweder als Opfer, als Retter oder als Angreifer ein Spiel zu initiieren.

- *Absolutbegriffe vermeiden.* Durch Absolutheitsbegriffe wie »immer«, »nie«, »alle«, »keiner«, »ständig« fühlt sich der andere schnell ins Unrecht gesetzt. Das bringt ihn in eine Verteidigungshaltung und erhöht die Chance, dass ein Spiel losgetreten wird. Daher: Statt »Nie gehst du auf meine Vorschläge ein« lieber sagen: »Die letzten drei Male hast du meine Vorschläge, auszugehen, abgelehnt. Was ist los?«

Ulrich Dehner, geb. 1950, ist Diplom-Psychologe und machte sich 1979 als Psychotherapeut und Ausbilder für Transaktions- analyse selbstständig. Nach mehreren weiterführenden Ausbildungen – zum Beispiel in systemischer Unternehmensbera- tung – arbeitet er seit 1981 als Management-Coach. Seit 1995 ist er Coach-Ausbilder und coacht auf allen Führungsebe- nen. Er ist Gründungsmitglied und Senior Coach beim Deut- schen Berufsverband für Coaching (DBVC) und gehört seit 2005 dem Vorstand der Klaus- Dieter-Trayser-Stiftung für werteorientierte Unternehmens- führung an. Innerhalb seines Seminar- und Ausbildungsunter- nehmens »Konstanzer Seminare« (www.Konstanzer-Seminare.de) liegen seine Arbeitsschwer- punkte neben der Ausbildertätig- keit im Führungs- und Kommuni- kationstraining, im Konfliktmanagement und im Coaching.

Erfolg im Job

Irene Becker

Behaupten Sie sich souverän!

Weder Duckmäusertum noch Größenwahn – selbstsicheres Auftreten ist einer der Schlüsselfaktoren für beruflichen wie privaten Erfolg. Wie Sie's anpacken, erklärt Ego-Spezialistin Irene Becker.

Oft denken wir: Woher nimmt sie/er nur den Mumm, direkt auf wichtige Neukunden zuzugehen, in Meetings unqualifizierte Querschläger sachlich zu zerpflücken und Nein zu sagen, wenn der Abteilungsleiter wieder mal alle über Gebühr fordert und dennoch – das kommt noch dazu – bei der Mitarbeiterbewertung seine volle Anerkennung einzukassieren? Wer im Arbeitsleben über solche Qualitäten verfügt, wird von uns neidvoll wie anerkennend beäugt, wüssten wir doch selbst gern das Erfolgsrezept, um uns davon eine Scheibe abzuschneiden. Denn: Selbstbewusstsein beziehungsweise selbstbewusstes Auftreten ist heute unerlässlich für Karriere und berufliches Fortkommen; aber auch im Privatleben haben es Selbstbewusste entschieden leichter. Vorbei sind die Zeiten, in denen wir nur genial sein und vergeistigt in der Ecke hocken konnten, während die anderen die Leistung oder Idee verkauften. Heute müssen Sie nicht nur kompetent sein, sondern beruflich wie privat selbstsicher und souverän auftreten – auch in schwierigen Situationen.

127

Selbsttest: Wie selbstbewusst sind Sie?

Prüfen Sie, wie selbstbewusst und souverän Sie bereits auftreten, indem Sie sich fragen, wie sehr Sie den folgenden Fragen zustimmen.

Frage:	selten	manchmal	oft
Um von anderen akzeptiert zu werden, halte ich auch einmal mit meiner wahren Meinung hinter dem Berg.			
Bei kritischen Einwänden bin ich leicht zu verunsichern und neige dazu, nachzugeben.			
Wenn mir jemand rhetorisch überlegen ist, mache ich schnell einen Rückzieher.			
Ich drücke mich oft übermäßig diplomatisch aus, klare Worte fallen mir schwer.			
Ich kritisiere äußerst selten die Leistung anderer: Das ist mir extrem unangenehm.			
Meist beziehe ich keinen Standpunkt, der einen Streit heraufbeschwören könnte, selbst wenn es sachlich notwendig wäre.			
Die Anerkennung anderer ist mir wichtiger als die eigene Einschätzung meiner Leistung.			
Wenn jemand zu etwas kategorisch Nein sagt, akzeptiere ich das auch wider besseres Wissen.			
Arrogante Menschen verunsichern mich.			
Wenn sich jemand ungefragt in meinen Arbeitsbereich einmischt, fällt es mir schwer, ihm seine Grenzen aufzuzeigen.			

Auswertung: Pflichteten Sie mehr als fünf Fragen mit »manchmal« oder »oft« bei, sollten Sie an einem selbstbewussteren Auftreten arbeiten.

Sein oder Schein?

Selbstbewusst aufzutreten ist leichter gesagt als getan. Doch wenn Sie ein paar Punkte beherzigen, ist es so schwer nun wieder nicht, den gewünschten souveränen Eindruck zu erzielen. *Betrachten wir das Phänomen Selbstbewusstsein genauer, stellen wir fest, dass es sich aus zwei Aspekten zusammensetzt, einem inneren und einem äußeren.*

• *Beim inneren Aspekt geht es ums Eingemachte:* Wer nicht von sich und seinen Fähigkeiten überzeugt ist, kann das nach außen auch nicht ohne Mühe glaubhaft vermitteln. Machen Sie die Probe aufs Exempel und fragen Sie sich, ob Sie von sich und Ihren Fähigkeiten überzeugt sind. Glauben Sie an sich und Ihre Fähigkeiten? Sind Sie grundsätzlich mit sich zufrieden und immer bereit, an sich zu arbeiten, um sich weiterzuentwickeln? Sehen Sie nicht nur Ihre Defizite glasklar, sondern auch Ihre Stärken und liebenswerten Eigenschaften?

• *Beim äußeren Aspekt* geht es um Ihre Außenwirkung und die Frage, ob Sie sich nach außen hin selbstbewusst verkaufen – egal, ob das Ihrem inneren Empfinden bereits entspricht oder nicht. Bringen Sie es fertig, eine berechtigte Reklamation mit selbstbewusster, fester Stimme ohne verlegenes Erröten einzufordern? Widersprechen Sie höflich und diplomatisch, aber standhaft Ihrem Chef, wenn Sie wissen, dass Sie sachlich recht haben? Stehen Sie zu Ihrer begründeten Meinung, auch wenn das anderen unangenehm ist? Können Sie einem Freund oder Ihrem Partner auch einmal klar und deutlich sagen, was Ihnen an seinem Verhalten missfallen oder was Sie verletzt hat? Ob Sie dabei innerlich zittern und Angst vor Ihrer eigenen Courage haben, ist bei der Außenwirkung erst einmal zweitrangig. Hauptsache, Sie stehen zu Ihrem Standpunkt. Außerdem hat das »Als ob-Verhalten« eine positive Innenwirkung: Je öfter Sie sich im Außen selbstbewusst verhalten, desto stärker wirkt sich das auf Ihr Gefühl, selbstbewusst zu sein, und damit auf Ihr Ego aus.

An beiden Aspekten können und sollten Sie arbeiten – am besten parallel. Souveränität allerdings sollten Sie immer und überall an den Tag legen, selbst wenn Ihr tatsächliches Selbstbewusstsein noch ein wenig hinterherhinkt. Denn es ist leichter, einen Ruf aufrechtzuerhalten, als einen einmal erworbenen wieder loszuwerden: Wer als schwächlicher Duckmäuser und leicht zu steuernder Depp gilt, tut sich verflixt schwer, dieses Stigma wieder abzustreifen. Schließlich: Wer verliert im Berufs- oder Privatleben schon gern und ist das ach so leicht zu manipulierende Schaf, dem man bisher immer so schön die blöden Aufgaben unterschieben konnte?

Aspekte des Selbstbewusstseins

Selbstbewusstsein und souveränes Auftreten setzen sich aus verschiedenen Fähigkeiten zusammen und haben viele Facetten. Checken Sie Ihre Standhaftigkeit mithilfe folgender Gedanken:

- Sie haben auch in brenzligen Situationen genug Mut und Selbstachtung, um mit Zivilcourage zu Ihrer Meinung zu stehen. Um das zu tun, können Sie offen, aufrichtig, angstfrei und gleichberechtigt kommunizieren und klar ausdrücken, was Sie wollen und was Sie nicht. Beispiel: Dem Kollegen, der es witzig findet, im Team dauernd schlüpfrige Witze zu erzählen, sagen Sie freundlich, bestimmt und selbstbewusst: »Ich weiß es zu schätzen, dass du den Arbeitstag etwas humorvoll gestalten möchtest. Diese Art Witze finde ich allerdings geschmacklos und möchte in Zukunft keine weiteren derartigen hören. Danke!«
- Sie können Ihre Erfolge und Stärken innerlich und äußerlich anerkennen und geben auch bei kleinen Rückfällen oder Misserfolgen nicht auf, sondern starten einfach erneut. Beispiel: »Die von mir entwickelten neuen Angebotspakete kommen bei Großkunden sehr gut an und sind äußerst erfolgreich. Für den Mittelstand jedoch sind sie wohl nicht so passend – daher werde ich für diese Kunden eine Variante entwickeln, die besser deren Bedürfnissen entspricht.«
- Sie gestalten Ihre berufliche Aufgabe und privaten Tätigkeiten aktiv nach Ihren Vorstellungen und nicht nur nach den

Erwartungen anderer, agieren nach Ihren eigenen Maßstäben und freuen sich zwar über die Anerkennung anderer, sind aber nicht davon abhängig. Beispiel: Sie vertrauen auf die offene Kommunikation und leiten Ihr Team sehr kooperativ – auch kritische Bemerkungen Ihrer Mitarbeiter sind Ihnen willkommen. Zwar ist Ihr Abteilungsleiter vom alten Schlag und damit gar nicht einverstanden, aber Sie weisen ihn darauf hin, dass bisher die Erfolge Ihres Teams ihre eigene Sprache sprechen und Sie weiterhin an Ihrem Führungsstil festhalten werden.

- Im Konfliktfall spielen Sie nicht den Vogel Strauß oder das verschreckte Reh, sondern halten Spannungen auch einmal aus. Sie stellen sich einer Auseinandersetzung und wissen, wie man Konflikte möglichst konstruktiv bewältigt und seine eigenen Belange dabei im Auge behält (mehr zu Konflikten siehe Klaus Eidenschink: »Konflikte sind bereichernd – nutzen Sie ihr Potenzial!«, Seite 253).

Innenwirkung: Systematisch Ihr Selbstbewusstsein stärken

Wenn Sie nicht von sich überzeugt sind, werden Sie auf Dauer nicht den Erfolg haben, den Sie sich vielleicht nach außen hin wünschen. Ihre Fassade wird bröckeln, weil Sie in wichtigen und besonders brenzligen Situationen nicht die Chuzpe haben, die Sie bräuchten. Um Ihre Innenwirkung deckungsgleich zu bekommen und Sie gar als Turbo für Ihre Außenwirkung einzusetzen, können Sie an sich arbeiten.

Diese Tipps helfen Ihnen, Ihr Ego zu stärken:
- ***Ciao, innerer Kritiker.*** Stoppen Sie als Allererstes Ihren destruktiven inneren Kritiker! Fast alle Menschen gehen mit sich selbst viel strenger ins Gericht als mit ihren Mitmenschen. Verächtliche und ab-

schätzige innere Kommentare sich selbst gegenüber gehören leider oft zur Tagesordnung und zerstören wirksam und nachhaltig unser Selbstbewusstsein. Dieses masochistische Tonband gilt es anzuhalten: Sobald Sie registrieren, dass Sie sich innerlich mal wieder ein erbostes »Du Idiot!« oder ein niederschmetterndes »Blöde Gans!« zurufen, sagen Sie energisch (möglichst sogar laut) »Stopp!« und halten den zerstörerischen Kommentar an. Ersetzen Sie ihn durch neutrale, beruhigende Sätze wie »Schön langsam, erst mal überlegen!«. Am Anfang müssen Sie dieses Stopp wahrscheinlich ein paar Mal wiederholen, um Ihre Gedanken bewusst in eine konstruktivere Richtung zu steuern, aber mit der Zeit – Sie werden sehen! – wirkt dieses Signal schneller und besser.

- **Inhalt analysieren.** Analysieren Sie den sachlichen Inhalt Ihrer inneren Nörgelstimme. Was könnten Sie tatsächlich besser machen? Was hat noch nicht gepasst? An welchen Maßstäben messen Sie Ihre Leistung/Ihr Verhalten? Sind diese realistisch? Welche Maßstäbe haben andere womöglich? Stimmen sie überein? Was sollten Sie lernen? Hinterfragen Sie Ihre eigenen Maßstäbe, befragen Sie auch ruhig andere (Freunde, Kollegen), welche Bewertungen sie für realistisch und angemessen halten.

- **Reaktionsplan erstellen.** Überlegen Sie gezielt, was Sie in Zukunft in einer ähnlichen Situation tun können, um Ihre Aufgabe besser zu machen. Dabei sollten Sie einen realistischen, humanen Maßstab im Auge behalten: Perfektion hat noch nie funktioniert und führt Sie nur zurück in die Frustration. Machen Sie sich klar, welche Fähigkeiten Sie benötigen und welche Sie eventuell noch etwas trainieren müssen, um sich in der entsprechenden Situation souveräner zu verhalten.

- **Wie toll bin ich?** Machen Sie sich Ihre Stärken und Vorzüge explizit bewusst. Viele Menschen legen sofort eifrig los, wenn ich sie zum Beispiel in Seminaren oder Coachings bitte, ihre Schwächen aufzulisten. Sollen sie dann offen ihre Stärken nennen, geraten sie sehr schnell ins Stocken. Setzen Sie sich also hin und notieren Sie alle Stärken, Fähigkeiten und Vorzüge, die Sie haben. Sollte Ihnen partout nichts einfallen, bitten Sie Kollegen oder Freunde, Ihnen auf die Sprünge zu helfen und Ihnen zu sagen, was sie an Ihnen schätzen. Gerade in kritischen Situationen sollten Sie sich diese Liste ins Gedächtnis rufen, um die destruktive Spirale übermäßiger innerer Kritik rechtzeitig zu stoppen.

• **Eine Chance: die sogenannte Schwäche.** Listen Sie auch die Aspekte auf, die Sie bei sich als sogenannte Schwäche betrachten. Denn vieles, was wir als Schwäche bewerten, wandelt sich im richtigen Kontext zur Stärke. Fragen Sie sich, in welcher spezifischen Situation Ihre sogenannte Schwäche eine Fähigkeit darstellt: Sie sind zum Beispiel sehr schnell ungeduldig? In einer Krise befähigt Sie diese Eigenschaft, tatsächlich sehr zügig zu handeln und dadurch Schlimmeres abzuwenden. Suchen Sie die bisher verborgenen positiven Seiten der von Ihnen abgelehnten Eigenschaften oder Verhaltensweisen, um sich mit ihnen anzufreunden. Denn es geht nicht darum, eine Eigenschaft oder Verhaltensweise völlig abzustellen, sondern die verborgene Fähigkeit situationsgerecht zu nutzen. In der Krise also – nach wie vor – schnell und ungeduldig zu agieren, um sich in anderen Situationen in der Tugend der Geduld zu üben.

Außenwirkung: Selbstbewusst Ihre Meinung vertreten

Selbstbewusstes Auftreten fängt mit Selbstbehauptung an. »Ich fände es eigentlich irgendwie ganz gut, wenn wir über den Vorschlag kurz nochmal nachdenken könnten«, stammeln Sie, nachdem ein Kollege Ihre Idee mit ein paar Killerphrasen zerschellen ließ. Nur: Ihrem frommen Wunsch wird das Team kaum entsprechen. Kein Wunder! Sie haben mit keiner Silbe klar zum Ausdruck gebracht, dass Sie sich nicht so leicht die Butter vom Brot nehmen lassen und mutig für Ihre Idee eintreten. Das geht anders:

Hier die sechs Grundregeln selbstbewusster Sprache:

Regel 1: Ziel kennen. Bevor Sie überhaupt zu reden beginnen, machen Sie sich klar, was Sie erreichen wollen. Was ist Ihr Ziel, was Ihre Kernaussage? Diese Regel klingt möglicherweise trivial, aber erstaunlich viele Menschen wissen tatsächlich nicht genau, was sie mit ihrem Diskussionsbeitrag oder ihrer Argumentation erreichen wollen. Was also ist es, das Sie erreichen wollen? Eine Entscheidung für eine bestimmte Variante? Ein größeres Budget? Mehr echtes Engagement im Team? Eine Fehlentwicklung stoppen? Die Effizienz steigern? Je genauer und konkreter Sie für sich Ihr Ziel formuliert haben, desto maßgeschneiderter und klarer können Sie dafür argumentieren.

Regel 2: Formulieren Sie positiv und klar, was Sie erreichen wollen. In unserer Kultur ist es üblich, ganz genau zu sagen, was man nicht mehr will. Aufgrund einer Fülle von Alternativen ist allerdings nicht klar, was man stattdessen will. Schließlich sitzen Sie auch nicht hungrig in einem Restaurant und sagen dem Kellner: »Bringen Sie mir etwas zu essen – auf keinen Fall Reis! Bitte schnell!«, denn Sie müssten damit rechnen, dass er Ihnen vielleicht Polenta auftischt, die Sie noch weniger mögen als Reis! Sagen Sie also nicht: »Die Kommunikation im Team ist ausgesprochen schlecht! Das kann so nicht weitergehen!«, sondern vielmehr: »Zur Verbesserung der Kommunikation im Team schlage ich vor, dass nach jeder Sitzung ein Protokoll an alle verschickt wird.«

Regel 3: Weg mit sprachlichen Weichspülern! »Eventuell«, »eigentlich«, »vielleicht«, »man könnte ja mal«, »wie wäre es, wenn ...?«, »mir wäre es dann doch etwas lieber ...« – diese Floskeln in Kombination mit dem Konjunktiv sind wunderbare Weichmacher, um einen Smalltalk geschmeidig plätschern zu lassen. Sie haben aber nichts in Sätzen zu suchen, in denen Sie selbstbewusst äußern, was Sie möchten oder denken. Denn: klare und deutliche Aussagen im Indikativ, das ist die Sprache souveräner, zielstrebiger und kompetenter Menschen. Also statt: »Ich fände es ganz gut, wenn alle Kollegen ihre Dokumente öfter richtig in die gemeinsame Ablage einsortieren könnten – das wäre doch sehr hilfreich, oder?« besser: »Wir haben uns im Team darauf geeinigt, dass alle ihre Dokumente nach dem gemeinsamen Ablageplan einsortieren. Bitte halten wir uns doch alle in Zukunft daran, damit effizientes Arbeiten gewährleistet ist. Danke!«

Regel 4: Keine prophylaktischen Entschuldigungen. »Ich kann leider nicht so gut zeichnen, hoffentlich können Sie auf dem Diagramm etwas erkennen.« Entschuldigen Sie sich nicht schon im Vorhinein für Fehler, die Sie eventuell noch machen werden, das zeugt nun wirklich nicht von Selbstvertrauen! Und wenn Sie bei einer Präsentation sehr nervös sein sollten und befürchten, dass man Ihr Lampenfieber auch von außen wahrnimmt, dann entschuldigen Sie sich nicht, sondern sprechen Sie Ihre Nervosität selbstbewusst an: »Wie Sie sehen können, habe ich etwas Lampenfieber – der schlagende Beweis dafür, dass Sie und die Präsentation für mich sehr wichtig sind!«

Regel 5: Üben Sie sich in Beharrlichkeit. Lassen Sie sich nicht so schnell ins Bockshorn jagen. Nur weil einer der Kollegen einen Einwand hat, ist das noch kein Grund, Ihren Vorschlag sofort zurückzuziehen. Etwas Beharrlichkeit hat noch nie geschadet. Geschlagen können Sie sich dann geben, wenn echte, überzeugende Argumente dagegenstehen, aber nicht schon, wenn jemand nur mit dem Säbel der manipulativen Killerphrase rasselt. Starten Sie also bei einer Killerphrase wie »Das hat doch noch nie funktioniert!« eine sanfte Inquisition und hinterfragen Sie sie, statt klein beizugeben: »Woran genau machen Sie das fest? Womit vergleichen Sie die jetzige Idee? Wie kommen Sie darauf, dass es jetzt nicht doch funktionieren kann? Woher kommt Ihre Einschätzung, die heutige Situation sei genau so wie die damalige?« Bestehen Sie darauf, über Fakten zu sprechen statt über Halluzinationen, Fantasien und vage Befürchtungen.

Regel 6: Mustern Sie den vielzitierten Scheffel aus. Stellen Sie Ihre eigene Leistung auch als solche dar und nicht immer unter den berühmten Scheffel. Das hat mit Größenwahn und Überheblichkeit nichts zu tun: Sie sollen ja nur Ihre tatsächlich erbrachten Leistungen offen ansprechen und selbstbewusst dazu stehen! Wenn Sie sie selbst nicht würdigen, wie sollen es dann die anderen tun? Stehen Sie also zu Ihrer Idee oder zu dem Konzept, das Sie dann gemeinsam im Team mit großem Erfolg umsetzen!

Irene Becker, geb. 1957, ist Diplom-Kauffrau. Nach einer mehrjährigen psychologischen Ausbildung in Deutschland, der Schweiz, England und den USA war sie von 1984 bis 1994 bei Siemens im internationalen Vertrieb und im Trainingscenter tätig. 1994 machte sie sich als Autorin, Trainerin und Coach im Bereich Personal- und Persönlichkeitsentwicklung in München selbstständig (www.irenebecker.de). Mit »Everybody's Darling, everybody's Depp – Tappen Sie nicht in die Harmoniefalle« katapultierte sie sich in die Bestsellerlisten, ebenso mit ihrem Nachfolgewerk »Endlich Rose statt Mimose – Wie Sie lernen, nicht alles so schwer zu nehmen«.

Bernhard Wolff

Wenn Sie auf die Bühne müssen

Beruflich wie privat vor großem Publikum zu brillieren, ist keine
leichte Übung. Entertainer und Eventberater Bernhard Wolff
verrät, wie's geht.

In ein paar Wochen ist es so weit: Sie müssen auf die Bühne. Ihr Chef
hat gesagt: »Sie präsentieren. Sie können das!« Vielleicht sind Sie
auch selbst der Chef. Leider macht das die Sache nicht leichter: Chefs
müssen bekanntlich besonders gut sein im Präsentieren. Vielleicht
halten Sie aber auch eine Ansprache als Trauzeugin oder treten mit
Ihrer Theatergruppe auf. Egal zu welchem Anlass, wenn Sie auf die
Bühne müssen, kennen Sie das Gefühl: »Wenn es nur schon vorbei
wäre!« Diese Panik blieb mir vor meinem ersten Auftritt erspart.
Meine Tante Leni feierte Silberhochzeit, und ich gab mit 12 Jahren
eine Einlage als Zauberer. Meine kleine Cousine Sandra assistierte
und reichte mir die bunten Seidentüchlein vom Zaubertisch. Das
war ein großer Spaß – ohne großes Lampenfieber. 15 Jahre später
aber – als sogenannter Profi und Preisträger in »Comedy Magic« –
bin ich in Las Vegas vor Siegfried & Roy aufgetreten. Auch das war
ein großer Spaß, allerdings mit richtig Lampenfieber, mit Kloß im
Hals, Herzklopfen, feuchten Händen. Das gleiche Gefühlstohuwa-
bohu erlebte ich als Rückwärtssprecher in den Live-TV-Shows von
Günther Jauch, und noch heute geht es mir so – vor jeder Modera-

tion, vor jedem Vortrag. Sie können also ganz beruhigt sein: Auch alte Hasen sind schrecklich aufgeregt. Aufregung und Lampenfieber gehören dazu. Da kann man nichts machen. Allerdings können Sie dafür sorgen, dass Ihre Aufregung Sie beflügelt, nicht paralysiert.

Vergessen Sie Atemübungen fünf Minuten vorher. Das hilft nicht die Bohne, wenn Sie schlecht vorbereitet sind. *Eine gute Vorbereitung nimmt Ihnen den negativen Stress und beginnt schon lange vor Ihrer Zusage.* Daneben kümmern sich brillante Redner ums rechte Licht, achten auf ihr Timing, nutzen den magischen Moment und wissen, welche »Outs« sie vor Störern schützen. Doch zurück zum wohl wichtigsten Punkt einer gelungenen Präsentation, zur Vorbereitung:

1. Ist Ihre Aufgabe definiert und erfüllbar?
Noch bevor Sie sich in die Höhle des Löwen begeben und zusagen, recherchieren Sie die Rahmendaten. So prüfen Sie, ob Sie die richtige Wahl sind oder der Schuss womöglich nach hinten losgeht. Also:

- Wer genau ist der Veranstalter oder Gastgeber, und warum findet die Veranstaltung statt?
- Wer ist die Zielgruppe, und was soll mit der Veranstaltung erreicht werden?
- Wer sind die anderen Vortragenden, und wie ist ihr Verhältnis untereinander?
- Was genau ist Ihre Aufgabe, und was soll Ihr Beitrag leisten?

Fragen Sie sich außerdem:
- In welcher Funktion oder für welche Inhalte stehen Sie auf der Bühne?
- Wollen Sie informieren, motivieren, repräsentieren?
- Stimmt die Erwartung an Sie mit Ihren eigenen Vorstellungen überein? Falls nicht: Stopp! Geben Sie erst grünes Licht für Ihren Auftritt, wenn Ihre Aufgabe definiert und auch für Sie erfüllbar ist.

2. Sichern Sie sich die Pole-Position
Eine Packung Kekse kaufen Sie – mal abgesehen davon, dass es »Ihre Marke« ist –, wenn sie clever vor der Kasse platziert und nicht im

Seitengang ganz unten liegt: Die Platzierung macht den Erfolg! Nicht anders ist es bei Ihrem Auftritt. Nehmen Sie Einfluss darauf, wann genau im Ablauf und wo genau auf der Bühne Sie platziert sind. Tausend Ratgeber schreiben: »Es kommt nicht darauf an, was Sie sagen, sondern wie Sie es sagen.« Stimmt. Allerdings ist es total egal, was und wie Sie es sagen, wenn Sie so auf der Bühne stehen, dass die Hälfte der Leute Sie nicht sehen kann.

Gute Position im Ablauf. Um die bestmögliche Position im Ablauf zu finden, besorgen Sie sich die Agenda der gesamten Veranstaltung. Stellen Sie sicher, dass niemand vor Ihnen über dieselben Sachen redet, dieselben Spielchen oder dieselben Witze macht. Ihre rhetorischen Fähigkeiten werden unmittelbar mit dem Vorredner verglichen. Passen Sie also auf, dass Sie nicht direkt nach Harald Schmidt auftreten. Auch andere Bomben sollten nicht vor Ihrem Auftritt hochgehen: Meine Show wurde mal angekündigt mit den Worten: »Leider wird es für das Weihnachtsgeld in diesem Jahr nicht reichen, aber dafür jetzt eine tolle Show.« Ebenfalls übel ist eine Position am Ende eines dreistündigen Programmteils. Da kämpfen Sie nicht mehr um die Aufmerksamkeit, sondern gegen natürliche Bedürfnisse. Setzen Sie eine Position durch, bei der die Teilnehmer noch frisch sind und Sie als willkommene Abwechslung wahrnehmen. Das ist Ihre Pole-Position. Ein Tipp am Rande: Um ein gutes Gefühl für die Atmosphäre zu bekommen, schauen Sie sich möglichst viel von dem Programm an, das vor Ihrem Auftritt über die Bühne geht. So können Sie spontan auf Vorredner und Vorfälle Bezug nehmen. Neulich erwähnte eine Rednerin vor mir, dass unser Sprachstil von unseren Sexualhormonen abhänge. Das konnte ich als Gag aufgreifen und mich laut fragen, warum ich dann wohl rückwärts spreche.

Gute Position im Raum. Neben der guten Position im Ablauf brauchen Sie eine gute Position im Raum oder auf der Bühne. Seit einigen Jahren fordere ich vor jedem Auftritt einen Plan mit der Tischordnung und der Bühnenposition an. Bei den meisten Tagungen und Events ist das kein Problem. Aber auch bei privaten Veranstaltungen kann Ihnen jemand sicher etwas dazu sagen. Das Geheimnis lautet: Sie müssen genau im räumlichen Zentrum der Aufmerksamkeit auftreten! Das ist nicht immer da, wo man denkt. Nehmen wir folgendes Beispiel: In einem tollen Ballsaal gibt es eine tolle Bühne, auf der Sie eine Laudatio halten wollen. Zwischen der Bühne und der ersten Tischreihe liegt allerdings die Tanzfläche. Und die ist groß. Hier sollten Sie sich eine Bierkiste schnappen und sich mitten auf die Tanzfläche stellen. Schon bei kleinen Meetings spielt die Position im Raum eine immense Rolle. Suchen Sie sich den Mittelpunkt, den Fokus. Holen Sie das Flipchart aus der Ecke. Räumen Sie alles aus dem Weg, was dort steht, wo Sie stehen sollten.

3. Machen Sie die Technik klar

Ihr Auftritt kann eine freie Rede sein oder ein Vortrag, den Sie vom Blatt lesen. Ihr Auftritt kann eine Präsentation mit Powerpoint sein oder ein Quiz mit Zuschauerbeteiligung. Ihr Auftritt kann eine Talkshow mit Gästen sein oder ein gemeinsamer Sketch mit drei anderen Kollegen. Für Ihren Auftritt sind unendlich viele Formate denkbar. Suchen Sie nach dem Format, das dem Ziel Ihres Auftritts und Ihrem Naturell am meisten entspricht. Vielleicht treten Sie in der Rolle eines Fußballtrainers auf und holen Ihr gesamtes Team als Mannschaft auf die Bühne. Das machen Vertriebsleiter sehr gern – und es funktioniert.

Bühnenausstattung. Wenn Ihr Format feststeht, dann leitet sich daraus die Bühnenausstattung ab. Für einen Vortrag, den Sie vom Blatt lesen, brauchen Sie ein Rednerpult oder einen Stehtisch. Und Licht! Und ein Glas Wasser! Und wie gesagt: Sorgen Sie dafür, dass Ihr Rednerpult im Fokus der Aufmerksamkeit steht. Übrigens: Ablesen ist erlaubt. Ich habe exzellente Vorträge erlebt, die vollständig abgelesen wurden. Viel peinlicher ist es, wenn ein Vortrag spontan und frei wirken soll, aber immer wieder auf irgendwelche Zettel geblinzelt wird. Wenn Sie kein freier Redner sind, lesen Sie ab!

Technische Anforderungen. Ebenfalls vom Format hängen Ihre technischen Anforderungen ab. Technische Anforderungen? Ganz genau! Es ist Ihr gutes Recht, zu definieren, was Sie zum Gelingen Ihres Auftritts brauchen. Dazu gehört auch die Technik:

Das Mikrofon. Welche Art Mikro ist komfortabel für Sie? Ein Handmikro hat Vorteile, weil Sie nichts am Körper tragen müssen. Zudem haben Sie einen satten Sound, wenn Sie das Mikro dicht an den Mund führen. Aber Vorsicht, Sie haben mit so einer Keule nur noch eine Hand frei. Wenn Sie in dieser Hand dann noch Moderationskarten halten, wird das Bedienen der Funkmaus ziemlich schwierig. Headsets hingegen geben Ihnen größere Freiheit – vor allem zwei freie Hände. Hier gibt es allerdings extreme Qualitätsunterschiede. Bestehen Sie auf einem hochwertigen Headset, das nicht Ihr halbes Gesicht verdeckt. Sie sind nicht das Phantom der Oper!

Das Licht. Beim Licht ist wichtiger, dass man Sie gut sieht, als dass Sie gut sehen. Fordern Sie deshalb »Vorderlicht« für Ihre Spielfläche. Licht von oben oder hinten hilft wenig, außer vielleicht der Band. Wenn das Vorderlicht blendet, ist das ein gutes Zeichen. Viele Redner lassen das Licht so lange runterfahren, bis es nicht mehr blendet – und stehen dann im Dunkeln. Wenn Sie während der Probe auf der Bühne stehen, schauen Sie einfach mal unter die Decke oder auf die Lichtstative. Falls da alles an Ihnen vorbeileuchtet, bitten Sie darum, das Licht vernünftig auf Sie auszurichten. Im schlimmsten Fall ist für den Redner gar kein Licht vorgesehen, damit die Powerpoint-Seiten auf der Leinwand gut zur Geltung kommen. In diesem Fall können Sie um eine Taschenlampe bitten oder sich höflich verabschieden und wieder nach Hause gehen.

Powerpoint. Bei Präsentationen mit Powerpoint gibt es technisch einige Alternativen: Falls Sie die PPT von Ihrem eigenen Notebook von der Bühne aus steuern wollen, fordern Sie Strom-, Daten- und Tonanschlüsse sowie eine Stellfläche an. Falls die PPT von einem Regierechner aus gesteuert wird, testen Sie vor Ihrem Auftritt unbedingt die Funkmaus oder den Signalgeber und stellen Sie sicher, dass Ihre PPT nicht umformatiert wurde und die Filme laufen.

Technik-Check. Wenn Sie eine gute Positionierung durchgesetzt haben und Ihre Anforderungen – unbedingt schriftlich – definiert sind, kann eigentlich nichts mehr schiefgehen. Außer der Ablauf ändert sich oder Ihre Anforderungen wurden ignoriert. Beides passiert gerne mal. Darum ist vor jedem Auftritt ein technischer Check und eine kurze Regiebesprechung notwendig. Vereinbaren Sie dafür einen festen Zeitpunkt und eine feste Zeitdauer. Vereinbaren Sie auch, dass alle beteiligten Techniker und Ihr verantwortlicher Ansprechpartner dabei sind. Erst wenn Ihre Technik 100-prozentig läuft, ist die Probe beendet.

Zwischenbilanz: Weil Sie optimale Bedingungen geschaffen haben, sind Sie mit dieser Vorbereitung locker 50 Prozent Ihres Lampenfiebers los und damit genau die Hälfte, die negativ stresst. Die anderen 50 Prozent Lampenfieber sind gesund – und pushen Sie mit der Energie, die Sie für einen guten Auftritt brauchen. Oder glauben Sie immer noch, Ihnen fehlt irgendwie das Talent für die Bühne?

4. Brillieren Sie als Bühnen-Ass

Was für eine Gabe haben diese Menschen wie Mittermeier & Co., die sich auf eine Bühne stellen und souverän und locker eine Pointe nach der anderen raushauen? Ich verrate es Ihnen: Sie haben die Gabe, stundenlang an ihren Texten zu feilen, diszipliniert zu proben und sich pausenlos von einer Bühne zur nächsten zu bewegen. Vielleicht wurde ihnen auch irgendetwas in die Wiege gelegt, aber sie sind vor allem eines: harte Arbeiter, Bühnenarbeiter.

Vorbereitung. Bis zu Ihrem Auftritt können Sie voraussichtlich keine 20 Jahre Bühnenerfahrung mehr nachholen. Aber Sie können sich intensiv vorbereiten. Dazu empfehle ich Ihnen folgende Schritte:

1. Legen Sie zunächst Inhalte und Ziel Ihres Auftritts fest.
2. Sammeln Sie dann möglichst viele Ideen, bevor Sie sich für ein Format entscheiden oder den Stil festlegen.
3. Stellen Sie sich vor einen Spiegel und reden Sie drauflos. Was sinnvoll klingt, schreiben Sie auf. Wort für Wort.
4. Überarbeiten Sie das Skript mehrfach. Machen Sie mehrere Proben im stillen Kämmerlein. Nicht im Sitzen, im Stehen, in Bewegung.
5. Simulieren Sie die Live-Situation. Und suchen Sie sich ein Testpublikum: ein paar Freunde, die Familie, sonstige Opfer. Vorsicht

allerdings mit dem Feedback! Nehmen Sie nicht jede Rückmeldung wörtlich und ändern Sie nicht alles in letzter Sekunde. Bleiben Sie Ihr eigener Regisseur, außer Sie haben einen echten Profi angeheuert.

Achtung, Action! Für Ihren Auftritt brauchen Sie Aufmerksamkeit – schon bevor Sie die Bühne betreten. Sie können mit einem Löffel ans Sektglas klopfen. Aber das holt nicht 400 Leute vom Buffet zurück. Lassen Sie sich ansagen, kündigen Sie Ihren Auftritt über Mikrofon an oder spielen Sie einen Jingle, und sprechen Sie sich mit dem Servicepersonal ab. Es hilft Ihnen wenig, wenn nach Ihrem zweiten Satz der dritte Gang serviert wird.

Schon Ihr Weg auf die Bühne wird beobachtet. Diesen Weg sollten Sie kennen. Legen Sie während der Probe fest, von wo genau Sie kommen – und testen Sie die Strecke. Testen Sie auch die Dauer, die Sie vom Platz oder von Backstage auf Ihre Bühnenposition benötigen. Timing ist alles.

Der magische Moment. Dann ist es so weit. Sie atmen durch. Sie treten auf. Sie machen einen ersten Eindruck. Das ist ein magischer Moment. Und für diese drei bis fünf Sekunden habe ich eigentlich nur einen einzigen Tipp: Nehmen Sie Ihre Zuhörer wahr! Schauen Sie in die Runde, in den Raum, bis in die letzte Reihe. Vielleicht blendet das Licht, aber Sie spüren die Menschen vor sich. Nehmen Sie diese Menschen wahr! Mehr können Sie Ihrem Publikum an dieser Stelle nicht geben. Ihre Empathie entscheidet über die Beziehung, die Sie in diesen Sekunden aufbauen. Keine Geste, keine einstudierte Körperhaltung, kein auswendig gelernter Satz: Nichts ist so stark wie Ihre aufrichtige, offene Wahrnehmung der Menschen, die Sie vor sich haben.

Und wenn Sie da mit Herzklopfen und schlotternden Knien stehen, in Ihnen ein Wechselbad der Gefühle tobt, ein emotionaler Hexenkessel, dann ist das genau die Energie, die Sie für Ihren Auftritt brauchen. Versuchen Sie nicht, diese Energie wegzudrücken. Machen Sie auf. Lassen Sie sie raus!

Übrigens: Die Menschen vor Ihnen wollen Sie sehen, wie Sie sind. Keine Demonstration aus dem Lehrbuch. Je mehr »goldene Regeln« Sie nämlich zu befolgen versuchen, umso steifer werden Sie. Besser: Bleiben Sie Sie selbst, konzentrieren Sie sich auf Ihre Inhalte, und nehmen Sie Ihr Publikum bewusst wahr. Dann geraten Sie in den berühmten »Flow« und haben großen Spaß!

5. Pannen, Störer, Handyklingeln – ade!

Wissen Sie, warum Sie bei Pannen unsicher wirken? Weil Sie unsicher sind! Und warum sind Sie unsicher? Weil Sie alles geprobt haben, außer die Reaktion auf Pannen. Das sollten wir schnell noch nachholen. Profis überlegen sich, welche »worst cases«, welche Pannen überhaupt auftreten können und wie sie darauf reagieren. Diese Reaktionen sind die sogenannten »Outs«, mit denen Sie dem Bühnentod entkommen. Machen Sie mal ein Brainstorming, was so alles passieren könnte, und überlegen Sie sich für jede Panne ein Out.

Hier drei Beispiele von Pannen und Outs:

Panne 1: Sie sprechen frei und vergessen den Text.
Out: Sie ziehen ein Skript aus dem Ärmel mit den Worten »Mein Spickzettel«.

Panne 2: Das Mikrofon fällt aus.
Out: Sie haben sich rechtzeitig schlau gemacht und wissen, wo die Technik das Ersatzmikro platziert hat; das gibt es nämlich fast immer.

Panne 3: Ihr Wasserglas kippt über Ihr Notebook, das mit einem Knall den Geist aufgibt.
Out: Sie kommentieren die Situation mit »Schade um das kostbare Wasser!«

Störer. Eine empfindliche Panne bedeuten Störer im Publikum. Sie verbreiten Unruhe und demonstrieren Gleichgültigkeit. Tatsache ist aber, dass die meisten Störer erst dadurch wirklich auffallen, dass Sie als Performer auf der Bühne »gestört« reagieren. Erst durch Ihre

Reaktion wird eine Störung für alle wirklich sichtbar. Denn Sie stehen im Licht, nicht der Störer! Sie haben ein Mikro in der Hand, nicht der Störer! Sie geben einer Störung durch Ihre Reaktion erst Bedeutung.

Praktisch heißt das: Kleinere Störungen können Sie ignorieren, mittlere Störungen mit einem Lächeln kommentieren. Bedeutsame Störungen allerdings sollten Sie aktiv aufgreifen. In einer Kongresshalle habe ich erlebt, wie eine Gruppe Störenfriede den Ablauf durch Zwischenrufe immer wieder massiv unterbrach. Die Moderatorin reagierte mit den Worten: »Wir haben Gäste im Publikum, die offensichtlich etwas Wichtiges zu sagen haben. Darf ich Sie deshalb kurz auf die Bühne bitten.« Tatsächlich kamen die Krawallburschen auf die Bühne, disqualifizierten sich aber mit ihrem Gestümper selbst. Die Vorgehensweise der Moderatorin war klasse, weil sie die Zuschauer auf ihrer Seite hatte. Begegnen Sie massiven Störungen entweder mit Humor, mindestens höflich, nie aber durch Aggression in Richtung Publikum.

Handyklingeln. Eine sehr häufige Störung ist auch Handygeklingel. Dem können Sie mit einer kleinen Nummer vorbeugen, die ich mal als Opening für Tagungen ersonnen habe: Zu Beginn Ihres Vortrags bitten Sie das ganze Plenum, einmal kurz aufzustehen. »Vielen Dank! Und jetzt setzen sich bitte alle wieder hin, die kein Handy besitzen!« Kaum jemand wird sich setzen. »Okay, und jetzt setzen sich alle wieder hin, die ein Handy besitzen und es nicht hier im Raum haben!« Ein kleiner Teil wird sich setzen. »Gut. Und jetzt setzen sich alle wieder hin, die ein Handy besitzen, es hier im Raum und ausgeschaltet haben – oder lautlos!« Falls jetzt noch jemand steht, bitten Sie höflich ums Ausschalten – und alle anderen Zuschauer um einen Applaus zur Belohnung.

6. Kein überstürzter Abgang, bitte!

Das Ende ist nicht zu unterschätzen. Platzieren Sie dort auf jeden Fall ein Fazit, ein Statement, ein starkes Bild oder ein gutes Wort. Verabschieden Sie sich klar und deutlich, im einfachsten Fall mit einem

»Danke schön!« Und bitte, bitte, flitzen Sie nicht wie von der Tarantel gestochen von der Bühne. Die Versuchung ist groß, denn Sie haben es ja geschafft. Gestatten Sie sich stattdessen noch einmal einen kurzen Blick in die Runde, nehmen Sie die Menschen, vor denen Sie aufgetreten sind, noch einmal bewusst wahr. Nehmen Sie diese Erfahrung mit, Sie haben es sich verdient!

Bernhard Wolff, geb. 1967, steht seit 28 Jahren auf der Bühne (www.bernhard-wolff.de). Er arbeitet als Entertainer, Moderator und Key-Note-Speaker auf Tagungen und Events. Als Rückwärtssprecher war er zu Gast in über 40 TV-Shows. Die von ihm gegründete Think-Theatre GmbH berät Unternehmen bei der Ideenfindung und Konzeption von Veranstaltungen. Zuvor arbeitete der Hamburger Wirtschaftspädagoge als Texter bei der Werbeagentur »Springer & Jacoby«.

Jiri Scherer

Neue Ideen mit kreativen Denkmethoden

Wodurch sich Innovation und Kreativität auszeichnen, wo Sie
frische Ideen finden und welche Quellen Sie anzapfen können,
das erklärt Querdenk-Spezialist Jiri Scherer.

Selbstreinigende Autolacke den Blättern der Lotosblüte abgeguckt,
Kaffeefilter mit dem Löschpapier des Sohnes erfunden und den
kühlenden Aha-Effekt durchlöcherter Schuhsohlen beim Aufenthalt in der Wüste Nevadas entdeckt – das verstehe ich unter »Innovationsmanagement«. Nämlich zündende Geistesblitze, faszinie-
rende Forschung, kreative Zerstörung. Stattdessen erlebte ich in den
vergangenen Jahren staubtrockene, unmotivierte Referate zu diesem
Thema, die in den seltensten Fällen Inspiration vermittelten: Mit
Bergen von Zahlen zeigten die Referenten auf, dass Innovationen
strategisch wichtig sind, den Umsatz der Zukunft darstellen und
entscheidende Wettbewerbsfaktoren liefern. Wie man allerdings
neue Ideen für Produkte, Dienstleistungen und das Marketing findet, handelten sie sehr allgemein und abstrakt ab. Und meist hatten
die präsentierten Unternehmensbeispiele wie YouTube, Easyjet oder
Apple wenig mit den Unternehmen der Teilnehmer oder ihrem täglichen Arbeitsleben gemein. Ratlosigkeit war vielen ins Gesicht geschrieben, und sie wussten weiterhin nicht, wie sie das Thema »neue
Ideen« anpacken sollten.

Dabei ist das nicht schwer, sind die Methoden, die Kreativität
bedingen, schnell erklärt. Beginnen wir mit der Innovation. Eine

147

Innovation ist – vereinfacht gesagt – die Umsetzung einer kreativen Idee. Die Idee ist der Funke und Innovation das Produkt. Viele wagen sich nicht oder nur zaghaft an das Thema Innovation, da die Erwartungen an das Ergebnis sehr hoch sind. Daher: *Lassen Sie uns das Wort Innovation entmystifizieren und auch kleinere Verbesserungen bereits als Innovation betrachten.* Schließlich sind nur etwa 10 Prozent aller Innovationen radikale Neuerungen, wie zum Beispiel die Erfindung des Internets. Rund 90 Prozent aller neuen Produkte, Prozesse oder Dienstleistungen sind inkrementelle Innovationen, also Anpassungen von bereits Bestehendem!

Meist richten alle ihr Augenmerk auf die Innovation, das Ergebnis einer kreativen Phase. Kaum beachtet wird jedoch, dass am Anfang jeder Innovation das kreative Denken steht.

▶ Kreativität ist praktisch der Input, Innovation der Output einer kreativen Phase.

Barrieren verhindern kreatives Denken

Menschen sind mit einem großen kreativen Potenzial geboren. Schauen Sie einmal einem Kleinkind beim Spielen zu. Für einen Bleistift findet es bestimmt über 20 Verwendungszwecke! Wie viele finden Sie? Warum macht es uns im Erwachsenenalter oft so viel Mühe, kreativ zu sein? Die Expertin für gehirngerechtes Lernen, Vera Birkenbihl, sagte es einmal treffend: »Ihre Kreativität ist verkümmert, also ganz normal.«

Barriere Lernen. In den Schulen wird Kreativität nicht gefördert, oft wird sie geradezu verhindert. Im Mittelpunkt steht, Wissen auswendig zu lernen und wiedergeben zu können. Etwas Neues zu kreieren, ist weniger gefragt. Dass es schwierig wäre, wenn sich jede Schülerin, jeder Schüler eine eigene Schrift oder eigene mathematische Regeln ausdenken würde, ist nachvollziehbar; doch gäbe es auch andere Möglichkeiten, Kreativität zuzulassen, statt sie zu hemmen.

Barriere Angst. Angst ist eine weitere Barriere, die das kreative Denken verhindert. Zu viele Leute haben Angst, Fehler zu machen. Doch wenn Sie kreative Ideen umsetzen wollen, müssen Sie bereit sein, gewisse Risiken einzugehen. Wichtig ist, dass Sie die möglichen Risiken kennen und richtig einschätzen. Halten Sie es wie der amerikanische Filmproduzent Woody Allen: »Wenn Sie nicht von Zeit zu Zeit auf die Nase fallen, ist das ein Zeichen, dass Sie nichts wirklich Innovatives tun.«

Barriere Beschränkung. Oft ist es auch die Suche nach einer Lösung, die kreative Ideen im Voraus verunmöglicht. Sie lesen richtig: Die Suche nach einer Lösung. In Workshops erlebe ich es oft, dass Teilnehmende sich mit einer Lösung zufrieden geben. Stelle ich ihnen eine Knobelaufgabe, zum Beispiel: »Wie kann man einen Kuchen mit drei Schnitten in acht Teile teilen?«, legen die meisten das Schreibzeug beiseite, sobald sie eine mögliche Lösung gefunden haben, und warten, bis die anderen auch so weit sind. Interessanterweise gibt es jedoch fünf bis sechs Möglichkeiten, wie man einen Kuchen mit drei Schnitten in acht Teile schneiden kann.

Fast überall lassen sich mehrere Lösungsmöglichkeiten finden, nur in Mathematik und gewissen anderen Naturwissenschaften gibt es Problemstellungen, bei denen es nur eine richtige Lösung gibt. Sprechen wir jedoch von Mitarbeiterführung, Marketing, Kindererziehung, Unternehmensführung, Organisation einer Geburtstagsfeier etc., gibt es immer mehrere Lösungsmöglichkeiten. Die Frage ist: Welche ist die beste?

Barriere Killerphrasen. Ebenfalls eine Barriere, die kreatives Denken oft lähmt, sind Killerphrasen. Bestimmt haben Sie solche Kreativitätskiller auch schon gehört oder sich dabei ertappt, sie selbst auszusprechen.

Die beliebtesten Killerphrasen:

- Das haben wir noch nie so gemacht!
- Dafür haben wir kein Geld.
- Das haben wir schon letztes Jahr versucht.
- Was denken Sie eigentlich, wo wir hier sind?
- Wenn das nur so einfach wäre, wie Sie denken.
- Ich als Experte kann Ihnen sagen, dass ...
- Das kann so nicht funktionieren!
- Da könnte ja jeder kommen.
- In unserer Position kann man sich so etwas nicht erlauben!
- Wie wollen Sie so etwas bezahlen?

Unser Denken in Mustern und der Gedankensprung

Edward de Bono, einer der bekanntesten Denkforscher, beschreibt in seinen Büchern, wie unser Gehirn in Mustern denkt. Dank dieser Fähigkeit können wir Gegenstände erkennen und einordnen, Zusammenhänge sichtbar machen und Gelerntes schnell wieder abrufen.

Unsere Sinne nehmen tagtäglich Tausende von Informationen wahr und versuchen, sie in ein logisches System oder eben in Muster einzuordnen. Können wir Informationen nicht automatisch in ein bestehendes Muster einordnen, müssen wir erst ein entsprechendes Muster anlegen. Dieses Neuanlegen von Mustern ist der eigentliche Lernprozess. Je häufiger wir ein Muster benutzen, desto geläufiger wird es und desto einfacher können wir es im entscheidenden Moment wieder abrufen.

Die Fähigkeit des Denkens in Mustern ist überlebenswichtig. Denn stellen Sie sich vor, wie beschwerlich das Leben wäre, wenn Sie jeden Tag von neuem überlegen müssten, wie Sie die Zahnpasta auf die Zahnbürste kriegen, wie Sie den Weg zur Arbeit finden oder wie Ihr Partner oder Ihre Partnerin heißt.

Die Gehirnfunktion des Denkens in Mustern oder, im übertragenen Sinne, in Denkflüssen ist schlichtweg genial. Aber – und hier kommt das Problem – es ist nicht kreativ! Wenn Sie immer im gleichen Denkfluss denken, kommen Sie immer wieder zu ähnlichen Lösungen. Das Ziel kreativen Denkens ist es aber, ungewöhnliche Lösungen zu finden: Also aus diesem Denkfluss auszubrechen, um auf einen Nebenfluss zu gelangen und dort neuartige Lösungen zu entdecken. Dieses Ausbrechen bezeichnen wir als Gedankensprung oder auch als Querdenken, laterales Denken, Über-den-Tellerrand-hinaus-Denken oder Thinking out of the Box.

Eine kurze Geschichte: Der neue Lehrling steht etwas ratlos vor dem großen Aktenvernichter. »Kann ich dir helfen?«, fragt eine freundliche Mitarbeiterin. »Ja, wie funktioniert das Ding hier?« »Ganz einfach«, sagt sie, nimmt die dicke Mappe des Lehrlings und steckt sie in die Maschine. »Danke«, lächelt der Lehrling erleichtert, »und wo kommen jetzt die Kopien raus?«

Bei dieser kleinen Geschichte handelt es sich natürlich um einen Witz. Ein Witz und kreatives Denken haben viel gemeinsam: Beide funktionieren mit einem Gedankensprung. Die Pointe eines Witzes ist nichts anderes als ein Ausbrechen aus der normalen Denkstruktur. Deshalb ist ein Witz lustig. Würde der Gedankensprung fehlen, wäre das Ende absehbar, also nicht überraschend. Aus dem gleichen Grund gibt es bei einem Brainstorming auch oft viel zu lachen.

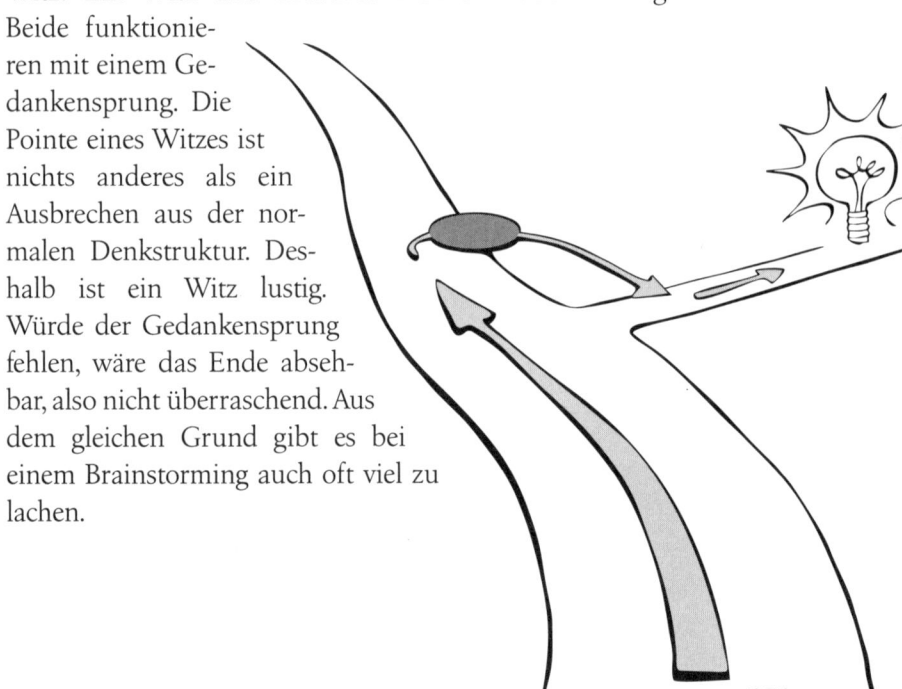

Um auf ungewöhnliche Gedanken zu kommen, funktioniert jede Kreativitätstechnik mit dem Gedankensprung. Er hilft dem Gehirn »auf die Sprünge«, in dem dieses bewusst einem neuen Reiz ausgesetzt wird. Der Reiz kann ein Wort, ein Bild, eine Frage oder eine Äußerung eines Teammitglieds sein und dient dem Gedankensprung als Sprungbrett zum Höher und Weiter.

Lernen Sie, kreativ zu denken!

»Ich bin halt nicht so kreativ!« Diese Aussage könnte wohl von vielen stammen. Viele Menschen glauben, dass nur bestimmte Berufsgruppen wie Werber, Grafiker und Künstler kreativ sind. Doch kreatives Denken ist in allen Branchen notwendig, und – was noch viel wichtiger ist – jeder Mensch kann kreativer werden, wenn er will! Denn: Mit der Kreativität ist es wie mit dem Sport: Es gibt 1000-Meter-Läufer, die schneller sind als ihre Mitläufer, und es gibt Menschen, denen es leichter fällt, kreativ zu denken. Doch wie man sportliche Leistungen durch Training verbessern kann, können Sie auch kreatives Denken trainieren.

Es gibt verschiedenste Kreativitätstechniken, die Ihnen helfen, eingefahrene Denkmuster zu durchbrechen. Sie sind Rollschuhe, die Sie – um beim 1000-Meter-Lauf zu bleiben – den Lauf einfacher, schneller und geschickter absolvieren lassen. Mit dem Ergebnis ungeahnter Geistesblitze. Wollen Sie grundsätzlich zu einem kreativeren Menschen werden und kreativer leben, hier ein paar Tipps, denn Kreativität könnte man fast als Lebensstil bezeichnen:

Tipps für mehr Kreativität im Alltag:

- Denken Sie bewusst in Bildern. Versuchen Sie, Ihr Problem oder Ihre Fragestellung »zu sehen«. Zeichnen Sie ein Bild.
- Halten Sie die Augen offen. Beobachten Sie. Versuchen Sie stets, Verbindungen von Gesehenem und Erlebtem in Ihre Fragestellung einzubeziehen.

- Seien Sie sich bewusst, dass es immer mehrere Möglichkeiten gibt. Versuchen Sie, für jede Fragestellung mindestens drei verschiedene Lösungen zu finden.
- Nehmen Sie kleinere Risiken in Kauf.
- Stellen Sie Fragen wie: Warum ist es so, wie es ist? Könnte es nicht auch anders sein?
- Sprechen Sie mit Menschen aus anderen Branchen oder mit anderen Interessen. Finden Sie heraus, was deren Wünsche und Probleme sind.
- Nehmen Sie Gegebenes nicht als »sakrosankt« hin. Alles kann verändert werden.
- Suchen Sie stets nach dem Positiven. Es gibt genug Leute, die die negativen Seiten hervorheben.
- Finden Sie heraus, wann Sie am kreativsten sind. Gewisse Leute sind eher am Morgen kreativ, andere nachts.
- Vergessen Sie nicht, sich zu inspirieren. Nehmen Sie sich Zeit für Kongresse, Messen, Geschäftsreisen, lesen Sie Fachmagazine, aber auch solche, die Ihnen Anregungen aus anderen Gebieten, Branchen und Forschungszweigen geben.
- Brechen Sie ab und an aus Ihrem Alltag aus, indem Sie zum Beispiel einen anderen Weg in die Arbeit nutzen und so mit geschärften Sinnen in den Tag starten.

Ideen entwickeln mit kreativen Denkmethoden

Neben den allgemein bekannten Kreativitätstechniken wie Brainstorming und Mind Mapping gibt es eine große Anzahl weiterer Methoden, um Ihren Ideen auf die Sprünge zu helfen. Viele dieser Techniken sind zum Teil viel effektiver und effizienter als ein unstrukturiertes Brainstorming. Hier meine Favoriten kreativer Denkmethoden:

1. Reizwortanalyse,
2. Kopfstandtechnik,
3. Osborn-Checkliste und
4. Sechs-Hüte-Methode.

1. Die Reizwortanalyse

Die Reizwortanalyse ist eine Technik, die die Bezeichnung »kreativ« wirklich verdient! Diese Technik, oft auch Zufallswort- oder Random-Input-Technik genannt, ist eine typische Konfrontationstechnik: Sie setzen sich bewusst einem zufällig gewählten Reizwort aus und versuchen, anhand dieses Wortes Ideen zur Fragestellung zu generieren.

Sich einem Reiz auszusetzen, führt dazu, dass das Gehirn einen Gedankensprung macht und so ungewöhnliche, zum Teil sehr kreative Ideen findet. Der Gedankensprung entsteht, indem man versucht, eine Verbindung zwischen Reizwort und Fragestellung herzustellen, wo es eigentlich gar keine Verbindung gibt. Sie zwingen also Ihr Gehirn dazu, eine Verbindung – sprich: eine Idee – zu finden.

Wichtig ist, dass Sie das Reizwort zufällig finden und nicht einfach ein »passendes« nehmen. Die Literatur schlägt vor, ein Lexikon oder eine Zeitung an einer zufällig gewählten Stelle aufzuschlagen und dort ein Reizwort zu finden. Dies ist jedoch wenig praktikabel: Es dürfte Ihnen im stillen Kämmerlein oder als Teilnehmer eines Ideenfindungsworkshops schwer fallen, anhand des Wortes »derivative Finanzinstrumente« Ideen zu suchen. Daher mein Tipp: eine Liste vorbereiten (eine Beispielliste finden Sie auf Seite 156).

Außerdem ist es einfacher, zu den Attributen des Reizwortes Ideen zu suchen als zum Reizwort selbst. Wählen Sie also zuerst das Wort und suchen Sie dann beschreibende Adjektive dazu. Sie suchen nicht etwa zum Reizwort »Baum« Ideen, sondern zu Stichworten wie »standhaft«, »alt«, »grün«, »wechselnd« etc.

Und so geht's – Beispiel einer Reizwortanalyse:

1. Formulieren Sie schriftlich, zu welcher Fragestellung Sie eine Idee suchen.
   Zum Beispiel: »Wie können wir erreichen, dass unsere Weihnachtskarte den Kundinnen und Kunden wirklich auffällt?«

2. Wählen Sie nach dem Zufallsprinzip einen Begriff aus der Reizwortliste.

3. Schreiben Sie vier bis sechs charakteristische Merkmale des zufällig gewählten Begriffs auf. Wenn Ihr Zufallsbegriff zum Beispiel »Benzin« war, dann könnten diese Merkmale so lauten:

   a. explosiv
   b. Energie spendend
   c. geruchvoll
   d. flüssig

4. Versuchen Sie nun zwischen Ihrem Thema (Weihnachtskarten) und jedem Merkmal Verbindungen herzustellen. Welche Ideen fallen Ihnen zu den einzelnen Merkmalen, zu »explosiv«, »Energie spendend«, »geruchvoll« ein?

   a. und b. Eine Tischbombe, die Weihnachtswünsche ausspuckt, wenn sie explodiert.

   c. Eine Weihnachtskarte, die nach Tannenharz riecht und so vorweihnachtliche Gefühle versprüht.

   d. Eine Karte in Form eines Wärmebeutels, an dem in kalten Wintertagen die Hände aufgewärmt werden können.

5. Wiederholen Sie diesen Vorgang mit einem oder zwei weiteren Zufallswörtern; acht bis zehn Minuten sollten für ein Zufallswort ausreichend sein.

Reizwortliste:

Wählen Sie mit dem aktuellen Stand des Sekundenzeigers Ihrer Armbanduhr ein Wort aus.

1. Radio	21. Leiter	41. Tänzer
2. Tasche	22. Büro	42. Magnet
3. Fußball	23. Hamburger	43. Krawatte
4. Spaghetti	24. Diskothek	44. Museum
5. Rose	25. Foto	45. Kokosnuss
6. Schuh	26. Wurzel	46. Pilz
7. Auto	27. Zigarette	47. Politikerin
8. Zoo	28. Wolke	48. Tiger
9. Monster	29. Diplomat	49. Schaum
10. TV	30. Rasierklinge	50. Telefon
11. Elefant	31. Zauberer	51. Segelschiff
12. Tagebuch	32. Steak	52. Spital
13. Feuerwerk	33. Zebra	53. Waage
14. Kaffee	34. Nase	54. Ferien
15. Bettlerin	35. Salz	55. Baumwolle
16. Fotokopierer	36. Ärztin	56. Schnecke
17. Schauspieler	37. Staubsauger	57. Versicherung
18. Satellit	38. Strauß	58. Kirche
19. Hund	39. Zunge	59. Adler
20. Bleistift	40. Tresor	60. Brücke

Tipp: Anstatt eines Wortes können Sie auch ein Bild nehmen. Die Technik heißt dann nicht mehr Reizwortanalyse, sondern Bildstimulation. Die Bildstimulation ist für viele Menschen einfacher als die Reizwortanalyse. Und so gehen Sie vor: Nehmen Sie eine Illustrierte zur Hand, blättern Sie einfach die Seiten durch und achten Sie auf die Bilder und die Werbung. Fragen Sie sich: »Auf welche Ideen komme ich, wenn ich dieses Bild oder ein Detail daraus ansehe? Was kann ich aus diesem Bild auf meine Fragestellung übertragen? Kann ich das Gedankenmuster oder den Witz der Werbung auf meine Fragestellung anwenden?« ...

Die Reizwortanalyse eignet sich vor allem, wenn zu einem Thema völlig neue Überlegungen nötig sind. Eine Reizwortanalyse sollte immer erst nach einem Brainstorming oder einem Brainwriting eingesetzt werden. Wenn Sie sofort mit der Reizwortanalyse einsteigen, würden viele offensichtliche Ideen nicht genannt, und einige Teilnehmer wären möglicherweise mit dieser Methode überfordert.

Auf den ersten Blick ist es zwar schwer, sich vorzustellen, dass ein Zufallsbegriff eine Kaskade neuer Ideen auslöst. Doch versuchen Sie es, Sie werden erstaunt sein, wie gut es funktioniert!

2. Die Kopfstandtechnik

Die Kopfstandtechnik ist auch unter den Bezeichnungen Umkehrmethode, Reversion oder Dialektik bekannt. Ihre Grundidee besteht darin, einen bewussten Rollentausch herbeizuführen, der den Blick für neue Ideen öffnet. Dabei wird die Problemfrage auf den Kopf gestellt, also ins Gegenteil verkehrt. Ein anschließendes Brainstorming zur umgekehrten Problemstellung sorgt für viele frische Ideen. Durch diese Art der »verkehrten« Auseinandersetzung werden eingefahrene Sichtweisen aufgelöst.

Beispiel einer Kopfstandtechnik:
Sie sind Betreiberin oder Betreiber eines Restaurants und haben sich entschlossen, während zwei Wochen eine Sushi-Promotion durchzuführen, um die Gästefrequenz zu erhöhen. Ihre Fragestellung könnte sein: »Welche Möglichkeiten gibt es, die ganze Stadt wissen zu lassen, dass es bei uns Sushi gibt?«

Sie drehen die Fragestellung nun auf den Kopf. Also: »Welche Möglichkeiten gibt es, dass niemand erfährt, dass es bei uns Sushi gibt?«

Jetzt suchen Sie nach Ideen für diese Fragestellung:

- Gäste im Vorfeld nicht auf die Aktion aufmerksam machen.
- Mitarbeiter bestrafen, die über die Sushi-Wochen sprechen.
- Türen und Fenster des Lokals verbarrikadieren.
- Keine Werbung machen.
- Die Lokalzeitung nicht informieren ...

Kehren Sie die gefundenen, negativen Ideen in positive Ideen um:

- Gäste im Lokal auf die Sushi-Wochen aufmerksam machen. Zum Beispiel mit einem Gratis-Häppchen.
- Eine »Mitarbeiter-werben-Gäste-Aktion« starten. Alle Mitarbeiter, die einen Gast zum Besuch animieren, erhalten eine Belohnung von fünf Euro.
- Das Restaurant ist am Wochenende 24 Stunden geöffnet.
- Werbung an unüblichen Orten machen.
- Journalisten zu einem Abendessen einladen ...

3. Die Osborn-Checkliste

Henry Ford sagte einmal: »Nicht mit Erfindungen, sondern mit Verbesserungen macht man ein Vermögen.« Wie recht er doch hatte und hat: Wie in der Einleitung bereits erwähnt, sind 90 Prozent aller Innovationen, die auf den Markt kommen, Verbesserungen von bestehenden Produkten, Dienstleistungen oder Prozessen. Nur gerade 10 Prozent sind sogenannte radikale Innovationen.

Die nach Alex Osborn benannte Checkliste eignet sich besonders zur Optimierung bestehender Produkte, Dienstleistungen oder Prozesse und weniger zum Auffinden einer völlig neuen Lösung. Im Zentrum steht das systematische Hinterfragen einer bestehenden Lösung.

Fragen der Osborn-Checkliste:

- Was ist ähnlich? Gleiche Funktionen? Welche Parallelen lassen sich ziehen?
- Andere Anwendungen? Für andere Personen oder Zielgruppen? Andere Anwendungsmöglichkeiten durch das Verändern des Objektes?
- Anpassen? Wem ähnelt es? Welche anderen Ideen suggeriert es? Gibt es Parallelbeispiele? Was könnte man davon übernehmen?

- Verändern? Ihm eine neue Form geben? Den Zweck verändern? Die Farbe, den Ton, den Geruch, das Aussehen verändern?
- Vergrößern? Was kann man hinzufügen? Es widerstandsfähiger machen? Größer? Länger? Dicker? Schwerer?
- Verkleinern? Was ist entbehrlich? Was kann man weglassen? Kann man es kleiner machen? Kompakter? Niedriger? Kürzer? Flacher? In seine Einzelteile zerlegen?
- Umformen? Die Bestandteile neu gruppieren? Die Reihenfolge verändern? Ursache und Wirkung vertauschen? Die Geschwindigkeit verändern?
- Ins Gegenteil umdrehen? Wie kann man das Gegenteil des Gewünschten erreichen? Das Untere nach oben bringen? Die Rollen tauschen? Die Position der Personen ändern? Die Reihenfolge des Ablaufs neu ordnen?
- Kombinieren? Mit einer Mischung versuchen? Einen Verbund machen? Eine Auswahl? Mehrere Objekte zu einem verbinden?

Aktion: Umsetzung einer Osborn-Checkliste:
Überlegen Sie einmal, was man zum Beispiel bei einem Einkaufswagen alles verändern, anpassen, weglassen, vergrößern, kombinieren, verkleinern könnte, um daraus ein besseres Produkt zu kreieren?

Nehmen Sie sich zehn Minuten Zeit für dieses Gedankenspiel. Und: Die Osborn-Checkliste lässt sich sowohl in der Gruppe als auch alleine durchführen; für die Methode benötigen Sie weder große Vorbereitungen noch den Einsatz technischer Hilfsmittel.

4. Die Sechs-Hüte-Methode

Bei der Bewertung neuer Ideen prallen oft verschiedenste Meinungen aufeinander. Wer kennt nicht diese zähen, langwierigen Meetings, die zu keinem oder zu einem für viele Teilnehmer unbefriedigenden Ergebnis führen? Denn einer versucht mit aller Kraft seinen Standpunkt zu verteidigen und bringt immer wieder die gleichen Argumente. Ein anderer killt eine neue Idee, bevor diese überhaupt zu Ende formuliert ist, und eine dritte Person sieht nur schwarz. Sie führt alle negativen Punkte auf und erklärt, warum dieses Projekt so nicht durchgeführt werden kann. Und ein Vierter kommt gar nicht zu Wort und plant schon sein Wochenende.

Die Methode der sechs Hüte bzw. der Six Thinking Hats – entwickelt von Edward de Bono – gestattet es, kräftezehrende Konfrontationen zu vermeiden und einen produktiven Dialog in Gang zu setzen. Ein Instrument, das bei der Bewertung neuer Ideen, jedoch auch bei diversen anderen Fragestellungen äußerst hilfreich sein kann.

Also sehen wir uns die Methode genauer an: Sechs Hüte bedeuten nichts anders, als dass man bei dieser Technik auf sechs »Denkhüte« zurückgreift. Jeder dieser »Denkhüte« hat eine bestimmte Farbe und steht symbolhaft für eine bestimmte Geisteshaltung. Wenn es nun darum geht, eine Idee zu bewerten, können im Team alle sechs Hüte in einer definierten Reihenfolge nacheinander aufgesetzt werden. Mit jedem Hut ändert sich die jeweilige Denk- und Sichtweise der Gruppe. Die sechs Hüte stehen für folgende Richtlinien, die auf Seite 161 abgebildet sind.

Der weiße Hut bedeutet Objektivität und Neutralität. Unter diesem Hut werden Informationen gesammelt, ohne sie zu werten. Man verschafft sich einen objektiven Überblick über alle verfügbaren Daten und Informationen – vollkommen unabhängig von einer persönlichen Meinung. Dieser Hut wird häufig zu Beginn einer Diskussion oder eines Prozesses aufgesetzt, um einen ersten Überblick zu erhalten.

Der rote Hut steht im Gegensatz zum weißen für Emotionen. Unter diesem Hut kann jeder seinen Gefühlen freien Lauf lassen. Alles, auch diffus Gefühltes, kann ausgesprochen werden, ohne Rechtfertigungszwang.

Beim schwarzen Hut geht es darum, die negativen Aspekte und Risiken der Fragestellung zu betrachten. Dazu gehören alle sachlichen

WEISSER HUT
Informationen

BLAUER HUT
Prozess

ROTER HUT
Gefühle, Intuition

GELBER HUT
Nutzen und Werte

GRÜNER HUT
Neue Ideen, Alternativen

SCHWARZER HUT
Risiken, Schwierigkeiten

Argumente, die gegen ein Projekt bzw. eine Entscheidung sprechen. Wenn der schwarze Hut getragen wird, ist die Gruppe bestrebt, objektiv alle negativen Aspekte eines Themas herauszufinden.

Der gelbe Hut steht für das Gegenteil des schwarzen Huts. Hier geht es darum, objektiv das Positive zu entdecken. Wenn der gelbe Hut getragen wird, bemüht sich die Gruppe, alle Chancen oder Pluspunkte zu ergründen sowie realistische Hoffnungen und erstrebenswerte Ziele zu formulieren.

Der grüne Hut steht für Kreativität, für Wachstum und für neue Ideen. Wenn dieser Hut getragen wird, begibt man sich auf die Suche nach Alternativen. Unter dem grünen Hut darf alles formuliert wer-

161

den, was zu neuen Ideen und Ansätzen führt, unabhängig davon, wie verrückt oder unrealistisch.

Der blaue Hut steht für Kontrolle und für die Organisation des gesamten Denkprozesses. Die Moderatorin respektive der Moderator trägt typischerweise den blauen Hut. Wer den blauen Hut trägt, blickt von einer übergeordneten Position auf den gesamten Prozess und hat die Aufgabe, Ergebnisse zusammenzufassen oder Entscheidungen darüber zu treffen, welche Hüte im weiteren Prozess noch einmal aufgesetzt werden.

Zum Ablauf der Sechs-Hüte-Methode: In der Reihenfolge, in der ich eben die einzelnen Hüte beschrieben habe, läuft auch die Sechs-Hüte-Methode ab. Die Ergebnisse werden jeweils gut sichtbar an einem Flipchart oder auf einer Pinnwand aufgelistet. Unter dem letzten, dem blauen Hut, werden die Ergebnisse schließlich zusammengefasst und entschieden, ob noch einmal ein bestimmter Hut aufgesetzt werden muss, bevor eine finale Entscheidung gefällt werden kann. Durch den systematischen Wechsel können alle im Team alles, was sie sich denken und was ihnen einfällt, loswerden. Mit dem großen Vorteil, dass man so oft zu Erkenntnissen gelangt, die eine Änderung der Einstellung oder einen Sinneswandel aller bewirken.

Aber egal, welche Methode Sie zur Ideenfindung einsetzen, halten Sie es so wie der zweifache Nobelpreisträger Linus Pauling: »The best way to have a good idea is to have a lot of ideas!«

Jiri Scherer, geb. 1970, studierte Betriebswirtschaft und hat einen Master of Advanced Studies in Innovation Engineering der Hochschule für Technik Zürich. Jiri Scherer war als Unternehmensberater im Medienbereich tätig und arbeitete für eine Kommunikationsagentur, bevor er zertifizierter Trainer des De-Bono-Thinking-Systems wurde. 2004 gründete er »Denkmotor – Büro für strukturierte Kreativität und Innovation« in Zürich (www.denkmotor.com). Der Kreativitätsexperte moderiert heute Innovationsworkshops und führt Ideenfindungsseminare in Unternehmen durch. Er ist Gastdozent an Hochschulen sowie Kreativitätstrainer bei verschiedenen Management-Weiterbildungsinstitutionen in Deutschland, Österreich und der Schweiz. Als Autor hat er die Bücher »Kreativitätstechniken – In 10 Schritten Ideen finden, bewerten, umsetzen« und »Innovationsmanagement für Dienstleistungsunternehmen« verfasst sowie mehrere Fachartikel zum Thema.

163

Isabel Thielen

Sicher und professionell in den ersten 100 Tagen im Job

Die ersten 100 Tage im neuen Job stellen entscheidende Weichen. Wie Sie sich auf diesem unbekannten Terrain erfolgreich bewegen, dazu gibt die langjährige Personalleiterin Dr. Isabel Thielen, die zugleich Coach ist, wertvolle Tipps.

Herzlichen Glückwunsch! Wenn Sie am Beginn dieser beruflichen Etappe stehen, haben Sie die ersten Hürden bereits erfolgreich genommen: Stellensuche, Bewerbungsverfahren, möglicherweise eine schwierige Job-Entscheidung und ein Umzug in eine neue Stadt liegen bereits hinter Ihnen. Sie haben einen unterschriebenen Arbeitsvertrag in der Tasche, und jetzt gilt es, den Einstieg in das neue Arbeitsumfeld professionell zu meistern. Dieser zweite Schritt ist aus meiner Sicht als langjährige Personalleiterin in einem Medienunternehmen für Ihren beruflichen Erfolg nicht weniger wichtig. Voller Tatendrang und Enthusiasmus freuen Sie sich auf Ihren ersten Arbeitstag. Bei dem Gedanken daran fallen Ihnen tausend Punkte ein, auf was Sie alles achten müssen, was Sie vielleicht falsch machen könnten und wie Sie damit klarkommen. Vielleicht beschert Ihnen die Aufregung vor der neuen Herausforderung sogar die eine oder andere schlaflose Nacht. *Keine Angst! Aufregung sowie Gedanken und Sorgen sind in dieser Phase ganz normal.* Egal, ob Sie nach der Ausbildung Ihren ersten Job antreten oder als »alter Hase« mit viel Berufserfahrung ein neues Tätigkeitsfeld erobern möchten oder einen Karrieresprung planen. Psychologisch gesehen ist es sogar sehr wichtig, sich mit der neuen Situation im Vorfeld gedanklich auseinanderzusetzen. Auf diese Weise bereiten Sie sich optimal vor.

Da die allermeisten Arbeitsverträge zu Beginn der Tätigkeit eine Probezeit vorsehen, kommt es umso mehr darauf an, von Anfang an eine gute Balance zu finden: zwischen dem Sammeln von Erfahrung und dem Wunsch, einen guten und kompetenten Eindruck zu hinterlassen. Um Sie hierbei zu unterstützen, habe ich für Sie einige typische Fragen und – zum Teil auch heikle – Situationen aus der Praxis gesammelt, die Ihnen in der ersten Zeit begegnen können, und Antworten sowie Handlungsvorschläge dazu formuliert. Immerhin entscheiden die ersten 100 Tage im neuen Job darüber, wie Ihr Chef und die Kollegen Sie einschätzen, und legen so den Grundstein für Ihre weitere berufliche Entwicklung. Auch die Weichen für Ihre eigene Begeisterung können Sie in diesen ersten drei Monaten stellen.

Die ersten 100 Tage im Job – die 10 wichtigsten Fragen und Antworten

1. Frage: Fehlender Einarbeitungsplan, und jetzt?

In meinem Vorstellungsgespräch war die Rede von einem Einarbeitungsplan. Nach sechs Wochen stelle ich jedoch fest, dass es Derartiges gar nicht gibt. Im Gegenteil. Es fällt mir schwer, einen strukturierten Überblick über meinen Aufgabenbereich zu bekommen. Wie soll ich mich am besten verhalten, ohne einerseits zu fordernd zu sein, um andererseits aber an die notwendigen Kenntnisse zu gelangen?

Antwort: Um Ihren Job gut zu machen, brauchen Sie fundiertes Know-how. In der Praxis herrscht beim Thema Einarbeitung häufig guter Wille, oft aber bleibt es auch dabei. Mit anderen Worten: Eigeninitiative ist gefragt! Bemerken Sie, dass es einen Einarbeitungsplan nicht gibt, beginnen Sie selbst, sich einen roten Faden zu erarbeiten. Stellen Sie Ihren Kollegen Fragen und sammeln Sie so nützliche Informationen. Halten Sie Ihre Ergebnisse schriftlich fest und sprechen Sie Ihre Notizen mit Kollegen durch. Dadurch stoßen Sie weitere Themen an und stellen sicher, dass Sie alles Bisherige richtig verstanden haben. Nach und nach entwickeln Sie darüber Ihren eigenen Plan, der vielleicht für zukünftige neue Mitarbeiter als Einarbeitungsplan genutzt werden kann.

2. Frage: Wie erhalte ich Feedback?

Nun bin ich schon drei Monate dabei, aber ganz unsicher, wie mein Chef meine bisherigen Leistungen beurteilt. Was kann ich tun, um das herauszufinden? Denn ich möchte nicht bis zum Ende meiner Probezeit warten, bei dem es offiziell zu einem Beurteilungsgespräch kommt.

Antwort: Ihr Wunsch nach einer Rückmeldung ist gut nachvollziehbar. Ich halte es sogar für sehr sinnvoll, mit dem ersten Feedback nicht zu lange zu warten. Gerade in neuen Arbeitskonstellationen dienen regelmäßige Gespräche mit dem Vorgesetzten – und auch mit den Kollegen – dazu, gegenseitige Erwartungen abzugleichen, sich aufeinander einzustellen und sich so besser kennenzulernen. Macht Ihr Chef nicht den ersten Schritt zu einem solchen Gespräch, ist es durchaus legitim, dass Sie auf ihn zugehen. Bitten Sie ihn um einen Gesprächstermin, um über Ihre bisherigen Leistungen zu reden. Meine Empfehlung: Peilen Sie eine stressfreie Zeit an und kalkulieren Sie ein bis zwei Tage Vorlauf ein. Die wenigsten Vorgesetzten lieben es, zu Spontanfeedbacks genötigt zu werden. Wenn Sie Ihre gute Absicht hinter diesem Wunsch offen legen, dass Sie sich selbst einschätzen möchten, dass Sie ein Gefühl für Ihre Leistung bekommen wollen und auch offen sind für Verbesserungsvorschläge, dann haben Sie eine sehr gute Chance, ein hilfreiches Feedback von Ihrem Chef zu bekommen. Darüber hinaus haben Sie eine gute Grundlage für eine offene und vertrauensvolle Zusammenarbeit geschaffen.

3. Frage: Wie schütze ich mich vor Vereinnahmung?

Eine Kollegin aus meiner Abteilung hat sich von Anfang an sehr um mich gekümmert. Sie hat mich toll unterstützt und mich mit vielen wertvollen Informationen versorgt, auch zu Fragen, wie die Abteilung oder der Chef so

»ticken«. Das hat mir meinen Einstieg extrem erleichtert, doch scheint die Kollegin sich nun grundsätzlich für mich verantwortlich zu fühlen. Das »erdrückt« mich. Vor allem fällt es mir schwer, auch andere Kollegen kennenzulernen, weil sie ständig um mich herum ist. Wie kann ich mich von dieser Kollegin etwas befreien, ohne sie zu verletzen?

Antwort: Hier dreht es sich nicht um sachliche Probleme, sondern um einen Beziehungsaspekt. Es geht um Bedürfnisse (Ihre und die der Kollegin) und um Gefühle, möglicherweise spielt sogar das Thema Macht eine Rolle. Charakteristisch für solche Situationen ist, dass sie sehr individuell sind und stark von den handelnden Personen und ihren Reaktionen abhängen. Insofern ist es schwierig, eine allgemeingültige Handlungsempfehlung auszusprechen, ohne die näheren Umstände zu kennen und konkret darauf eingehen zu können. Ein Tipp dennoch, der generell in solch emotionsgeladenen Situationen hilft: Begegnen Sie Ihrer Kollegin mit aufrichtiger Wertschätzung. Bedanken Sie sich zum Beispiel ausdrücklich für ihre Hilfe; auf diese Weise schaffen Sie eine gute Grundlage, auch offen Ihr Bedürfnis nach Kontakt zu anderen anzusprechen. Je mehr die Kollegin sich von Ihnen gewürdigt fühlt, desto leichter wird sie mit den von Ihnen gesetzten Grenzen umgehen können.

4. Frage: Soll ich mich einmischen?

Ich habe den Eindruck, dass zwei meiner Kollegen einen Konflikt miteinander haben, der die Stimmung im gesamten Team vermiest. Vielleicht wäre er ganz leicht zu lösen, wenn beide offen miteinander sprechen würden.

Antwort: Vorsicht, das Ganze geht Sie erstens nichts an; eine Einmischung kann hier sehr schnell anmaßend wirken. Zweitens wissen Sie gar nicht, um welches Thema es bei den beiden wirklich geht, und drittens sind Sie noch immer »die Neue«. Ich empfehle Ihnen, erst einmal Vertrauen zwischen Ihnen und den neuen Kollegen wachsen zu lassen. Am besten, indem Sie sich eine Haltung der Diskretion und Neutralität bewahren und sich nicht auf eine Seite ziehen lassen. Konzentrieren Sie sich auf Ihre eigenen Beziehungen zu den Kollegen und gestalten Sie diese, bevor Sie Konfliktlöser für andere spielen wollen.

5. Frage: Was, wenn Anregungen unerwünscht sind?

Als ich mich für den neuen Job entschieden habe, bin ich davon ausgegangen (das Stellenprofil klang ganz toll!), hier die perfekte Stelle zu finden. Im Vorstellungsgespräch hieß es ausdrücklich, man sei offen für Neues und freue sich über Eigeninitiative. Doch alle meine Vorschläge wurden sofort abgelehnt, und ich hatte den Eindruck, dass sie gar nicht gerne gehört wurden. Darüber bin ich sehr enttäuscht und frage mich, ob ich den richtigen Job angenommen habe.

Antwort: Das kann ich gut verstehen. Nach meiner Erfahrung sind die ablehnenden Reaktionen der Kollegen, manchmal sogar der Vorgesetzten, jedoch häufig ein Ausdruck eigener Verletztheit, manchmal steckt auch die Angst vor Neuem dahinter. Indem Sie vorschlagen, Abläufe oder bestimmte Dinge anders anzugehen, bringen Sie zum Ausdruck, dass die Art und Weise, wie die Kollegen vorher gearbeitet haben, Ihrer Meinung nach nicht wirklich gut war. Das hört kaum jemand gerne, schon gar nicht von dem oder der »Neuen«. Versuchen Sie, sich in die Situation Ihrer Kollegen, denen Sie neue Vorschläge machen, hineinzuversetzen, und bringen Sie ein wenig Geduld auf. Geben Sie sich und den Kollegen die Chance, Ideen gemeinsam zu entwickeln, und fragen Sie sie auch nach ihren eigenen Vorschlägen. Lösungen, die auf diesem Weg zustande kommen, werden viel eher von allen getragen und haben eine gute Chance, umgesetzt zu werden.

6. Frage: Muss ich auch privat werden?

In den Pausen, manchmal auch darüber hinaus, unterhalten sich meine Kollegen häufig über Privates. Ich persönlich bin der Meinung, dass das im Arbeitsleben nichts zu suchen hat und dass dafür Freunde da sind. Ehrlich gesagt, geht mir das auch viel zu schnell, von Kollegen in den ersten Wochen nach privaten Dingen gefragt zu werden. Allerdings möchte ich durch meine Zurückhaltung nicht zu abweisend wirken und mich selbst zum Außenseiter machen. Was soll ich tun?

Antwort: Ob Sie mit den Kollegen über Privates reden, ist Geschmackssache, es gibt hier kein richtig oder falsch. Soziale Regeln, was »man sollte«, sind häufig Ausdruck der Kultur in einem Unternehmen, die dann auch noch abhängig von der Branche stark variieren. Sie haben den Glaubenssatz, dass Privates eher in den Freundeskreis gehört. Ob Sie das so streng voneinander trennen wollen, ist Ihre Entscheidung. Sie müssen sich nicht verbiegen und gegen Ihre Überzeugung handeln. Dennoch haben Sie die Befürchtung, andere vor den Kopf zu stoßen. Daher mein Vorschlag: Betrachten Sie das Thema mal aus einem anderen Blickwinkel. Wenn Kollegen Ihnen Fragen zu Ihrem Privatleben stellen, steckt dahinter vor allem Interesse an Ihrer Person. Vielleicht können Sie einen Kompromiss finden. Suchen Sie sich ein paar harmlose Konversationsthemen, die zwar privat, aber nicht zu intim sind, zum Beispiel Ihre Lieblingssportart oder eine aktuelle Lektüre. So geben Sie Ihren Kollegen die Chance, Sie ein wenig besser kennenzulernen – und Sie müssen nichts preisgeben, was Ihnen unangenehm wäre. Achten Sie einfach sensibel auf die Erfahrung, die Sie selbst machen, die Gefühle, die Sie bei sich spüren und die Reaktionen, die Sie daraufhin bei den Kollegen wahrnehmen. So entwickeln Sie ein gutes Gespür für den Weg, der zu Ihnen passt – zwischen Abgrenzung und Beziehungsaufbau, zwischen Berufs- und Privatleben.

7. Frage: Haben Chef und Kollegen kein Vertrauen in mich?

Ich habe den Eindruck, dass man mir zu wenig zutraut. Bisher durfte ich nur einfache Aufgaben übernehmen, obwohl in der Abteilung sehr viel zu tun ist und das Profil meiner Stelle auch anspruchsvoller ist. Dazu kommt, dass selbst diese einfachen Aufgaben von einem Kollegen oder meinem Chef kontrolliert werden. Ich traue mir aber deutlich mehr zu und fühle mich unterfordert.

Antwort: Mal ehrlich, würden Sie jemandem, den Sie noch kaum kennen, vom ersten Augenblick an wichtige Aufgaben, zum Beispiel Kundenkorrespondenz, anvertrauen. Ohne dass Sie selbst noch einmal einen Blick darauf werfen, um sich zu vergewissern, ob alles in Ordnung ist? Ich nicht! Und auch kein anderer Vorgesetzter, der seinen Job und seinen neuen Mitarbeiter ernst nimmt. Um Ihnen verantwortungsvolle Aufgaben zu übertragen, müssen Ihr Chef und

Ihre Kollegen sich erst einmal ein Bild von Ihrem Wissensstand und Ihrer Arbeitsweise machen. Dass man da mit einfacheren Dingen anfängt, bei denen nicht so viel kaputtgehen kann, ist einleuchtend. Wohin aber mit Ihrem Tatendrang? Versuchen Sie, ihn ein bisschen zu kanalisieren, indem Sie mit offenen Augen und Ohren wahrnehmen, was um Sie herum passiert; zeigen Sie Interesse an Abläufen, stellen Sie Fragen und bieten Sie Unterstützung an. Halten Sie das ein paar Wochen durch und versuchen Sie, auch die einfachen Aufgaben bestmöglich zu erledigen. Sie werden sehen, nach und nach wird man Ihnen mehr und auch anspruchsvollere Arbeiten übertragen.

8. Frage: Schon jetzt Überstunden, was soll ich tun?

Nach einem Monat stellt sich heraus, dass in meiner Abteilung sehr viel zu tun ist. Mein Job wurde geschaffen, um die anderen Kollegen zu entlasten, und jetzt muss ich selbst fast jeden Abend Überstunden machen und komme erst sehr spät aus dem Büro. Eine Zeitlang ist das ja okay, aber irgendwie kann ich kein Ende absehen. Auf Dauer möchte ich aber auf mein Privatleben nicht verzichten müssen. Was soll ich tun?

Antwort: Sie sagen es selbst. Eine gewisse Zeit ist es in Ordnung, Überstunden zu machen, gerade am Anfang, wenn bei vielen Dingen noch die Routine fehlt, die Abläufe mehr Zeit in Anspruch nehmen usw. Außerdem macht Einsatzbereitschaft ja einen professionellen Eindruck, und gerade auf den kommt es in der ersten Zeit an – so die weitverbreitete Meinung, die sicherlich auch richtig ist. Wie aber kommt man aus dieser vertrackten Situation wieder heraus? Denn die Erfahrung zeigt, dass die Aufgabenfülle im Laufe der Zeit eher zu- als abnimmt. Meine Empfehlung: Setzen Sie Prioritäten. Machen Sie Vorschläge zur Vereinfachung komplexer Abläufe. Darüber hinaus können Sie nach ein paar Wochen Einarbeitungszeit ein Gespräch mit Ihrem Vorgesetzten führen. Machen Sie ihm Vorschläge für bestimmte Regeln, die Ihnen dabei helfen, das Thema Balance zwischen Arbeits- und Privatleben in den Griff zu bekommen. Zum Beispiel könnten Sie die Verabredung treffen, dass Sie jeden zweiten Tag pünktlich nach Hause gehen. So setzen Sie einerseits Grenzen und kommen wieder zu Ihrem Privatleben, zeigen sich aber andererseits trotzdem flexibel und einsatzbereit, indem Sie signalisieren, dass Sie nicht grundsätzlich einen hohen Arbeitseinsatz verweigern.

9. Frage: Ich habe im Lebenslauf geflunkert, was nun?

In meinem Lebenslauf habe ich angegeben, Erfahrungen im Projektmanagement und in der Moderation zu haben. In Wirklichkeit habe ich zu beiden Themen zwar jeweils einen praxisbezogenen Workshop besucht, habe aber noch nie ein größeres Projekt geleitet oder moderiert. Obwohl die Aufgaben in meinem neuen Job ganz anderer Natur sind, hat mein Vorgesetzter mich jetzt gefragt, ob ich ein abteilungsübergreifendes Projekt leiten möchte. Nun stecke ich sehr in der Klemme und weiß überhaupt nicht, wie ich damit umgehen soll.

Antwort: Die Frage, die Sie sich sehr offen stellen sollten, lautet: Wie improvisationstalentiert sind Sie, und wie hoch ist Ihre Risikobereitschaft? Grundsätzlich sind sowohl Projektmanagement als auch Moderation erlernbar. Beides ist kein Hexenwerk. Allerdings erfordern beide Kompetenzen ein gewisses Handwerkszeug; auch Erfahrung im Umgang mit diesen Tools schadet sicher nicht.

Sie sollten also abwägen zwischen dem Risiko, das Sie eingehen, wenn Sie ohne Erfahrung das Angebot der Projektleitung annehmen, und der Chance, die damit verbunden ist. Aber auch die Frage, wie Ihr Chef reagiert und welchen Eindruck er bekommt, wenn Sie sein Angebot ablehnen, sollten Sie in Ihre Überlegungen einbeziehen. Hier noch ein paar konkrete Tipps, wenn Sie sich entscheiden, das Angebot anzunehmen: Lesen Sie ein praxisorientiertes Buch. Machen Sie vorab oder projektbegleitend einen Workshop. Fragen Sie Freunde, die sich mit dem Thema auskennen, ob sie Ihnen bei der Vorbereitung helfen. Bitten Sie Ihren Chef, gemeinsam einen Projektplan zu entwickeln.

10. Frage: Habe ich den richtigen Job gefunden?

Diese Frage quält mich von Tag zu Tag mehr. Mit Vorfreude und großem Tatendrang bin ich vor knapp drei Monaten angetreten, doch meine Begeis-

terung schwand schon in der ersten Woche. Die Aufgaben waren ganz anders, als ich sie mir vorgestellt hatte, die Kollegen liegen mir nicht so sehr, und insgesamt fühle ich mich einfach nicht wohl. Ich bin sehr unsicher, was ich tun soll, immerhin habe ich lange nach einer neuen Herausforderung gesucht und außerdem Angst davor, dass es beim nächsten Job auch nicht besser wird.

Antwort: Da stecken Sie tatsächlich in einer schwierigen Situation. Um Ihnen hier den richtigen Rat zu geben, ist es ganz wichtig, die Situation sehr genau zu durchleuchten. Dies können Sie in zwei verschiedene Richtungen tun. Zum einen können Sie sich fragen, was Sie selbst für Erwartungen hatten und was die Erwartungen an Sie waren? Wie sehen Ihre Wunschkollegen aus, und was unterscheidet die tatsächlichen Kollegen von dieser Vorstellung? Wo gibt es vielleicht Vertraute oder potenzielle »Freunde« im Unternehmen, welche inhaltlichen Perspektiven sehen Sie? Usw. Nur so lässt sich herausfinden, welche Möglichkeiten Sie in dem Job haben, was Sie verändern können, damit sich Wunsch und Wirklichkeit annähern lassen. Andererseits können Sie sich überlegen, welche anderen Optionen sich Ihnen bieten. Behalten Sie also weiterhin den Stellenmarkt im Auge und überprüfen Sie Ihre finanzielle Situation, um so frei wie möglich zu entscheiden, wie lange Sie es in Ihrem jetzigen Job notfalls aushalten müssen. Nutzen Sie die Probezeit also auch als ihre ganz eigene und persönliche Probezeit. Versuchen Sie, Druck herauszunehmen, um den Weg für eine freie Entscheidung zu öffnen. Insgesamt sehe ich dabei allerdings die Gefahr, dass Sie anfangen, sich im Kreis zu drehen, wenn Sie die Situation nun wieder und wieder alleine durchdenken (was Sie wahrscheinlich ohnehin schon tun). Daher empfehle ich Ihnen, sich bei dieser Analyse von einem Coach begleiten zu lassen. Mit ihm können Sie dann auch die nächsten Schritte, die möglicherweise von großer Tragweite sind, vorbereiten.

Unabhängig von all diesen Problemen, Fettnäpfchen und Hürden, die Ihnen beim Einstieg in einen neuen Job begegnen können, möchte ich Ihnen den Rat geben: Nutzen Sie die ersten Tage, Wochen und Monate! Entdecken Sie in Ihrem neuen Umfeld die Chancen für sich und gestalten Sie sie. Und vergessen Sie nicht, dass alle anderen auch nur mit Wasser kochen. Auch wenn es ein Problem oder einen Konflikt gibt, das/der sich nicht auf Anhieb lösen lässt, ist das kein Grund, an sich selbst zu zweifeln. Sondern: daraus zu lernen und daran zu wachsen. Kommen Sie gar nicht weiter, gönnen Sie sich ein jobbezogenes Coaching. Je nach Thema kann hier eine einzelne Sitzung schon ganz neue Lösungsansätze und Perspektiven vermitteln. (Wie Sie den geeigneten Coach finden, lesen Sie auf Seite 289, »Wie finde ich einen guten Coach?«).

Dr. Isabel Thielen, geb. 1971, hat Rechtswissenschaften und Psychologie studiert und promovierte in Organisationspsychologie. Sie ist Gesamtpersonalleiterin und Prokuristin in der Verlagsgruppe Random House. Daneben ist sie freiberuflich als Businesscoach, Trainerin, Unternehmensberaterin und Autorin der Zeitschrift »Emotion« tätig. Zu ihren Schwerpunktgebieten gehören Beratung und Coaching von Führungskräften, Personalentwicklung, Organisationsentwicklung, Führungskräfteentwicklung, Personalrecruiting und Betreuung, Konfliktmoderation sowie die Beratung von Unternehmen bei der Gestaltung von Human-Ressource-Prozessen und -Abläufen (www.thielen-businesscoaching.de).

© Marek Vogel

Sinnvoll leben und arbeiten

Slatco Sterzenbach

Fit für langfristigen, ganzheitlichen Erfolg

Um Karriere-Krankheiten wie Erschöpfungszustände, Burn-out oder Herzinfarkt vorzubeugen und Ihre körperliche wie geistige Performance zu verbessern, verrät Ihnen Gesundheitsexperte Slatco Sterzenbach seine besten Tipps für mehr Lebenskraft.

Stellen Sie sich einen herrlichen Sommertag vor. Der Himmel blau und wolkenlos, Vogelgezwitscher, Sie fühlen die wärmenden Sonnenstrahlen auf Ihrer Haut. Plötzlich hören Sie das Horn eines Notarztwagens, der wenige Sekunden später direkt vor Ihnen hält. Denn: Sie befinden sich neben der Notaufnahme eines Krankenhauses. Der Notarzt kommt aus der Erste-Hilfe-Station geeilt, die Rettungshelfer ziehen eine Trage aus dem Krankenwagen, auf der ein 42-jähriger Mann liegt. Sein Gesicht ist angst- und schmerzverzerrt, sein »Armani«-Hemd ist notdürftig geöffnet, an seiner berolexten Hand befinden sich Infusionsschläuche. Wenige Sekunden später trifft eine schwarze Limousine ein, aus der eine Frau und zwei Kinder klettern. Kurz: Dieser Mann stand erfolgreich im Leben, mit Familie, Chauffeur, dickem Bankkonto. Nur mit einem hatte er nicht gerechnet: Herzinfarkt. Das war in seinem Lebensplan nicht vorgesehen. Auf dem Weg zur Intensivstation flüstert der Mann dem Pfleger, der ihn eilig auf der Trage dort hinbringt, zu: »Hätte ich das gewusst, hätte ich einiges anders gemacht.«

Das sagen sich vermutlich viele, denn alle 110 Sekunden erleidet in Deutschland ein Mensch einen Herzinfarkt. Zirka 50 Prozent überleben diesen ersten Infarkt nicht. Das ist eine erschütternde Zahl von 400 Menschen pro Tag, die einem Herzinfarkt erliegen. Das bedeutet: alle 3,6 Minuten einer.

Auch der Manager starb wenige Minuten später an den Folgen seines Infarkts. Ich war damals der Krankenpfleger, der ihn auf die Intensivstation brachte. Ich war 20 Jahre alt, und dieses Erlebnis ließ mich sehr nachdenklich werden. Noch heute ist es eines der Motive für mein tägliches Handeln und Tun. Außerdem haben mich meine langjährige Erfahrung im Leistungssport, die mehrfache Teilnahme am Ironman-Wettbewerb, mein Studium der Sportwissenschaften für Prävention und Rehabilitation und über 300 Einzelcoachings eines gelehrt: *Langfristiger und ganzheitlicher Erfolg ist immer nur im Einklang mit der Natur und in Balance möglich.* Jeder Leistungssportler weiß, dass er nicht während des Trainings besser wird, sondern in der nachfolgenden Regenerations- und Superkompensationsphase. So auch im Beruf: Entscheidungen treffen, Probleme lösen, Strategien ersinnen ... das ist nur dann möglich, wenn wir entspannt sind. Das Stresshormon Adrenalin hemmt solche Kreativität, denn es ist ein Hormon für »Action«. Und wer zu viel Gas gibt, läuft Gefahr, Karriere-Krankheiten wie Erschöpfungszustände, Burn-out oder gar einem Herzinfarkt zu erliegen.

Seit über acht Jahren gebe ich in Unternehmen Seminare und stelle dabei immer wieder die Frage: »Wer von Ihnen ist der Meinung, dass Gesundheit und Fitness wesentliche Faktoren für Ihren langfristigen und ganzheitlichen Erfolg sind?« Meist stimmen mir 100 Prozent der Teilnehmer zu. Frage ich jedoch anschließend: »Was würden Sie dafür tun?«, wird es still im Raum.

175

Selbsttest: Wie steht es um Ihre Bereitschaft, etwas für Ihre Gesundheit zu tun?

	Nein	Ja
Trinken Sie mehr als ein Glas Wein oder ein Glas Bier am Tag?		
Rauchen Sie?		
Schlafen Sie häufiger als zweimal pro Woche weniger als sechs Stunden?		
Gehen Sie ohne Frühstück aus dem Haus?		
Essen Sie weniger als 800 Gramm (zirka zwei volle Hände) Obst und Gemüse jeden Tag?		
Machen Sie weniger als zweimal pro Woche 15 bis 30 Minuten Krafttraining?		
Machen Sie weniger als dreimal pro Woche 30 Minuten Ausdauertraining?		
Machen Sie nie kleine Pausen oder einen kleinen Mittagsschlaf?		
Fühlen Sie sich ausgebrannt und müde, wenn Sie abends von der Arbeit nach Hause kommen?		
Haben Sie das Gefühl, dass Sie auf Kosten Ihrer körperlichen und geistigen Ressourcen arbeiten?		
Haben Sie häufiger negative Gedanken oder depressive Verstimmungen?		
Machen Sie Ihren Job nur des Geldes wegen?		
Gönnen Sie sich weniger als vier Wochen Urlaub im Jahr?		
Essen Sie viel Zucker und Fertigprodukte?		
Sind Sie mehr als zweimal im Jahr erkältet?		
Waren Sie die letzten zwei Jahre bei keinem Gesundheits-Check?		

Auswertung: Überwiegt bei Ihnen Ja oder Nein? Dies ist nur ein kleiner Test, der Ihre Aufmerksamkeit schärfen soll zwischen Wunschvorstellung und realem Handeln. Jeder Wunsch, jedes Ziel hat seinen Preis. Wenn Sie beruflich erfolgreich sein wollen, bedeutet das, Mut zum Risiko zu haben, zu networken und an sich zu arbeiten. Wenn Sie körperlich erfolgreich sein wollen, also gesund und fit bis ins hohe Alter, werden Sie den berühmten inneren Schweinehund immer wieder überlisten müssen, sonst kann es sein, dass Ihre Gesundheits- und Fitnessbalance leicht ins Ungleichgewicht dreht.

Burn-out – eine unterschätzte Krankheit

Können Sie sich noch daran erinnern, als Sie Ihr erstes Mobiltelefon in Händen hielten? Mit stolzgeschwellter Brust zeigten Sie es Ihren Freunden und Kollegen. Und wie sehr haben Sie sich gefreut, als Sie angerufen wurden! Aufgeregt nahmen Sie Ihre ersten Telefonate entgegen. Dieser Zustand emotional positiver Erregung ist heute bei vielen einem genervten »Ja, bitte?« gewichen. Wir leben in einer Leistungsgesellschaft, bei der Engagement und Leistungsbereitschaft über vertragliche Regelungen hinaus erwartet werden.

»Ich habe heute keine Zeit, dich zu treffen, Sport zu machen, Mittagessen zu gehen ...« Nicht nur Freizeitbetätigungen, sondern gar primäre eigene Bedürfnisse lassen wir zugunsten der Arbeit unter den Tisch fallen. Bei einigen Vertriebsteams ist es üblich, dass sich Außendienstmitarbeiter seit Jahren keine Zeit mehr für das Mittagessen nehmen. Die Folgen sind verheerend: Laut einer Erhebung des Karriereportals StepStone steht jeder Vierte in der arbeitenden Bevölkerung Europas vor einem Burn-out. Dazu Joachim Bauer, Professor für Psychosomatik und Psychotherapeutische Medizin an der Universitätsklinik Freiburg: »Wo die Arbeitsbelastung steigt und es gleichzeitig an Anerkennung und Wertschätzung für die geleistete Arbeit mangelt, nimmt das Burn-out-Risiko dramatisch zu.« Und damit auch das Risiko, sich müde und ausgebrannt zu fühlen, an psychosomatischen wie organischen Störungen zu erkranken und den Sinn für sein Leben zu verlieren.

So schnell geht's – die Phasen des Burn-outs

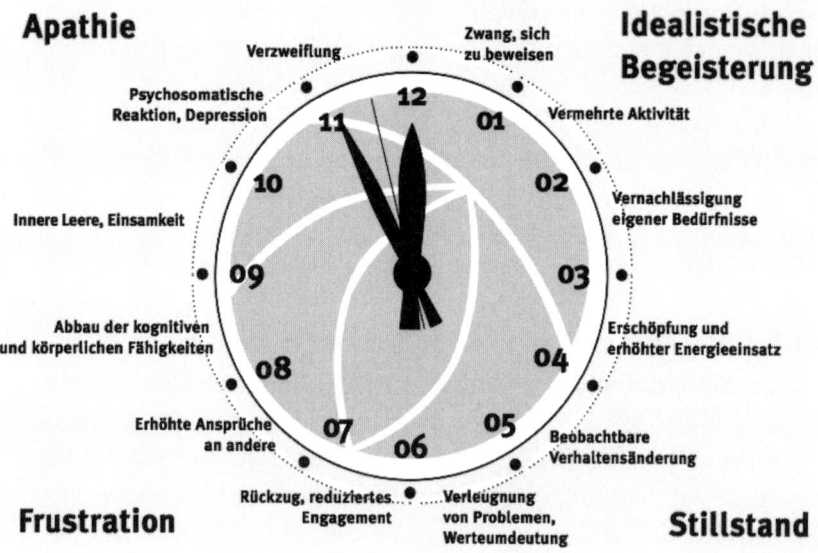

Die Burn-out-Uhr tickt, meist unmerklich und leise. Die Frage ist: Bei welcher Uhrzeit stehen Ihre Aktivitäts-Zeiger? Zur Erklärung: Der Sekundenzeiger dient als Metapher dafür, dass Sie sich erst mehrere Tage bis wenige Wochen in dieser Phase befinden. Der Minutenzeiger deutet an, dass es bereits mehrere Wochen und Monate sind. Der Stundenzeiger signalisiert viele Monate bis Jahre! Ein Beispiel: Ein paar Tage Überstunden (»vermehrte Aktivität«) werden sicherlich keinerlei Konsequenzen für Ihre Gesundheit haben. Überstunden über Monate dagegen haben meist chronische Müdigkeit, Gereiztheit und ein schwaches Immunsystem zur Folge. Auch Tinnitus ist nicht selten. Und: Jahrelanges Arbeiten bis 20 Uhr oder gar bis spät in die Nacht hinein mit einhergehendem, chronischem Schlafmangel hat ernste Konsequenzen. Mittlerweile ist bekannt, dass Menschen, die kontinuierlich weniger als sechs Stunden schlafen, statistisch gesehen drei Jahre früher sterben. Ist das also wirklich eine Zeitersparnis?

Typische Aussagen für die einzelnen Phasen, sprich Uhrzeiten:

Uhr-zeit	Phase	Typische Aussagen
1	Zwang, sich etwas zu beweisen	»Ich bin der Einzige, der mit diesem Kunden kann.« »Das schaffe ich jetzt auch noch.«
2	Vermehrte Aktivität	»So ein paar Überstunden haben noch nie jemandem geschadet.« »Das schaffe ich noch. Da arbeite ich eben heute bis 23 Uhr.«
3	Vernachlässigung eigener Bedürfnisse	»Ich habe heute keine Zeit für mein Mittagessen.« »Dann schlafe ich heute nur fünf Stunden. Hauptsache, ich mache die Aufgabe fertig.«
4	Erschöpfung und erhöhter Energieeinsatz	»Abends falle ich wie tot ins Bett.« »Mir fällt es immer schwerer, normale Dinge zu bewältigen.«
5	Beobachtbare Verhaltensänderungen	»Jetzt stellen Sie sich mal nicht so an.« »Kann ich nicht einmal meine Ruhe haben? Ständig klingelt das Telefon.«
6	Verleugnung von Problemen, Werteumdeutung	»Alles wird besser, wenn dieses Projekt fertig ist.« »Dieses Grillen am Wochenende mit meinen Freunden hat mich schon immer genervt.«
7	Rückzug, reduziertes Engagement	»Am Wochenende will ich meine Ruhe haben.« »Endlich mal ausspannen und einfach nur Fernsehen schauen.«
8	Erhöhte Ansprüche an andere	»Meine Freunde melden sich ja sowieso nicht mehr bei mir.« »Sollen die anderen auch mal so viel arbeiten wie ich, dann würden sie es verstehen.«
9	Abbau der kognitiven Fähigkeiten	»Ich komme einfach nicht weiter bei diesem Problem.« »Ich kann mich in letzter Zeit so schlecht konzentrieren.« »Ich schlafe schlecht ein und wache in der Nacht ständig auf.«

10	Innere Leere, Einsamkeit	»Wofür arbeite ich eigentlich?« »Das hat doch alles sowieso keinen Sinn.« »Ich fühle mich so leer.«
11	Psychosomatische Reaktionen, Depression	»Ich kann mich zu nichts mehr motivieren.« »Mich morgens zu rasieren und andere tägliche Verrichtungen fallen mir schwer.« »Ich sitze nach der Arbeit nur noch zu Hause auf dem Sofa und wälze negative Gedanken hin und her.«
12	Verzweiflung	»Wozu lebe ich überhaupt?« »Ich mache Schluss. Das Leben hat keinen Sinn.« »Ich weiß nicht mehr weiter.«

Bei der Diagnostik eines Burn-out kann dieses Uhrmodell helfen, den Schweregrad des Ausgebranntseins einzuschätzen. Allerdings verlaufen die einzelnen Phasen nicht chronologisch. Gerade durch unerwartete neue Stressoren, wie durch einen Todesfall, eine Trennung oder eine Erkrankung, kann es zu einer rapiden Beschleunigung der Zeiger kommen. Vor allem, wenn Sie über Jahre hinweg chronischen Raubbau mit den natürlichen Ressourcen von Körper und Seele betrieben haben. Und: Menschen, deren Uhr bei »12« steht, kommen aus dieser Phase alleine nicht mehr heraus. Eine Therapie mit einem Arbeitsausfall von bis zu 12 Monaten ist üblich für all jene, die über einen längeren Zeitraum ihre Lebensbalance verloren haben.

Eine medizinische Möglichkeit, Burn-out im Frühstadium zu erkennen, ist die Analyse des »Lebensfeuers«. Die Diagnostik der Herzfrequenzvariabilität zur Bestimmung der eigenen physischen wie mentalen Energie wird von führenden Kardiologen immer mehr in den Mittelpunkt moderner Präventivmedizin gerückt. Denn anhand der Ergebnisse kann ein detaillierter Maßnahmenkatalog erstellt werden, um das Lebensfeuer neu zu entfachen und Burn-out entgegenzuwirken. Bei Interesse an einer solchen Diagnostik können

Sie sich an meine Mitarbeiterin Katja Frase wenden: katja.frase@lebenskraft.com

Was Sie selbst gezielt gegen Burn-out und für mehr Energie und Gesundheit tun können, erläutere ich in meinem Buch »Der perfekte Tag«. Daraus ist auch die folgende Hitliste meiner besten Tipps für mehr Lebenskraft:

Meine besten Tipps für langfristigen, ganzheitlichen Erfolg

Der Morgen

Entspannung
Schlafen Sie im Rhythmus der Natur. Schlafen Sie im 90-Minuten-Rhythmus. Gehen Sie zum Beispiel um 23 Uhr zu Bett, ist es günstiger, um 6.30 Uhr aufzustehen (nach fünf 90-Minuten-Rhythmen) statt um 7 Uhr. Weil Sie in der REM-Phase geweckt werden und dann frisch wie ein Vogel erwachen. Schlafen Sie genügend und immer mehr als sechs Stunden.

Bewegung
Starten Sie den Tag mit einem leichten Ausdauertraining. Das steigert Ihre Kreativität, und Sie werden zu einer Fettverbrennungsmaschine. Machen Sie eine Spiroergometrie oder Laktatdiagnostik (zur Überprüfung der Sauerstoffaufnahme bzw. der Milchsäureproduktion Ihres Körpers), um Ihr Training so effizient wie möglich zu gestalten. Nur anhand dieser Diagnostik wissen Sie, wo Ihre individuellen Herzfrequenzen für eine optimale Fettverbrennung oder Stressabbau liegen. Verlassen Sie sich bitte nicht allein auf statistische Formeln, mit denen Sie Ihre persönliche Trainings-Herzfrequenz berechnen. Beispiel: 226 minus Lebensalter = maximale Herzfrequenz. Von diesem Wert ausgehend, sollen Sie mit 65 bis 85 Prozent trainieren. Das wäre bei einer 36-jährigen Frau: 226 – 36 = 190.

65% von 190 = 123, 85% von 190 = 162. Das heißt, Sie sollten zwischen 123 und 162 Herzschlägen pro Minute trainieren. Statistisch gesehen! Sie sind aber ein Individuum. Und würden Sie etwa bei einem 75-PS-Auto eine maximale Geschwindigkeit von 250 km/h für richtig halten? Sicher nicht. Bei einem 250-PS-Motor würde das vielleicht funktionieren. Mittels einer Laktatdiagnostik oder Spiroergometrie erhalten Sie also Ihre individuellen Trainings-Herzfrequenzen!

Ernährung
Trinken Sie bereits am Morgen viel Wasser. Starten Sie mit zwei großen Gläsern lauwarmem oder abgekochtem Wasser, und nehmen Sie am besten ein Obstfrühstück mit vielen Vitaminen, Ballaststoffen und sekundären Pflanzenstoffen zu sich. Das mindert das Krebsrisiko, Ihr Blutzuckerspiegel bleibt über den Tag hinweg konstanter, und Sie sind wirklich mit »Lebens-mitteln« gestartet.

Motivation
Motivation ist das Futter des Erfolges. Planen Sie Ihren Tag schon morgens und konzentrieren Sie sich auf die »Wand«-Aktivitäten.

Priorität A: **wichtig & dringlich**	**Priorität B:** **Wand=** **wichtig aber nicht dringlich**
Priorität C: **nicht wichtig & dringlich**	**Priorität D:** **nicht wichtig & nicht** **dringlich**

Häufig haben wir im Alltag so viele Dinge zu erledigen, die der Priorität C angehören. Sie sind dringlich, aber nicht unbedingt wichtig für unsere Weiterentwicklung. Planen Sie also im Voraus feste Zeiten für die Dinge ein, die Priorität B besitzen, zwar nicht dringlich sind, aber wichtig. Nur so haben Sie eine Chance, sich ständig weiterzuentwickeln und sich nicht wie ein Hamster im Laufrad auszupowern und trotzdem auf der Stelle zu treten.

Wenn zum Beispiel Kundenpflege oder Akquise zu Ihrem Job gehören, ist dies zwar nicht dringlich (Sie könnten es ja auch morgen machen), aber wichtig. Sicherlich kennen Sie auch diese Tage, an denen Sie am Feierabend das Gefühl haben: »Wo war der Tag? Ich habe nichts geschafft!« Genau deswegen ist die Planung Ihrer Tätigkeiten so wichtig. Ebenso wie das tägliche Planen Ihrer Aktivitäten für mehr Gesundheit. Die sind nicht dringlich, und genau deswegen verschieben wir sie so gerne auf den nächsten Tag – und den übernächsten und den überübernächsten ... Und so fangen wir nie an.

Mentales Training
Machen Sie eine kleine Kraftort-Visualisierung: Erinnern Sie sich an Ihren letzten Urlaub. Rufen Sie sich einen Ort in Ihr Gedächtnis, an dem Sie sich so richtig wohlgefühlt haben und das Gefühl hatten, hier können Sie entspannen. Sie erinnern sich an das Gefühl, wie alles von Ihnen abfiel. Erinnern Sie sich nun an das, was Sie an diesem Ort hören konnten (Meeresrauschen, Wind, Vogelgezwitscher ...). Erinnern Sie sich an all das, was Sie spüren konnten (warmer Sand, der Wind in Ihren Haaren ...). Erinnern Sie sich auch an all das, was Sie riechen konnten (der typische Geruch des Meeres, der von bestimmten Blumen ...) und an all das, was Sie sehen konnten (Meer, Berge, Wald, Farben, Blumen ...). Je mehr Sie in dieses multisensorische Bild eintauchen, umso stärker versetzt sich Ihr Körper an diesen Ort. Probieren Sie es aus. Denn Visualisieren senkt den Adrenalinspiegel um bis zu 50 Prozent. Der Grund: Ihr Körper kann nicht zwischen Realität und konzentrierter Visualisierung unterscheiden. Wie Untersuchungen des amerikanischen Arztes Dr. Carpenter ergeben haben, erhöhte sich bei Probanden, die sich vorstellen sollten, sie würden Krafttraining mit dem Arm machen, die Durchblutung der Muskeln um bis zu 50 Prozent. Und das, obwohl die Probanden den Arm nicht bewegen konnten: Er war eingegipst. Vielleicht kennen Sie in diesem Zusammenhang auch den Test mit der Zitrone: Stellen Sie sich mit

allen Sinnen vor, wie Sie eine Zitrone zerschneiden und beherzt in diese beißen. Der Speichel fließt, und die Drüsen im Mundraum ziehen sich zusammen. Obwohl keine Zitrone in der unmittelbaren Umgebung ist. Ich mache diese Übung häufig in Seminaren, um die Wirksamkeit von Visualisierungen zu veranschaulichen. Denn: Jeder Leistungssportler nutzt dieses Potenzial. Warum nicht auch Sie?

Der Mittag

Bewegung
In nur fünf Minuten können Sie den gesamten Körper hocheffizient trainieren. Das Thera-Gummiband ist ab nun Ihr mobiles Fitness-Studio. Mit diesen sechs Übungen (siehe nebenstehende Abbildungen) sind Sie in Kürze wieder fit.

Entspannung
Wer am Mittag kurz abschaltet, ist hinterher umso fitter. Außerdem senkt ein kurzer Mittagsschlaf das Herzinfarkt-Risiko um ein Vielfaches. Am einfachsten nutzen Sie dazu den »Schlüsselschlaf«: Sie legen den Kopf auf den Tisch, nehmen Ihren Schlüssel in die Hand. Wenn Sie die Alpha-Phase verlassen, entspannt sich Ihre Muskulatur so, dass Ihnen der Schlüssel aus der Hand fällt. Durch das Scheppern des zu Boden gefallenen Schlüssels werden Sie wach, bevor Sie in tiefere Schlafbereiche eintauchen, aus denen Sie zerschlagen erwachen würden.

Ernährung
Mittags ist die beste Zeit für gutes Eiweiß und viel Salat und Gemüse. Volumetrics nennt man das in den USA, was bedeutet, viel Volumen, aber wenig Kalorien. Allerdings ohne zu fette Saucen! Nur mit Olivenöl und etwas Essig. Dazu fettarmes »wildes« Fleisch (Strauß, Hase, Reh, Hirsch…). Oder Sie essen Fisch mit viel Omega-3-Fettsäuren (Lachs, Thunfisch…).

Motivation

Bauen Sie Ihre Stärken aus. Nur so werden Sie auf dem heißumkämpften Job- und Talentemarkt eine Chance haben. Wenn Sie Ihre Berufung zum Beruf machen, dann arbeiten Sie nicht, dann leben Sie! Legen Sie sich nicht selber Zügel an, sondern reiten Sie wild drauflos. Reflektieren Sie alle Glaubenssätze, die Sie daran hindern.

Mentales Training

Nur wer die richtigen Fragen stellt, bekommt auch die richtigen Antworten. Sind Sie ein »Yes-But«-Typ, der immer ein »Aber« sieht? Oder sind Sie eher ein Mensch, der die Chancen sieht? Stellen Sie sich mehr positive Fragen, die lösungs- und zukunftsorientiert sind. So wie David im Kampf gegen Goliath, der nicht sagte: »Er ist viel zu groß, um ihn zu besiegen«, sondern: »Er ist viel zu groß, um ihn zu verfehlen.« Sie kennen den Ausgang der Geschichte.

Der Nachmittag

Bewegung

Wussten Sie, dass ein kurzer Treppenflur-Sprint manchmal die effizienteste Methode sein kann, um Stresshormone abzubauen und somit wieder kreativ zu werden? Stress hindert uns, kreativ zu sein. Adrenalin ist ein Hormon für »fight or flight«, aber nicht für Kreativität. Kreativitätshormone entstehen erst bei Entspannung. Entspannung kann allerdings erst nach Anspannung erfolgen. Viel Spaß beim Entdecken der Treppenflure dieser Welt.

Entspannung

Erleben Sie Flow. Wenn Herausforderung und Qualifikation Hand in Hand gehen, können Sie erfolgreich handeln. Konzentrieren Sie sich auf das, was Sie gerade tun. Hatten Sie schon einmal das Vergnügen, einer japanischen Teezeremonie beizuwohnen? Faszinierend. Genau diese Form der Entspannung bei hochkonzentrierter Arbeit können Sie erleben, wenn Sie trotz »Multitasking ist in« bei nur einer Sache bleiben. Und die mit allen Sinnen erledigen (mehr zu diesem Thema siehe Lothar Seiwert: »Die neue Lust der Langsamkeit«, Seite 73).

Ernährung
Der ideale Zwischensnack mit den richtigen Eiweißträgern kurbelt die Produktion von Serotonin und Dopamin an. Diese Hormone machen entspannt und glücklich. Essen Sie bei ein wenig Appetit zum Beispiel Hüttenkäse oder eine Handvoll Nüsse, am besten Para- und Walnüsse.

Motivation
Sie kennen ihn, den inneren Schweinehund. Er schnappt meist dann zu, wenn wir Dinge erledigen müssen, die noch keine Gewohnheiten geworden sind. Um ihn zu bezähmen, müssen wir es ihm so schwer wie möglich machen und entgegen seines schweinehundischen Grundsatzes handeln: Einschleifen lassen – ausfallen lassen – sein lassen (mehr dazu siehe Marco von Münchhausen: »Selbstmanagement mit dem inneren Schweinehund«, Seite 98).

Mentales Training
Alles, was Sie denken, hat die Tendenz, sich zu erfüllen. Nutzen Sie dieses Wissen, nicht umsonst fahren Skirennläufer eine Alpinabfahrt vor dem Rennen Dutzende Male mental herunter. Gedanken sind chemische Reaktionen im Gehirn. Dabei entstehen neue Moleküle. Neue Hormone. Und: Hormone beeinflussen unsere Stimmung und somit unsere Taten. Logisch!?

Der Abend

Bewegung
Alle, die morgens nicht aus dem Bett gekommen sind, um Ausdauertraining zu machen, sollten dies zwischen 19 und 21 Uhr nachholen. Das ist die »Hoch«-Zeit des Herzens laut Traditioneller Chinesischer Medizin. Gehen Sie dabei nach dem Prinzip der Variabilität vor: Immer das Gleiche langweilt den Körper. Er wird sich so nicht verändern. Kombinieren Sie ruhiges Training an einem Tag mit Intervall-Training an einem anderen Tag.

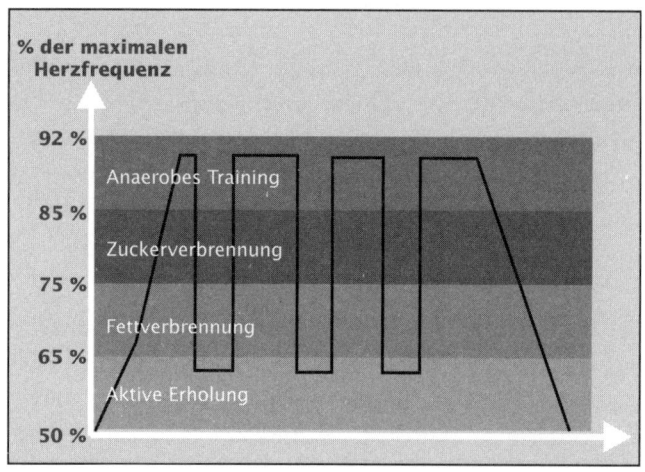

Herzfrequenz bei einem Intervalltraining

Belasten Sie sich nach einem guten Warm-up über 10 Minuten anschließend maximal vier Minuten. Radeln oder laufen Sie, so schnell Sie können. Nun gehen Sie vier Minuten bzw. nehmen beim Radergometer den Widerstand über vier Minuten heraus, sodass Ihre Herzfrequenz herunterkommt. Wiederholen Sie dies zwei Mal, beim nächsten Mal drei Mal und dann vier Mal. Sie werden merken, wie Sie schnell fitter werden. Wichtig: Machen Sie, wenn Sie noch nie bei einem Internisten waren, auf jeden Fall vorher ein Belastungs-EKG. Nur so wissen Sie, ob Ihr Herz gesund ist.

Entspannung
Wussten Sie, dass deutsche Ehepaare im Durchschnitt nur fünf Minuten am Tag miteinander kommunizieren? Lassen Sie den Stress zu Hause und gehen Sie mit Ihrem Partner draußen an der frischen Luft eine kleine Runde spazieren. Das verbindet und gibt Zeit nur für Sie beide.

Ernährung
Abends sollten Sie Kohlenhydrate meiden, es sei denn, Sie gehen anschließend zwei Stunden joggen. Abends sollte Eiweiß die Haupt-

energiequelle sein, denn damit verbrennen Sie mehr Fett (wir benötigen viel Energie, um Eiweiße zu verstoffwechseln, somit steigt die sogenannte postprandiale Thermogenese = der Körper »heizt« nach), und Ihre Gefäße bleiben eher frei von Ablagerungen.

Motivation

Selbstbewusstsein kommt von Sich-seiner-selbst-bewusst-Sein. Aus diesem Grund führe ich selbst zum Beispiel ein kleines Erfolgstagebuch. Jeden Tag schreibe ich meine fünf »Diamanten« des Tages auf. So entsteht ein Konzentrat an positiver Verstärkung.

Mentales Training

Erfolg ist ein Naturprinzip. Es erfolgt immer etwas. Tun Sie etwas ... erfolgt etwas. Tun Sie nichts ... erfolgt auch etwas. Erfolg ist ein Ergebnis von fünf Faktoren:

1. Vision
2. Zielsetzung
3. Strategie
4. Zeit
5. Aktion

Gedanken haben die Tendenz, Wirklichkeit zu werden. Es gibt unzählige wissenschaftliche Untersuchungen, welche die Wirkung von mentalem Training und konzentrierten Gedanken bestätigen konnten. Bleiben Sie also dran. Entwickeln Sie Ihre persönliche Vision von der Arbeit und vom Leben. Die meisten geben zu früh auf oder fangen erst gar nicht an, eine Vision zu skizzieren. Beginnen Sie und denken Sie daran, Fehler vervielfachen unser Potenzial. So entwickeln Sie nach und nach Ihre persönliche Strategie, die Ihnen hilft, Ihre Ziele und Ihre Vision Stück für Stück zu erreichen.

Auf Ihrem Weg zu mehr Lebenskraft wünsche ich Ihnen viel Erfolg!

Ihr

Slatco Sterzenbach, geb. 1967, mehrfacher Teilnehmer am Ironman-Wettbewerb, mit einem Weltrekord im Indoorcycling, beschäftigt sich seit über 21 Jahren mit Gesundheit und Leistungsoptimierung. Durch seine mitreißenden Vorträge wurde Slatco Sterzenbach 2008 von mehr als 25.000 Fachleuten aus der Tagungs- und Kongressbranche mit dem 3. Platz in der Kategorie »Referenten & Trainer« beim Conga-Award geehrt. Mit seiner Firma »Lebenskraft« organisiert er neben Vorträgen und Seminaren Incentives mit Schwerpunkt »Healthmanagement«. Zusätzlich verhilft er Managern und Leistungssportlern mit Potenzialanalyse, Energiezonen- und Ernährungsdiagnostik in ausgefeilten, individuellen Trainings zu mehr Lebensqualität. Sterzenbach hat weltweit über 6.000 Trainer aus- und weitergebildet, sodass er für seine Consultingtätigkeit in internationalen Großfirmen auf ein breites Netzwerk an Experten zurückgreifen kann. Als Berater und Fitnessexperte war er 2004 bis 2006 für die Bewegungskampagne von McDonald's mitverantwortlich (www.lebenskraft.com).

Michael Merks

Masterplan für ein erfülltes Leben

Wer versucht es nicht, ein erfülltes Leben und hohe Lebensqualität zu erlangen? Coach Michael Merks erklärt, was dazu
notwendig ist und wie dieses Vorhaben gelingt.

Ein dicker Gehaltsscheck, Champagner zum Frühstück, Maßanzüge,
teure Autos und eine Wohnung am Meer, das alleine garantiert noch
keine hohe Lebensqualität. Um das Leben genießen zu können, sich
angekommen und glücklich zu fühlen, braucht es mehr als nur Erfolg und Geld. Aus allen Studien zu diesem Thema und meiner Praxis als Coach und Change-Berater weiß ich, dass hohe Lebensqualität und ein erfülltes Leben vor allem auf vier Bausteinen gründen:

1. Selbstwert und Einzigartigkeit. Wer seine Werte und Stärken kennt,
sich seiner Einzigartigkeit als Mensch bewusst ist und dazu mit
ganzem Herzen Ja sagen kann, hat die beste Ausgangsbasis für eine
hohe Lebensqualität.

2. Ziele. Denn ohne sie fühlen wir uns steuerlos, treiben dahin und
finden keinen rechten Sinn im Leben. Daher gilt es für einen jeden
von uns, herauszufinden, was uns antreibt, um daraus Ziele abzulei-
ten. Am erfolgversprechendsten und bereicherndsten sind solche, die
wir wirklich attraktiv finden. Sie gilt es zu fokussieren und konsequent zu verfolgen.

191

3. *Erfüllung erlangen.* Sicherlich ist es ein großartiges Gefühl, ein ge-stecktes Ziel auch zu erreichen. Doch wirkliche Erfüllung erlangen wir, wenn wir beginnen, uns auch beim Entwickeln dessen, was wir erreichen wollen, zu erfreuen und an den vielen kleinen Dingen des Lebens, die uns auf unserem Weg begegnen und am Wegesrand ste-hen. Daraus können Sie viel Energie schöpfen. Denken Sie nur mal ans Bergsteigen oder an eine Rad- oder Segeltour. Die Gabe, mit allen Sinnen wahrnehmen und genießen zu können, sollten wir bewusst nutzen. Dadurch wird das Leben reicher, wir erleben Erfüllung. Schließlich verbringen wir mehr Zeit auf unserem Weg als beim Er-reichen unserer Ziele.

4. *Life-Balance herstellen und auf das gewünschte Niveau heben.* Der Begriff Work-Life-Balance wird oft verwendet, wenn es um eine bes-sere Lebensqualität geht. Ich verwende lieber den Begriff Life-Ba-lance. Sie ahnen warum? Die Arbeit ist nur ein Teil unseres Lebens. Natürlich ein Teil, der für viele Menschen einen wesentlichen Le-bensbereich umfasst. Doch jeder kann schnell nachvollziehen, dass zum Beispiel unser Gefühlsleben uns in allen Lebensbereichen be-gleitet. Also haben unsere Emotionen eine zentrale Stellung in un-serer Life-Balance. Ebenso unsere körperliche Gesundheit, unsere Partnerschaft ... Ein erfülltes Leben erfordert daher, dass wir neben dem Job alle Lebensbereiche (Emotionen, Gesundheit, Beziehung, Finanzen, Netzwerke, Selbstreflexion/Spiritualität) bewusst leben und bewusst pflegen. Wir werden in den verschiedenen Bereichen zu unterschiedlichen Zeiten unterschiedlich aktiv sein. *Wichtig ist, keine Un-Balance aufkommen zu lassen, die wie eine Unwucht in einem Rad das Leben nicht mehr rund laufen lässt.* Oft finden Men-schen erst Klarheit über ihre Lebenssituation, wenn sie in einer Krise stecken. Besser ist es deshalb, alle Bereiche im Auge zu behal-ten und kontinuierlich auf das Niveau zu heben, das wir erleben wollen. Dadurch erfahren wir Sinnhaftigkeit und Erfüllung in un-serem Leben.

Innerhalb der acht Lebensbereiche spreche ich, anders als an-dere Work-Life-Balance-Experten – wie Sie vielleicht schon bemerkt haben –, unseren Emotionen einen sehr großen Stellenwert zu. Aus diesem Grund möchte ich erst einen kurzen Exkurs über Emotionen machen, um Ihnen die aus meiner Sicht entscheidende Wichtigkeit vorzuführen. Im nächsten Schritt lernen Sie den Life-Master-Plan kennen. Dieser soll Sie anregen, Ihre Ziele herauszufinden und gezielt an Ihrer Life-Balance zu arbeiten.

Emotionen – der größte Antrieb in unserem Leben

Emotionen sind die treibende Kraft hinter allen menschlichen Handlungen. Angetrieben von Emotionen, fangen Menschen Kriege an, eröffnen und beenden Beziehungen, töten und erschaffen Leben. Wir kennen Menschen, die einen scheinbar aussichtslosen Hintergrund hatten, aber trotzdem nach vorne geblickt und eine hohe Lebensqualität erreicht haben. Was sie antreibt, sind ihre Emotionen. Emotionen lassen sich grob in angenehme und unangenehme Gefühle einteilen, die wir unterschiedlich intensiv wahrnehmen.

- Angenehme Emotionen sind zum Beispiel: Liebe und Geborgenheit, Wertschätzung und Dankbarkeit, Neugier, Leidenschaft und Begeisterung, Zielstrebigkeit, Flexibilität, Sicherheit und Vertrauen, Freude, Sich-gesund-Fühlen und Sinn für Beiträge.
- Unangenehme Emotionen sind: Sich-unwohl-Fühlen, Angst, Schmerz, Ärger, Frustration, Enttäuschung, Schuldgefühl, Sich-nicht-geeignet-Fühlen, Überforderung, Alleinsein.

Damit Sie nicht zum Spielball Ihrer Gefühle werden, was schnell passiert und was Ihnen viel Energie rauben kann, vor allem, wenn es sich um negative Gefühle dreht, sollten Sie wissen: Ihre Gefühle gehören Ihnen. Sie haben es in der Hand, selbst das Kommando zu übernehmen oder sich von ihnen dominieren zu lassen. So geht's:

Tipps zur Emotionssteuerung:

1. Körpersignale wahrnehmen: Vertrauen Sie Ihrem emotionalen Frühwarnsystem. Achten Sie auf Körperreaktionen wie schneller Herzschlag, Blutwallungen oder Magendrücken.
2. Tief durchatmen: Gönnen Sie dem emotionalen Schaltkreis im Gehirn eine kleine »Verschnaufpause«. Atmen Sie tief durch, damit sich das Adrenalin im Blut verteilen kann.
3. Gefühle einordnen: Nach dem Wahrnehmen und »Abkühlen« eines Gefühls kommt das konkrete Einordnen: Was ist es eigentlich genau, was ich da spüre? Welches Signal erhalte ich?
4. Gefühlsenergien positiv nutzen: Fragen Sie sich: Warum fühle ich mich enttäuscht? Weil mir eine Sache sehr wichtig ist? Denn wer sich den Hintergrund seiner Gefühle klar macht, kann sie leichter positiv für sich nutzen. Er kann seine Wahrnehmung überprüfen, seine Einstellungen, sein zukünftiges Verhalten.

Trainieren Sie Ihre Emotionssteuerung – diese drei Level gibt es:

Level 1 der Emotionssteuerung: Sie wissen und haben selbst erfahren, dass Sie imstande sind, sich aus einem ungewünschten Zustand heraus in einen gewünschten Zustand zu befördern.

Beispiel: Vor einem Gespräch sind Sie aufgeregt. Doch Sie sammeln sich, spielen alles noch einmal durch, was Sie sagen wollen, atmen ruhig und gehen mit einem guten Gefühl in das Gespräch. Es könnte allerdings sein, dass Sie bei unvorhergesehenen Situationen wie Zwischenrufen oder technischen Problemen wieder von Ihren Emotionen überrascht werden.

Level 2 der Emotionssteuerung: Sie besitzen die Fähigkeit, ständig aus einem ungewünschten in einen gewünschten (oder notwendigen)

Zustand wechseln zu können, sogar in einer speziell herausfordernden Situation.

Beispiel: In einem Gespräch, das gut begann, wird es »laut«. Sie ärgern sich über bestimmte Äußerungen. Doch Sie schaffen es, Ihres Ärgers Herr zu werden und zu Ihrer ursprünglichen Linie und Ruhe zurückzukehren.

Level 3 der Emotionssteuerung: Sie besitzen die Fähigkeit, einen gewünschten Zustand zu schaffen und ständig darin zu leben, unabhängig von Situationen und Zusammenhängen, ob sie herausfordernd sind oder nicht.

Beispiel: Bei Ihrem Gespräch haben Sie sich von Anfang an gut gefühlt. »Lautwerden« und bestimmte Äußerungen nehmen Sie wahr, verspüren dabei aber keinerlei Ärger. Sie können Ihr Gespräch die ganze Zeit mit einem guten emotionalen Zustand fortführen und zu Ende bringen. Genau das zeichnet Meister in der Steuerung ihrer Emotionen aus.

Verschaffen Sie sich Emotionen für ein erfülltes Leben

Wie? Positive Emotionen können Sie schaffen, indem Sie bestimmte Dinge tun oder Situationen schaffen, von denen Sie wissen oder ahnen, dass Sie positive Emotionen damit verbinden oder erschaffen können. Zum Beispiel: Sie fühlen sich immer besonders ausgeglichen, wenn Sie sich und anderen Menschen Wertschätzung und Dankbarkeit entgegenbringen. Unabhängig davon, ob Sie dies nur für sich im Stillen tun oder es dem Menschen persönlich mitteilen. Dann üben Sie das, indem Sie es täglich fünf Minuten als Morgen-Ritual in Ihr Leben einbauen. Oder: Sie fühlen sich immer besonders gut und gesund, wenn Sie sich im Freien bewegen und viel Sauerstoff tanken. Nutzen Sie diese positive Emotion und bauen Sie diesen Turbo in Ihr tägliches Leben ein, zum Beispiel durch zehn- bis fünfzehnminütiges zügiges Gehen mit intensiver Atmung. Dadurch entwickeln Sie die Fähigkeit, einen gewünschten Zustand zu schaffen und darin erfüllt zu leben.

Emotionen	Aktionen Was werden Sie tun, um diese positiven Gefühle so oft wie möglich herbeizuführen?
Liebe und Geborgenheit	
Wertschätzung und Dankbarkeit	
Neugier (bringt automatisch Wachstum)	
Leidenschaft und Begeisterung	
Zielstrebigkeit	
Flexibilität (geistig und körperlich)	
Sicherheit/Vertrauen (in sich selbst und in andere)	
Freude/freudvoll sein (innen und äußerlich) lachen, strahlen	
Sich gesund fühlen (stärkt das Immunsystem)	
Sinn für Beiträge (Beiträge zu einer guten Welt durch Komplimente oder größere Beiträge, etwa konkrete Hilfe)	

Ihr Life-Master-Plan

Nach einem Einblick in die Emotionssteuerung möchte ich Sie nun einladen, Ihren individuellen Life-Master-Plan zu entwickeln. Dieser stellt eine Mischung aus modernen Planungsmethoden des Managements und neuesten Erkenntnissen der Psychologie dar und hat sich in der Praxis als hervorragendes Tool zur Steigerung der Lebensqualität bewährt. Mit der folgenden 8-Schritte-Anleitung können Sie Ihren ureigenen Life-Master-Plan erstellen, Sie lernen sich genauer kennen, wissen, für welche Ziele Sie sich einsetzen und warum.

Schritt 1: Bestimmen Sie Ihre höchsten Werte

Mit unserem individuellen Wertesystem steuern wir bewusst, oft auch unbewusst, unser Denken und unser Handeln. Unser Wertesystem hat damit einen wesentlichen Einfluss auf unser Leben.

Unsere Werte sind das, was uns etwas wert ist. Dafür sind wir bereit, Zeit, Aufmerksamkeit, Energie und Geld zu investieren. Da unsere Ziele von unseren Werten bestimmt werden, ist es wichtig, seine Werte genauer zu betrachten. Ein Beispiel: Gerechtigkeit ist ein Wert. Steht dieser in Ihrer Werteskala ziemlich weit oben, werden Sie versuchen, ihn in Ihrem Leben umzusetzen. Etwa indem Sie es sich zum Ziel machen, Unrecht zu bekämpfen, sich um bessere gesellschaftliche Bedingungen für Benachteiligte zu kümmern ...

Selbsttest: Was ist mir wirklich wichtig?

Ihre Werte können Sie ermitteln, indem Sie die folgenden Fragen für sich beantworten:

- Was ist mir wirklich wichtig in meinem Leben?
- Worauf lege ich besonderen Wert?
- Was treibt mich an?
- Was gibt mir Kraft?

Listen Sie die Werte bitte auf und bilden Sie eine Rangfolge, welche der von Ihnen ermittelten Werte Ihnen ganz besonders wichtig sind. Diese gilt es dann auch besonders zu pflegen.

Hier nur einige Werte als Impuls:

• Freiheit	• Finanzieller Wohlstand
• Sicherheit	• Leistung
• Gesundheit	• Macht
• Wachstum	• Eigentum
• Zufriedenheit	• Unabhängigkeit
• Harmonie	• Familie
• Freude	• Wertschätzung
• Erfolg im Beruf	• Mut
• Kreativität	• Erfüllung
• Integrität	• ...

Schritt 2: Bestimmen Sie Ihre größten Stärken

Werden Sie sich Ihrer größten Stärken bewusst. Erstens baut das Ihr Selbstwertgefühl auf. Zweitens können Sie die Stärken ganz gezielt für Ihren Lebensweg einsetzen. Ihre Stärken können Sie ermitteln, indem Sie folgende Fragen für sich beantworten:

- Was kann ich besonders gut?
- Welches besondere Wissen habe ich?
- Welche besonderen Talente besitze ich, auch, wenn ich diese noch nicht voll entwickelt habe?

Hier eine Liste mit Stärken, die Ihre sein könnten:

- Charakterliche Stärken
- Emotionale Stärken
- Ästhetische Stärken
- Intellektuelle Stärken
- Künstlerische Stärken

- Körperliche Stärken
- Handwerkliche Stärken
- Schöpferische Stärken
- Soziale Stärken
- Ausdrucksstärken
- …

Schritt 3: Stellen Sie die derzeitige Qualität Ihres Lebensrades fest

Ein Rad läuft nur rund, wenn es keine Unwucht hat. Die Lebensqualität steigt meistens weiter, wenn Sie in allen Bereichen ein höheres Niveau erreichen. Auf Ihr Leben übertragen können Sie sich fragen, ob Ihr Leben eine Unwucht hat, weil einer oder mehrere Bereiche nicht gut ausgefüllt sind oder eventuell ein Bereich zu viel Bedeutung gegenüber anderen Bereichen besitzt. Bewerten Sie jetzt für sich, welches Qualitätsniveau Ihr Leben in den einzelnen Bereichen hat. Wie sieht es auf einer Skala von 0 bis 10 aus? 0 heißt, das Niveau ist auf dem niedrigsten Level. 10 bedeutet, besser können Sie sich Ihr Leben in diesem Bereich gar nicht vorstellen. Markieren Sie bitte die einzelnen Bewertungen in Ihrem Lebensrad auf der jeweiligen »Speiche« und verbinden Sie dann die Punkte miteinander. Und? Läuft Ihr Rad rund? Oder gibt es deutliche Dellen?

Bestimmen Sie nun die drei Lebensbereiche, die Sie in nächster Zeit auf ein deutlich höheres Niveau heben wollen, zum Beispiel von 4 auf 8, damit Ihr Lebensrad in Zukunft (noch) runder laufen kann. Es ist natürlich auch in Ordnung, wenn Sie an Ihren »Unwuchten« arbeiten und gleichzeitig einen Bereich, der schon auf einem hohen Niveau ist, weiter verbessern wollen. Weil Sie aus ihm die Kraft schöpfen, damit Sie noch mehr Lust und Energie haben, andere Bereiche zu stärken.

199

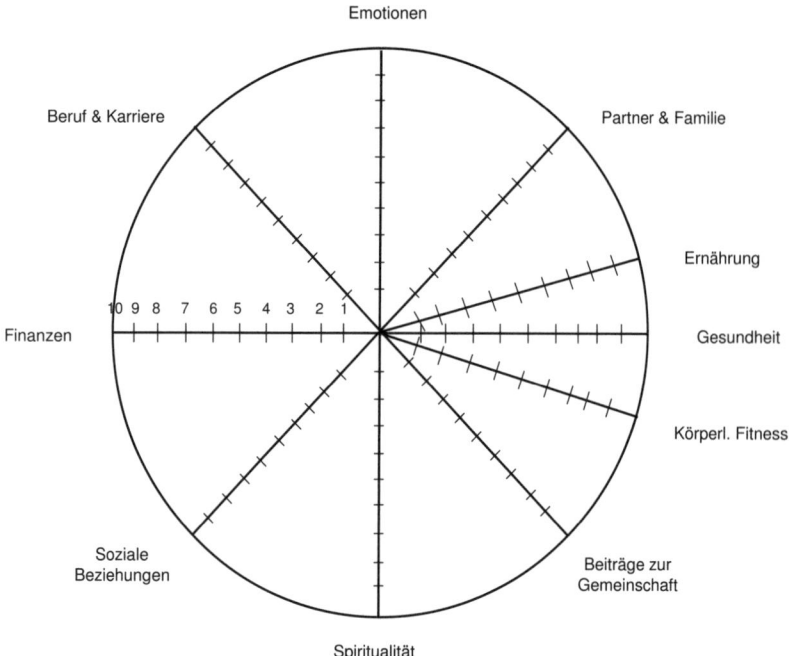

Schritt 4: Entwickeln Sie Ihre Vision von jedem Lebensbereich, den Sie entwickeln wollen

Visionen sind eine starke, treibende Kraft in unserem Leben. Je attraktiver Sie Ihre Vision für sich ausmalen, desto mehr Anziehungskraft geht davon aus. Ihre Vision zeigt Ihre Zukunft zum Beispiel bezüglich Ihrer Partnerschaft, so wie Sie Ihre Partnerschaft in Ihrer Idealvorstellung erleben wollen. Ihre persönlichen Werte und Stärken spielen dabei eine wesentliche Rolle. Ihr Zukunftsbild oder besser noch Ihr Zukunftsfilm darf – ja sollte Ihnen – äußerst positiv erscheinen. Ihre Vorstellungen sollten allerdings nicht völlig unerreichbar sein! Schreiben Sie Ihren Visionsfilm Sequenz für Sequenz wie in einem Drehbuch auf. Was wollen Sie in dem jeweiligen Lebensbereich erreichen? Was und wen sehen Sie genau? Wer wollen

Sie sein? Was wollen Sie erleben? Wie fühlen Sie sich dabei? Was motiviert Sie, dafür eine Reihe von Aktivitäten zu verfolgen, um die positive Zukunft wirklich zu erreichen und auch zu pflegen?

Je öfter Sie Ihren Zukunftsfilm mit seinen ganzen Facetten innerlich abspielen und »erleben«, desto stärker verankert Ihr Gehirn diese neue Realität. Für unser Gehirn sind nämlich auch unsere Vorstellungen Realität. Unser Gehirn hilft uns dann, Kräfte zu entwickeln, die den Zukunftsfilm Stück für Stück Wirklichkeit werden lassen. Im Hochleistungssport ist diese Methode heute für jeden Hochspringer, jeden Alpin-Skifahrer oder jeden Kunstturner fester Bestandteil seines Trainings- und Wettkampfprogramms, nämlich die exakte Vorstellung von dem, was er erreichen will: zum Beispiel eine bestimmte Höhe und, in Detailaufnahmen, wie er diese Höhe meistern wird.

Schritt 5: Legen Sie klare Ziele fest

Für Ihren Erfolg brauchen Sie klare Ziele, Endziele und Zwischenziele. Sie entwickeln dabei eine präzise Vorstellung, was Sie erreichen wollen. Schreiben Sie Ihre Ziele genau auf. Je klarer, desto besser. Die Entscheidung für Ihre Ziele allein gibt Ihnen schon Kraft. Bei der Formulierung von Zielen haben sich folgende Regeln bewährt:

1. Bestimmen Sie herausfordernde Ziele, sie motivieren uns!
2. Formulieren Sie Ihr Ziel so, als hätten Sie es schon erreicht.
3. Legen Sie fest, wie Sie Ihr Ziel messen können. Wie können Sie Fortschritte und das Endergebnis feststellen?
4. Vereinbaren Sie mit sich einen Zeitplan, auch für Teilziele: Was wollen Sie bis wann erreicht haben?
5. Fragen Sie sich, wie Sie sich belohnen und wie Sie feiern wollen, wenn Sie Ihr Ziel erreicht haben.

Schritt 6: Entscheiden Sie, mit welcher Vorgehensweise Sie Ihre Ziele erreichen wollen

Arbeiten Sie Ihren Aktionsplan aus. Achten Sie darauf, dass Ihr Aktionsplan entschlossen und mutig ist und Ihnen die Chance gibt, Ihre Ziele wirklich zu erreichen. Wer glaubt, das Motto »Wasch mir den

201

Pelz, aber mach mich nicht nass!« führte zum Erfolg, täuscht sich. Sie glauben, etwas unternommen zu haben, doch Sie haben sich nie eine realistische Chance gegeben. Wenn Sie wirklich etwas verändern oder verbessern wollen, beantworten Sie pro Maßnahme folgende Fragen:

- Was mache ich?
- Wie oft mache ich es?
- Was will ich erreichen?
- Warum will ich das erreichen?
- Bis wann will ich es erreicht haben? (mehr zu diesem Thema siehe auch Marco von Münchhausen: »Selbstmanagement mit dem inneren Schweinehund«, Seite 98).

Schritt 7: Bestimmen Sie die Glaubenssätze, die Sie bei Ihren Vorhaben unterstützen

Alle unsere grundsätzlichen Überzeugungen (Glaubenssätze), die sich sowohl auf Ihre Person als auch auf die Welt, in der Sie leben, beziehen, sind äußerst wichtige Determinanten Ihres Lebenserfolges. Mithilfe Ihrer Überzeugungen erschaffen Sie sich gewissermaßen die Welt, in der Sie leben. Überzeugungen sind starke Kräfte, die in Ihrer Seele schlummern. Deshalb auch die Aussage: »Glaube versetzt Berge.« Daher: Pflegen Sie positive Glaubenssätze, denn:

IHRE	Glaubenssätze	WERDEN	IHRE	Gedanken
IHRE	Gedanken	WERDEN	IHRE	Worte
IHRE	Worte	WERDEN	IHRE	Handlungen
IHRE	Handlungen	WERDEN	IHRE	Gewohnheiten
IHRE	Gewohnheiten	WERDEN	IHRE	Werte
IHRE	Werte	WERDEN	IHRE	Bestimmung

Mahatma Gandhi (1869–1949)

Ihre Überzeugungen repräsentieren sowohl bewusste Entscheidungen, die Sie selbst betreffen, als auch das, was Sie glauben, erreichen oder nicht erreichen zu können. Sie beherrschen Ihr Denken, bestimmen Ihr Verhalten und Ihr Leistungsniveau. Ihre Leistungen in irgendeinem Bereich sind nur zum Teil eine Funktion Ihres Potenzials auf diesem speziellen Gebiet; sie hängen weitgehend von Ihren tief verwurzelten Überzeugungen ab.

In der Regel bekommen Sie, was Sie erwarten. Eine erfolgreiche Persönlichkeit, einen sogenannten Gewinner, erkennt man sofort an seiner positiven Erwartungshaltung. Solche Menschen strahlen beim Verfolgen ihrer Ziele ein natürliches Selbstvertrauen, Begeisterung und Optimismus aus. Erwartungen oder Glaubenssätze, die Möglichkeiten einschränken, sind Glaubenssätze, die zu Misserfolgen führen. Wenn Sie Ihr Denken verändern, verändern Sie Ihr Leben. Probieren Sie es aus!

Schritt 8: Starten Sie noch heute – verfolgen Sie Ihre Ziele beharrlich und genießen Sie den Weg

Wer erste Schritte sofort erledigt, weiß, wie schnell das Schwung gibt. Erledigen auch Sie erste Schritte sofort. Richten Sie Ihre Energie und Kraft konsequent auf Ihre Ziele aus und lassen Sie sich nicht von Ihrem Weg abbringen. Auch wenn es mal nicht so gut läuft, besinnen Sie sich immer wieder auf das Wesentliche, auf das, was Sie in Ihrem Leben erreichen wollen. Analysieren Sie gegebenenfalls, warum Sie nicht so schnell vorankommen, und lernen Sie daraus. Modifizieren Sie eventuell Ihre Vorgehensweise. Doch verfolgen Sie Ihr Ziel konsequent weiter. Selbst die erfolgreichsten Menschen haben Rückschritte erfahren. Doch ihr Ziel haben sie erreicht, weil sie an sich geglaubt haben, weil sie ihre Ziele für sich zu einem Muss gemacht haben und immer weitergegangen sind – auch wenn sie Umwege gehen mussten oder gefallen sind. Entwickeln Sie eine »Stehaufmännchen«- oder »Jetzt-erst-recht«-Mentalität. Erfüllung können Sie auf Ihrem Weg erlangen, wenn Sie alle Erlebnisse auf Ihrem Weg bewusst erleben, reflektieren und Dankbarkeit für die gewonnenen Lebenserfahrungen zeigen. Denn meist halten wir uns auf dem Weg und nicht beim Erreichen auf!

Das Prinzip der Selbstverantwortung: Trauen Sie sich bei allen Vorhaben größtmögliche Schaffenskraft zu. Leben Sie nach dem

Prinzip der Selbstverantwortung. Seien Sie sich bewusst, dass Sie für Ihre Gedanken, Ihre Gefühle und Ihre Aktionen immer selbst verantwortlich sind. Auch dann, wenn Sie nicht handeln und Ihr Leben und Ihre Life-Balance nicht aktiv gestalten. Auch fürs Nichthandeln haben Sie die Konsequenzen zu tragen.

© Dirk Robbes

Michael Merks hat Betriebswirtschaft und Psychologie studiert und war 14 Jahre in der Industrie (Procter & Gamble, Reemtsma) im In- und Ausland tätig – zuletzt als Geschäftsführer, davor als Leiter eines unternehmensweiten Veränderungsprozesses, Internal Consultant und European Marketing Manager. 1996 gründete er die Michael Merks Coaching Group, Teil der Inszena New Consulting Group (gegr. 1991), die zu den führenden Beratungsunternehmen für Veränderungsmanagement und Coaching zählt (www.inszena-group. com, www.michael-merks-coaching-group.de). Um sich als Coach weiterzuentwickeln, absolvierte Merks verschiedene Ausbildungen in Psychologie, Coaching und Life Management in Deutschland und den USA, unter anderem am Milton Erickson Institut. Merks ist zertifizierter Coach nach DBVC, seine Schwerpunktgebiete sind: Veränderungen erfolgreich gestalten, Lebenserfolg und Lebenserfüllung. Er ist Beirat und Dozent für International Consulting, Change Management und Coaching an der Fachhochschule Heidelberg und hält zahlreiche Vorträge und Seminare zu diesem Themenspektrum in Unternehmen und bei öffentlichen Veranstaltungen ab – unter anderem für »Emotion«.

Karin von Schumann

Veränderungen strategisch meistern

In der Berufswelt sind Veränderungen nichts Ungewöhnliches mehr: Die Firma, in der Sie arbeiten, wird verkauft. Oder Sie sind mit Ihrem Job nicht mehr zufrieden. Coach Dr. Karin von Schumann erklärt, wie Sie sich erfolgreich neu orientieren.

Unternehmen fusionieren, komplette Abteilungen werden ins Ausland verlegt oder nach einer Umstrukturierung aufgelöst. Ein anderes Schreckensszenario: Der Vorgesetzte und Förderer verlässt die Firma, der neue Vorstand setzt andere Prioritäten, und die Führungsposition, auf die man Jahre hingearbeitet hat, gibt es plötzlich nicht mehr. Im Berufsleben gilt: Nichts ist so konstant wie der Wandel! Wir müssen uns immer wieder auf veränderte Konstellationen einstellen. Und tun daher gut daran, uns in erster Linie auf uns selbst und unsere persönlichen Netzwerke zu verlassen. Anders gesagt: Es geht darum, unser Leben, unsere Karriere und unsere Fähigkeiten als Potenziale zu begreifen, für deren Weiterentwicklung wir selbst die Verantwortung tragen. Der Zukunftsforscher Christian Lutz hat dafür den Begriff des »Lebensunternehmers« geprägt: So nennt er Menschen, die ihr eigenes Leben in die Hand nehmen, als würden sie ein Unternehmen führen. Die ein Gespür dafür entwickeln, ihr Umfeld auch mitgestalten zu können, und sich nicht als

Opfer der Umstände sehen. Nur mit dieser Haltung sind wir in der Lage, Veränderungen als Chancen statt als Krisen zu begreifen. Für kein Szenario gibt es die eine richtige Lösung. Aber es gibt Leitfragen, sogenannte Self-Coaching-Tools (das Lebensrad und die Karriereanker, siehe Seite 210 und 212), und Denkanstöße, die helfen, sich seine Kompetenzen klarzumachen und eine persönliche Veränderungsstrategie zu entwickeln. Denn: Jeder von uns sollte sein eigener Lebensunternehmer werden! Hier fünf Beispiele und meine Empfehlung, um Ihnen zu zeigen, welche Szenarios es gibt, gefolgt von einer Mitmachaktion, die Sie einlädt, Ihre Karriereanker zu klären und Ihr Lebensrad zu füllen, wodurch Sie Veränderungen strategisch meistern.

Beispiel 1: Mit meiner Firma geht es bergab

Das Unternehmen, in dem ich arbeite, ist seit einiger Zeit wirtschaftlich nicht mehr wirklich erfolgreich. Die meisten Kollegen sehen das nicht so dramatisch, aber ich habe etwas mehr »Insiderwissen« als die anderen und glaube, dass zumindest Teilbereiche geschlossen oder verkauft werden. Ich mag meine Arbeit und mein Team, fühle mich der Firma verbunden und werde respektiert. Mein Chef hat einmal angedeutet, dass er mich auf jeden Fall »irgendwie halten« würde. Soll ich mich darauf verlassen? Was soll ich tun?

Meine ehrliche Meinung: Wer will schon »irgendwie« gehalten werden? Ganz offensichtlich machen Sie einen sehr guten Job. Aus dieser Position der Stärke heraus sollten Sie die Initiative ergreifen! Zum Szenario der Krise gehört, dass das Betriebsklima immer schlechter wird. Wenn es also mit der Firma bergab geht, wird die Gerüchteküche brodeln, Angst, Unsicherheit bis hin zu Mobbing werden sich breitmachen. Das verschlechtert bei vielen Menschen Stimmung und Selbstwertgefühl. Zunehmend wird man auch selbst pessimistisch. Betrachten Sie die Situation daher als Chance, wieder einmal Ihren Marktwert zu testen und Vorstellungsgespräche zu führen. Die Entscheidung, ob Sie bleiben oder gehen, steht erst dann zur Debatte, wenn Sie das Vertragsangebot eines neuen Arbeitgebers vorliegen haben. Keinesfalls müssen

Sie Ihrer Firma bis zur letzten Stunde treu bleiben. Im Gegenteil! Es ist wichtig, dass Sie selbst für Ihre berufliche Zukunft Sorge tragen.

Beispiel 2: Seit Jahren bin ich Stellvertreterin und warte auf die Teamleitung. Wie es scheint, völlig umsonst!

Mein Chef geht nächstes Jahr in Pension, ich habe fest damit gerechnet, seine Nachfolgerin zu werden. Jetzt erfahre ich, dass der Geschäftsführer eine neue Kollegin eingestellt hat, die die Teamleitung übernehmen soll. Ich kenne Sie, sie ist wesentlich jünger als ich, und ich hätte ein Problem, »unter ihr« zu arbeiten. Was jetzt?

Ihre Enttäuschung ist verständlich, und es klingt, als ob Sie in eine typisch weibliche Karrierefalle getappt seien, die da heißt: passives Warten auf das Entdecktwerden. Wenn ich nur fleißig und perfekt meine Aufgabe erfülle, wird man mich befördern. Um Karriere zu machen, muss man seine Leistungen und sein Können jedoch im Unternehmen »vermarkten«. Ich empfehle Ihnen, in zwei Schritten vorzugehen: Machen Sie sich Ihre Fähigkeiten bewusst und erstellen Sie eine Liste Ihrer Kompetenzen. Analysieren Sie mithilfe des Self-Coaching-Tools »Lebenslinie« (siehe Seite 213) Ihre berufliche Laufbahn, beschreiben Sie Ihre Erfolge und arbeiten Sie heraus, welche persönlichen Stärken Sie jeweils eingesetzt haben. So gewappnet, bitten Sie um ein Gespräch mit dem Geschäftsführer und informieren ihn – vielleicht zum ersten Mal? – über Ihre Entwicklungswünsche. Sie sollten möglichst sachlich fragen, warum man Ihnen die Teamleitung nicht angeboten hat. Verteidigen Sie sich nicht gleich: Das Gespräch könnte Ihnen wichtige Informationen liefern, woran Sie noch arbeiten müssen, um reif für eine Führungsaufgabe zu sein. Optimal wäre es, wenn Sie mit dem Geschäftsführer einen Entwicklungsplan aufstellen und konkrete Perspektiven herausarbeiten könnten.

Beispiel 3: Soll ich nach der Elternzeit wieder Vollzeit arbeiten?

Während der Elternzeit habe ich den Kontakt zur Firma nie abreißen lassen, stundenweise in Projekten mitgearbeitet und regelmäßig an Schulungen und Fortbildungen teilgenommen. Ich wollte nach der Familienpause ei-

gentlich halbtags in meinen alten Beruf zurückkehren. Jetzt bietet mir mein Chef zum Einstieg eine hochinteressante neue Aufgabe an. Ich würde die Herausforderung sehr gern annehmen. Das wäre dann allerdings nur in Vollzeit zu machen.

Während der Familienpause haben Sie den Wiedereinstieg optimal vorbereitet: Sie haben Kontakt gehalten, sich weitergebildet, sind »drangeblieben«. Dieses Engagement und Interesse für den Beruf zahlen sich nun aus, man bietet Ihnen zum Einstieg eine ausgesprochen reizvolle Position an. Gratulation! Der Gedanke an eine Vollzeitstelle scheint Ihnen ein schlechtes Gewissen zu bereiten. Versuchen Sie, die Vorteile zu sehen, denn Teilzeitjobs sind für Frauen nachweislich mit enormem Stress verbunden: Sie sind meist weniger anspruchsvoll und schlechter bezahlt, es bleibt kaum Zeit für Kommunikation und Netzwerken in eigener Sache. Und weil frau ja »nur« Teilzeit arbeitet, übernimmt sie ganz selbstverständlich weiterhin die gesamte Familienarbeit. Wenn Sie Vollzeit arbeiten, gilt es, Delegationspotenziale im Privatbereich auszuschöpfen. Planen Sie gemeinsam mit Ihrem Partner: Was mache ich, was übernimmst du, was können und wollen wir delegieren? Es lassen sich wirklich viele Aufgaben abgeben: Putzen, Waschen und Bügeln, ja sogar Einkaufen. Sie sind auch keine Rabenmutter, wenn Sie Ihr Kind nicht jeden Tag persönlich von der Tagesstätte abholen! Sicher kennen Sie in diesem Zusammenhang den Begriff »Quality Time«: Es geht nicht (ausschließlich) darum, wie viel Zeit die Familie zusammen verbringt, sondern ob die gemeinsame Zeit positiv und befriedigend für alle gestaltet wird.

Beispiel 4: Ich würde mich gern selbstständig machen

Mal etwas ganz Neues zu wagen, vor allem alle Fäden selbst in der Hand zu halten – der Gedanke reizt mich schon lange. Ich bin zwar jetzt offiziell Projektleiterin, tatsächlich habe ich aber kaum Gestaltungsfreiheit, auch keine echte Budgetverantwortung. Eine ehemalige Kollegin hat sich vor zwei Jahren selbstständig gemacht, sie arbeitet im Home-Office und macht einen sehr zufriedenen Eindruck. Was mir allerdings schwerfallen würde, wäre der Abschied von meinem Team, in dem ich mich sehr wohlfühle.

Sie möchten den Schritt in die Selbstständigkeit wagen, selbstbestimmter arbeiten und Verantwortung, auch über finanzielle Entscheidungen, übernehmen. All das spricht dafür, dass Sie eine unternehmerische Motivationsstruktur haben. Sie können Ihre grundlegende berufliche Orientierung zur Sicherheit nochmals mit dem Self-Coaching-Tool »Karriereanker« (siehe Seite 210) überprüfen. Neben der passenden Motivationsstruktur ist es entscheidend, dass Sie über einige zentrale Kompetenzen verfügen, die man als Selbstständiger braucht: Kontaktfreude gehört ebenso dazu wie die Fähigkeit, sich selbst zu vermarkten, Netzwerke zu knüpfen und gut zu pflegen. Weiterhin ist es wichtig, sich eigene Ziele zu setzen und diese selbstmotiviert zu verfolgen. Häufig braucht man als Selbstständiger auch gewisse Einzelkämpferqualitäten. Diesen Aspekt, scheint mir, sollten Sie bei sich ganz besonders sorgfältig prüfen: Warum fällt Ihnen der Abschied vom Team so schwer? Sind es diese – und nur diese! – sehr netten Kollegen, die Ihnen am Herzen liegen, oder brauchen Sie generell die Einbindung in ein Team, um sich im Job wohlzufühlen? Wenn Letzteres der Fall ist, wäre es eher ungünstig, im Home-Office allein vor sich hin zu arbeiten. Eine mögliche Lösung könnte in diesem Fall sein, dass Sie sich mit anderen zusammentun und ein Gemeinschaftsbüro anmieten.

Beispiel 5: Ich hatte im Job dank anderer immer viel Glück. Bis jetzt!

Es kam stets zur richtigen Zeit ein Jobangebot, ohne dass ich etwas dafür tun musste. Ich hatte auch viele Mentoren. Das fing schon beim ersten Praktikum an, das ich durch eine Freundin bekam, die es nicht antreten konnte. Seit einem Jahr ist meine Glückssträhne abgerissen: Mein Chef, der mich sehr gefördert hat, verließ die Firma, mit dem Nachfolger kam ich nicht klar, und das Projekt, zu dem mich ein Kollege holte, erwies sich als Riesenflop. Wie kann ich wieder Tritt fassen und an meine alten Erfolge anknüpfen?

Die große Chance, die in Ihrer jetzigen – sicherlich nicht angenehmen – Situation liegt, ist, herauszufinden, wie Ihre berufliche Wunschvorstellung überhaupt aussieht. Ihre »Glückssträhne« hatte nämlich auch einen Nachteil: Sie waren stark fremdbestimmt. Ich empfehle Ihnen zunächst einmal mithilfe der Qualitäten des Lebensrades (siehe Seite 212) eine persönliche Standortbestimmung: Was ist mir im Leben wirklich wichtig? Was macht mich glücklich? Was wünsche ich mir am meisten? Im nächsten Schritt finden Sie anhand der Karriereanker (siehe nachfolgend) heraus, welcher Berufstyp Sie sind: Sind Sie auf Sicherheit aus oder brauchen Sie Gestaltungsfreiheit? Arbeiten Sie gern fachbezogen oder eher generalistisch? Wenn Sie sich Klarheit verschafft haben (auch Gespräche mit Freunden sind hilfreich!), können Sie ableiten, welche Anforderungen Sie an einen Job stellen. Dann, wirklich erst dann, machen Sie sich auf die Suche. Dazu nutzen Sie, wie bisher auch schon, Ihr persönliches Netzwerk, hier haben Sie offenbar eine große Stärke. Aber jetzt sind Sie die Jägerin, nicht die Gejagte!

Und noch ein Tipp am Rande: Keine Veränderung geht ohne Reibungsverluste vonstatten. Erst einmal kann einiges schwieriger werden, ehe die gewünschte Verbesserung eintritt. Was hilft, ist eine attraktive Vision. Machen Sie sich ein möglichst lebendiges Bild von Ihrem gewünschten Zielszenario. Die positive Vorstellung wird Ihnen die Kraft und Motivation zum »Dranbleiben« geben.

Wählen Sie Ihre Karriereanker!

Sie wollen sich beruflich umorientieren? Mit den Karriereankern, entwickelt vom amerikanischen Psychologen Edgar H. Schein, können Sie prüfen, welcher Job zu Ihnen passt:

• *Fach- und Sachorientierung*

Sie möchten vor allem Ihre Talente und Fähigkeiten in Ihrem Fachgebiet weiterentwickeln. Sie lieben komplexe Sachprobleme und ziehen aus deren Lösung Ihre Selbstbestätigung. Eine Beförderung würden Sie ablehnen, wenn sie einen Wechsel in ein fachfremdes Gebiet bedeutet.

• *Autonomie/Unabhängigkeit*

Sie legen großen Wert auf Freiräume in der Gestaltung Ihrer Aufgaben. Prioritäten und Arbeitsmethoden wollen Sie selbst bestimmen, betriebliche Vorschriften finden Sie beengend. Eine Beförderung käme nicht infrage, wenn damit der Verlust der Unabhängigkeit verbunden wäre.

- *Managementorientierung*

Ihr Hauptanliegen besteht darin, die Arbeit anderer Menschen zu integrieren und koordinieren. Sie erleben Befriedigung, wenn Sie unterschiedliche Aufgabenfelder auf ein Ziel hin ausrichten können. Ihr Karriereziel ist erreicht, wenn Sie in einer Funktion stehen, die es Ihnen erlaubt, an den Strategien des Gesamtunternehmens mitzuwirken.

- *Sicherheit/Stabilität*

Sicherheit und Überschaubarkeit sind Ihnen in Ihrer beruflichen Situation äußerst wichtig. Damit ist sowohl die Arbeitsplatzsicherheit als auch eine geografische Stabilität gemeint. Die Zugehörigkeit zu Ihrer Firma spielt eine große Rolle für Sie, berufliche Entscheidungen, die mit einem Risiko verbunden sind, vermeiden Sie.

- *Sinn- und Werteorientierung*

Sie möchten in Ihrem Arbeitsumfeld bestimmte Wertvorstellungen verwirklichen und so sinnstiftend und kreativ wie möglich tätig sein. Sie nutzen jede Chance, in einem Bereich zu arbeiten, der diesen Werten entspricht. Einen Karriereschritt prüfen Sie immer auf Übereinstimmung mit Ihren persönlichen Prinzipien.

- *Herausforderung*

Der größte Anreiz liegt für Sie darin, scheinbar unlösbare Probleme in den Griff zu bekommen und schwierige Hindernisse zu überwinden. Sie ziehen Ihre Selbstbestätigung daraus, letztlich auf der »Gewinnerseite« zu stehen. Ein spezielles Arbeitsgebiet ist für Sie dabei zweitrangig.

- *Integration der Lebensweise*

Privatleben, Familie und Beruf sind Ihnen gleichermaßen wichtig. Dieses Gleichgewicht, das heißt die Integration der verschiedenen Bedürfnisse, würden Sie durch einen Karriereschritt eher nicht gefährden. Berufliche Veränderungen werden immer dahingehend geprüft.

- *Unternehmerische Orientierung*

Ein gewisser Geschäftssinn begleitet Sie bei Ihren beruflichen Entscheidungen: Ideen kreieren, Produkte verkaufen und dabei auch Risiken eingehen – das ist Ihre Welt. Sind Sie in einem Angestelltenverhältnis, wollen Sie Ihren Bereich unternehmerisch führen und Personal- und Budgetverantwortung übernehmen.

Aktion: Füllen Sie Ihr Lebensrad!

Das Lebensrad besteht aus vier Bereichen, die Sie am besten auf einem großen Blatt Papier aufmalen.

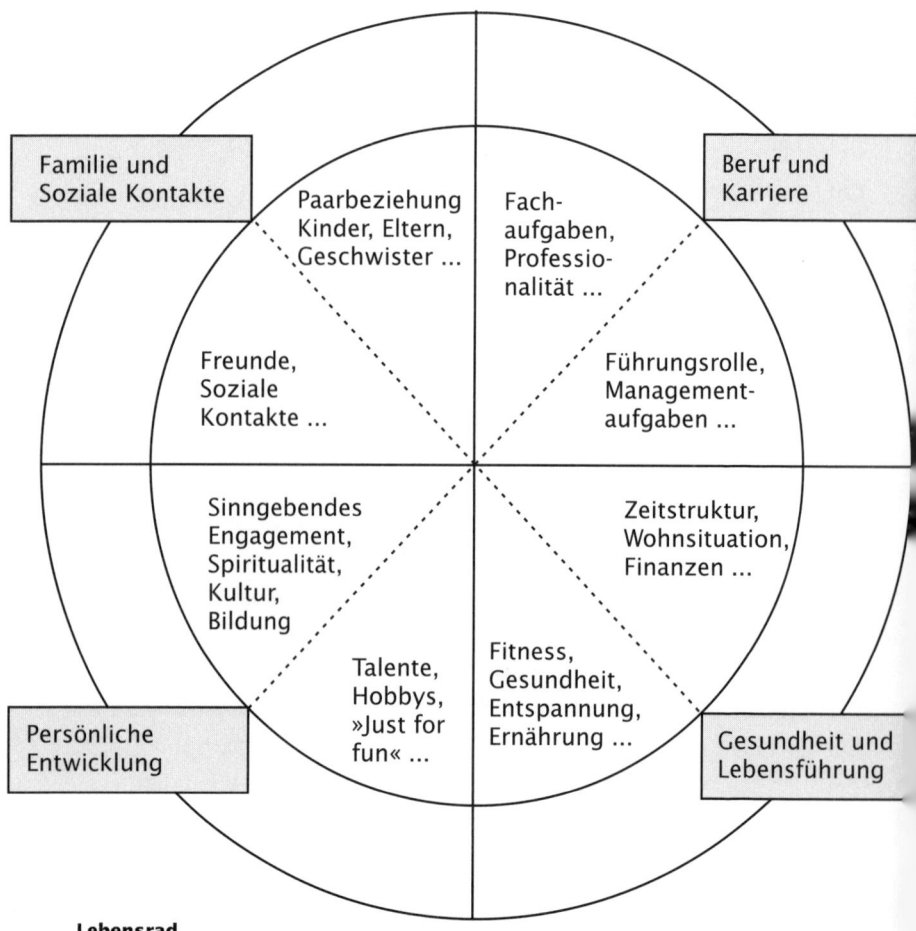

Lebensrad

1. *Fragen Sie sich zuerst:*

a. Was gibt mir Kraft, Zufriedenheit, Lebensfreude? Die Antworten tragen Sie mit Grün im Lebensrad ein.
b. Was kostet mich Kraft, Zufriedenheit, Lebensfreude? Diese Antworten halten Sie mit Rot fest.

2. *Betrachten Sie die Ergebnisse jetzt unter den Aspekten:*

c. Wo liegt mein größter Handlungsbedarf – langfristig?
d. Welche Probleme will ich sofort angehen?
e. Welchen Lebensbereich möchte ich, wie stärken?
f. Was möchte ich reduzieren, womit aufhören?
g. Fragen Sie sich zum Schluss: Wenn ich all das tue, was verspreche ich mir davon?

3. *Listen Sie nun unter jedem Lebensbereich zwei, höchstens vier Punkte auf, die Ihnen wirklich wichtig sind.* Bringen Sie dann die wichtigsten fünf in eine Rangordnung.

4. *Zeichnen Sie Ihre Lebenslinie!* Tragen Sie spontan subjektiv erlebte Höhen und Tiefen in Ihrer beruflichen wie privaten Entwicklung als Linie ein. Beginnen Sie mit einer Veränderung, die Sie selbst initiiert haben bzw. mit einer Weichenstellung, die von Bedeutung war (zum Beispiel die Entscheidung für eine bestimmte Ausbildung oder der Auszug aus dem Elternhaus). Benennen Sie zum Schluss Gipfel und Täler!

Dr. Karin von Schumann, geb. 1961, ist promovierte Psychologin mit Zusatzausbildungen in systemischer Beratung und tiefenpsychologisch fundierter Psychotherapie. Seit 1989 ist sie als Beraterin und Coach tätig, davon zehn Jahre lang als Geschäftsführerin eines international agierenden Beratungsunternehmens. Zu ihren Schwerpunkten zählen unter anderem Potenzialerkennung, Karriereplanung und Coaching bei Jobwechsel, aber auch die Themen Work-Life-Balance sowie Zeit- und Selbstmanagement (www.vonschumann-consulting.de). Dr. Karin von Schumann hat mehrere Bücher und eine Vielzahl von Studien und Fachartikel veröffentlicht. In einer aktuellen Studie hat sie ihre eigenen Coachings einer Qualitätskontrolle unterzogen und die Zufriedenheit und Zielerreichung ihrer Klienten dokumentiert (Einblicke in die Evaluation: »Qualitätsmanagement eines Coaches«, in der Zeitschrift »ManagerSeminare« mit einem Coaching-Special, Juli 2008).

Antje Schwidurski

Sabbatical: Mal raus aus dem Job!

Auch wenn man seinen Job mag: Manchmal wünscht man sich, etwas völlig anderes zu tun – und sei es nur für ein paar Monate. Coach und erprobte Aussteigerin Antje Schwidurski erklärt die wichtigsten Schritte für eine Pause auf Zeit.

Der Gedanke klingt für die meisten von uns verlockend: Was wäre, wenn wir uns eine Zeit lang aus dem Alltag, dem Job, der Routine ausklinken könnten, um uns Dingen zu widmen, zu denen wir sonst nicht kommen? Eine Reise machen zum Beispiel, statt in den Urlaub zu fahren. Drei Monate, sechs Monate, vielleicht sogar ein ganzes Jahr? Auch wenn man seine Arbeit mag, kommt man manchmal an einen Punkt, an dem man sich fragt: Es muss doch noch etwas anderes im Leben geben? *Das Meinungsforschungsinstitut Gewis fand heraus, dass 72 Prozent der Deutschen von einer »intensiven Auszeit« träumen, den meisten aber »fehle der Mut, ihren Traum Realität werden zu lassen«.* Was machen die wenigen, denen es gelingt, auszusteigen, anders als die anderen?

Barbara, 38, und Markus, 39, zum Beispiel. Die passionierten Bergsteiger und Mountainbiker träumten schon lange von einer Alpenüberquerung mit dem Fahrrad und kündigten dafür sogar ihren Job. Ihnen hat geholfen, dass sie es beide wollten, dass sie sicher waren, nach der Rückkehr wieder eine Stelle zu finden. Und: Sie wussten, dass sie von wenig Geld leben kön-

nen. Drei Monate waren sie unterwegs – von München über die Alpen durch die Schweiz, weiter über Frankreich nach Korsika. Zum Schluss setzten sie mit der Besteigung eines Fünftausenders in den Anden noch das i-Tüpfelchen auf ihre Unternehmung.

Nach ihrer Rückkehr fanden die Sozialpädagogin und der Betriebswirt schnell eine neue Stelle; sie bei der Caritas, er als Projektleiter bei einem Baukonzern. Bis heute profitieren sie von der Erfahrung, und beide würden sich wieder so entscheiden.

Wenn auch Sie sich diesen lang gehegten Wunsch eines sogenannten Sabbaticals erfüllen wollen, hier ein Sieben-Punkte-Plan, wie Sie Ihren Traum wahr machen:

1. Schritt: Nehmen Sie die eigenen Wünsche ernst

Wenn Sie Lust auf eine Auszeit verspüren, sollten Sie in Ruhe die einzelnen Schritte planen – bis zur tatsächlichen Umsetzung kann ein Jahr vergehen. Treten Sie innerlich etwas zurück und heißen Sie die Idee willkommen. Es ist noch nicht der Zeitpunkt, sie zu bewerten, schließlich haben Sie noch zu wenig Informationen. Wer jetzt daran denkt, dass er seinen Chef nie überzeugen wird, oder fürchtet, dass eine Auszeit nicht zu finanzieren ist, kann es gleich bleiben lassen.

2. Schritt: Prüfen Sie Ihre Motivation

Machen Sie sich ein genaues Bild – im eigentlichen Sinne des Wortes. Egal, ob Sie reisen wollen, sich sozial engagieren, ein Buch schreiben oder die Promotion nachholen möchten: Stellen Sie sich Ihr Ziel intensiv vor, durchleben Sie die Freude, aber auch die Ängste, und bringen Sie Ihre Gefühle zu Papier. Denn: Je klarer die Vorstellung ist, die Sie von Ihrem Projekt haben, desto leichter können Sie sich entscheiden.

Ein starker, zuverlässiger Motivator dabei ist der Gedanke des »Hin zu«, also die Vorstellung eines erfreulichen Ziels, das Sie mit der Auszeit erreichen. Dies hilft, das Vertraute loszulassen und das Vorhaben der Familie und dem Arbeitgeber gegenüber zu vertreten.

Schwieriger wird es, wenn keine positiv besetzten Ziele vorhanden sind, wenn das »Weg von ...« das »Endlich muss ich nicht mehr ...« überwiegt.

Wer mit dem Gedanken an eine Auszeit spielt, befindet sich häufig in einer Umbruchs- oder Orientierungsphase, etwa, weil die Karriere stagniert oder er sich ausgepowert fühlt. Für Letzteres gibt es prominente Beispiele: Harald Schmidt etwa legte nach acht Jahren Late-Night-Show beim TV-Sender Sat1 Ende 2003 eine Kreativpause ein, um mit seiner Frau und seinen Kindern um die Welt zu reisen. Hape Kerkeling wiederum nahm nach einem Hörsturz 2001 eine Auszeit und pilgerte auf dem spanischen Jakobsweg.

Auch Thorsten, 40, ein erfolgreicher Grafikdesigner, war sich eines Tages sicher, so nicht weitermachen zu wollen: Er schlief schlecht, war generell lustlos und fand die Vorstellung erschreckend, Produkte zu bewerben, die eigentlich niemand braucht. Die Arbeit hatte für ihn ihren Sinn verloren. Er wusste: »Ich muss mich neu orientieren, den Kopf freibekommen.« Der Entscheidungsprozess dauerte Monate. Ist es nicht verrückt, eine sichere Anstellung mit gutem Gehalt aufzugeben, nur um etwas Neues auszuprobieren? Irgendwann war ihm klar: »Ich möchte weniger reden und mehr mit den Händen arbeiten. Ich bin gerne draußen. Kunst, Natur und Tiere sind für mich die idealen Kraftquellen.« Thorsten machte eine Lehre zum Landwirt. Seine Arbeitstage begannen um sechs Uhr früh mit Melken und Misten. Beim gemeinsamen Kaffee um acht besprachen die Männer, wer welche Arbeiten übernehmen sollte. Eine halbe Stunde, dann wusste jeder, was er zu tun hatte. Früher saß der 40-Jährige vier bis sechs Stunden täglich in Besprechungen. Termindruck und eine Flut von E-Mails bestimmten seine Zehn-Stunden-Arbeitstage. Jetzt waren es das Wetter, die Gesundheit der Tiere, das Gedeihen von Weizen, Roggen und Mais. Sein Arbeitstag endete um 17 Uhr. Es blieb Zeit zum Lesen, zum Malen, zum Nachdenken. Das ständige Grübeln war verschwunden, die Schlaflosigkeit auch.

3. Schritt: Binden Sie Ihren Partner in die Planung mit ein

Barbara und Markus haben den Wunsch nach einer Auszeit gemeinsam entwickelt. Thorsten hingegen musste seine Frau von seinem Plan überzeugen. Dass er klare Vorstellungen hatte, half ihm, seinen Wunsch zu begründen. So können auch Sie Ihren Partner überzeugen:

- Sprechen Sie mit ihm darüber, was Ihnen eine Auszeit bringen soll.
- Wenn es auch darum geht, die Beziehung zu klären, dann sagen Sie es!
- Nehmen Sie die Befürchtungen des anderen ernst. Auszeiten bedeuten Veränderungen im Alltag, und Veränderungen lösen oft Angst aus.
- Erwarten Sie kein »Hurra!«, wenn Sie allein reisen wollen.
- Geben Sie dem anderen Zeit, mit der Idee vertraut zu werden.
- Bitten Sie um Unterstützung, weil es Ihnen wichtig ist, sich diesen Wunsch zu erfüllen, und Sie das nicht gegen die Interessen Ihres Partners tun wollen.
- Erwarten Sie nicht, dass Ihr Partner Ihnen die Entscheidung abnimmt.

Diese Gespräche sind ein erster Prüfstein. Je mehr Sie von Ihrer Idee überzeugt sind, desto besser können Sie auf Bedenken des Partners eingehen. Klären Sie gemeinsam, was die Auszeit emotional und finanziell für die Partnerschaft beziehungsweise für die Familie bedeutet. Hilfreich ist es, wenn Sie alle Gedanken und Informationen zum Thema in einem Tagebuch festhalten.

4. Schritt: Denken sie über die Finanzierung nach

Die Frage der Finanzierung ist für potenzielle Aussteiger meist das größte Hindernis. Schreiben Sie Ihre Ausgaben auf, prüfen Sie Rücklagen, denken Sie über Einsparmöglichkeiten nach (Abos, Fahrtkosten, Senkung der Mietkosten durch Untervermietung). Erkundigen Sie sich genau nach dem Krankenversicherungsschutz. Ebenso wichtig ist ein Anruf beim Rentenversicherungsträger.

Die Länge der Auszeit hängt natürlich vom Vorhaben ab. Optimal ist eine Auszeit von fünf bis zehn Monaten. Wer deutlich länger als ein Jahr ausschert, könnte Probleme damit haben, sich wieder im alten Leben zurechtzufinden. Die Distanz und die innere Veränderung werden irgendwann zu groß.

Und auch wenn eine Umfrage des Recruiting-Dienstleisters Career Company herausfand, dass nur jeder fünfte Personalchef findet, ein Sabbat-Jahr sei gut für die Motivation, nimmt die Zahl der Unternehmen, die ein Sabbatical anbieten, stetig zu. Meist sind es Global Player wie Siemens, die Telekom, BMW oder Roland Berger. Deren Geschäftsführer schätzen den Mut, den man braucht, um die Sicherheit des Alltags und einer Festanstellung zu verlassen. Damit zeigt man Selbstvertrauen. Oft nützt die Auszeit beruflich sogar, denn nach einem längeren Aufenthalt in Neuseeland spricht man einfach sehr gut Englisch. Soziales Engagement, für das man persönliche Vorteile aufgibt, kommt ebenfalls sehr gut an.

5. Schritt: Treffen Sie jetzt die Entscheidung

Sind alle Informationen zusammengetragen, ist es Zeit, die Entscheidung zu treffen. Wägen Sie gern gründlich ab, um sich sicher zu fühlen? Dann bewährt sich die gute alte Liste, die Vor- und Nachteile aufführt. Sammeln Sie in den Spalten »Wenn ich gehe« und »Wenn ich nicht gehe« alle Pros und Contras. Diese »Entscheidungsmatrix«, wie sie Matthias Nöllke in seinem Buch »Entscheidungen treffen« (Haufe Verlag) vorstellt, hilft, die Argumente für und gegen einen Entschluss zu gewichten. Mein persönlicher Tipp: Wenn Sie an diesem Punkt immer noch Schwierigkeiten haben, sich für oder gegen Ihr Vorhaben zu entscheiden, sollten Sie Ihrem Gefühl vertrauen. Denn es gibt keinen Grund, noch länger zu warten. Wer jetzt noch zögert, blockiert sich selbst und wird unzufrieden. Vielleicht hilft Ihnen dabei auch mein Leitsatz, ein Gedicht von Rainer Maria Rilke (1875–1926):

Ich lebe mein Leben in wachsenden Ringen,
die sich über die Dinge ziehn.
Ich werde den letzten vielleicht nicht vollbringen,
doch versuchen will ich ihn.

6. Schritt: Bereiten Sie das Gespräch mit Ihrem Chef vor

Generell ist eine Auszeit in Berufen, in denen projektbezogen gearbeitet wird, natürlich leichter zu bewerkstelligen. Ein geeigneter Zeitpunkt ist sonst auch die Phase zwischen einer alten und einer neuen Anstellung. Ebenso gut: wenn Sie innerhalb Ihrer Firma auf einen anderen Posten wechseln.

Wenn Sie nun mit Ihrem Chef reden, dann sollte Ihre Haltung vor diesem Gespräch folgende sein: Ich gehe davon aus, dass ich erreichen werde, was ich erreichen möchte. Aber Achtung: Ihre Wünsche könnten anders wahrgenommen werden.

Die 40-jährige Informatikerin Anne beispielsweise hatte Rücklagen für drei Monate angespart und träumte von einem unbezahlten Urlaub. Ihr Chef kam ihr jedoch zuvor. Dem Unternehmen gehe es schlecht, es werde an eine Umstrukturierung gedacht. Daher bat er seine Mitarbeiterin, zu kündigen. Aus einer kurzen Auszeit wurde so ein ungeplanter Abschied, der Anne sehr zu schaffen machte, aber auch positive Aspekte beinhaltete. Sie verhandelte so hart, dass die Abfindung ihr ein ganzes Jahr Auszeit ermöglichte.

Gibt es in Ihrem Unternehmen keine Betriebsvereinbarung oder keine individuelle Vereinbarung in Ihrem Vertrag, haben Sie auch keinen Anspruch auf eine Auszeit. Sie sollten es realistisch sehen: Ihr Anliegen macht Arbeit. Sie sind eine Fachkraft, die man halten will. Befürchtet Ihr Chef darüber hinaus, Sie zu verlieren, wenn er Ihrem Wunsch nicht stattgibt, kann er sich in die Enge getrieben fühlen. Er sieht die Gefahr, dass weitere Mitarbeiter eine Auszeit wollen. Hat er ein paar Mal zugestimmt, könnten andere Mitarbeiter daraus ein generelles Anrecht ableiten.

Ideal ist es, wenn Sie die Vorteile für das Unternehmen heraus-streichen, wie die Verbesserung der Sprachkenntnisse oder die Ein-sparung Ihres Gehalts in einer wirtschaftlich angespannten Zeit. Ar-beiten Sie nicht mit Druck, Erpressung oder dem Eingestehen der eigenen Erschöpfung. Bieten Sie Lösungen für Ihre Vertretung an, besprechen Sie sich aber vor dem Termin mit Ihrem Chef nicht mit Kollegen. Das könnte Ihr Vorgesetzter als abgekartetes Spiel interpre-tieren.

7. Schritt: Setzen Sie Ihr Vorhaben konkret um

Es ist nun klar, dass Sie eine Auszeit nehmen, ob Sie ins Unterneh-men zurückkommen oder kündigen. Informieren Sie Freunde und Kollegen. Sie werden erstaunt sein, was Ihr Vorhaben auslöst. Men-schen reagieren stark auf Personen, die sich etwas trauen – und das tun Sie! Sie setzen einen Traum um, den viele nicht mal zu träumen wagen. Damit besetzen Sie das archetypische Muster des Entdeckers, vor allem, wenn Sie ins Ausland gehen oder an einem Entwicklungs-hilfeprojekt teilnehmen. Bei Thorsten, der sich für die Landwirtschaft entschieden hatte, schaute eines Tages sogar der Vorstand vorbei und beglückwünschte ihn zu seiner Idee. Mehr noch: Er überraschte ihn mit dem Satz »Ich habe auch oft darüber nachgedacht ...«. Und be-tonte: »Wenn Sie nach Ihrer Lehre wieder bei uns arbeiten wollen, sagen Sie mir Bescheid.«

Das »Auf zu neuen Ufern« wird jetzt deutlicher spürbar. Aller-dings hat Neues im Leben nur dann wirklich Platz, wenn das Alte auch tatsächlich beendet ist. Verabschieden Sie sich also von den Kollegen, von Ihrem Büro, von Ihrer Aufgabe. Gehen Sie am letzten Arbeitstag bewusst durch alle Zimmer – auch durch die Kantine und die Kaffeeküche. Finden Sie geeignete Abschiedsrituale und feiern Sie mit Freunden eine »Auszeit-Party«. Die Energie, die Ihnen dadurch zuteil wird, werden Sie in Ihre neue Zeit mitnehmen.

Verläuft die Auszeit nicht wie geplant, können die Betroffenen meist sehr gut damit umgehen.

Anne trat ihre Reise nicht an, weil ihre Mutter krank wurde. Im Nachhinein war sie trotzdem froh, sich so entschieden zu haben: Sie brauchte die Zeit für sich selbst. Ihre neue Stelle fand die Informatikerin übrigens in dem gleichen Krankenhaus, in dem ihre Mutter lange Patientin war. Oder Stefan: Der 38-jährige Vertriebsleiter wollte in einer Auszeit seinen Jugendtraum verwirklichen und Lehrer werden. »Ich merkte jedoch schnell, dass ich mir den Beruf zwar schön vorgestellt hatte, er mich in der Realität aber nicht wirklich begeisterte«, sagt er. Er brach das Studium ab, genoss die Zeit zu Hause mit seiner Familie und fand mit den neu gesammelten Kräften eine Stelle als Geschäftsführer. Seinen Träumen zu folgen, sich auf das Wesentliche zu besinnen, zu spüren, ob es sich »richtig« anfühlt, bringt Sie näher zu sich selbst. Und Sie schaffen Platz für Neues. Thorsten gelang sogar die Kombination von Altem und Neuem: Er arbeitet selbstständig als Grafikdesigner, und der eigene Bauernhof ist in Sicht. Natürlich mit Büro und Werkstatt zum Malen!

Und ein letzter Tipp: Machen Sie sich klar, was jetzt – in dieser Lebensphase – wichtig für Sie ist. Je deutlicher Sie das »Hin zu ...« bei der Entscheidung vor Augen haben, desto leichter wird Ihnen die Umsetzung fallen. Vermeiden Sie es, mit einer Auszeit vor etwas zu flüchten. Sprechen Sie mit Menschen, die Ihnen ein Vorbild sind. Menschen, die von Ihrer Entscheidung unmittelbar betroffen sind oder die sich selbst nicht trauen, ihren Weg zu gehen, sind meistens keine geeigneten Ratgeber. Lassen Sie sich Zeit, in Ruhe die einzelnen Schritte zu planen. Von der ersten Idee bis zur geplanten Auszeit können gut neun Monate vergehen.

Hier noch zwei organisatorische Hinweise:

• *Arbeitsrecht:* Im Gegensatz zu Ländern wie Dänemark und Finnland, in denen der Staat Sabbatical-Zeiten finanziell unterstützt, gibt es dafür in Deutschland keine gesetzliche Regelung. Allerdings kann das Recht auf ein Sabbatical im individuellen Arbeitsvertrag oder in einer Betriebsvereinbarung festgelegt sein. Lehrer etwa haben die Möglichkeit, zwei bis sechs Jahre für zwei

Drittel oder sechs Siebtel ihres Gehalts zu unterrichten und sich anschließend ein Jahr freistellen zu lassen, in dem sie weiterbezahlt werden. In der Regel ruht aber das Arbeitsverhältnis während des Sabbaticals, das monatliche Einkommen wird ausgesetzt. Anteilige Kürzungen von Weihnachtsgeld, Urlaubsgeld oder der betrieblichen Altersversorgung sind zulässig, der Kündigungsschutz bleibt erhalten.

- *Sozialversicherung:* Der Versicherungsschutz in der Sozialversicherung, also auch in der gesetzlichen Krankenversicherung, bleibt bei unbezahltem Urlaub bis zu vier Wochen nach Antritt bestehen. Bei einem echten Sabbatical (Sie kehren zu Ihrem Arbeitgeber zurück) bleiben Sie weiter sozialversichert. Sind Sie gesetzlich krankenversichert, können Sie sich innerhalb von vier Wochen nach Beginn der Auszeit als freiwilliges Mitglied weiterversichern. Der Mitgliedsbeitrag errechnet sich nach Ihren Einkünften. Der Mindestbeitrag liegt derzeit bei knapp 130 Euro. Gehen Sie ins Ausland, müssen Sie sich privat versichern. Mitunter lohnt es, bei seiner Krankenkasse einen Antrag auf eine Anwartschaftsversicherung (ohne Ansprüche auf Leistungen, die Versicherung »ruht«) zu stellen, vor allem für Selbstständige. Der Einheitsbetrag liegt derzeit bei durchschnittlich 40 Euro monatlich. Auf Antrag ist die Zahlung von freiwilligen Beiträgen in die Rentenversicherung möglich. Unter www.bfa.de finden Sie eine Beratungsstelle des Rentenversicherers in Ihrer Nähe. Lassen Sie sich unbedingt beraten, welche Lösung für Sie sinnvoll ist. Weitere Infos: www.aus-innovativ.de/themen/sabbatical.htm

©Julian Bauman

Antje Schwidurski (verh. Jones)
ist Diplom-Sozialpädagogin und
systemische Familientherapeutin,
sie coacht Privatpersonen und
Führungskräfte, berät Unternehmen im Bereich Personal- und
Organisationsentwicklung und
gibt Seminare zum Thema
»Veränderungsprozesse gestalten«.
Zusätzlich zu ihrer Beratungserfah-
rung hat sie eigene Erfahrungen mit
dem Thema Sabbatical. In einer
ersten Auszeit holte sie das Abitur
nach. Nach dem Studium arbeitete
sie im Bereich Führungskräfteentwicklung bei einem Lebens-
versicherer und acht Jahre als
Personalleiterin in einem großen
Münchner Verlagshaus. Sie unter-
stützte außerdem ehemals Drogen-
kranke dabei, sich beruflich neu zu
orientieren und Arbeit zu finden.
Seit Januar 2008 lebt sie in Südafrika
und arbeitet für ein Entwicklungshil-
feprojekt in Lesotho. Sie schreibt
über ihre Erfahrungen mit Land und
Leuten in einer völlig fremden Kultur
und reist zu Seminaren und
Beratungen (unter anderem für
»Emotion«) regelmäßig nach
München.

Herausforderung Führungsposition

Sabine Asgodom

Der Manager als Coach: Die neue Menschlichkeit

> Mit menschenorientiertem Coaching machen Sie Mitarbeitern Mut zu guten Leistungen, geben Sicherheit für Ihre Selbstverantwortung und Klarheit für persönliche und unternehmerische Ziele, sagt einer der bekanntesten Coaches, Sabine Asgodom, und erklärt die Grundlagen.

Wenn ich Manager coache, denke ich öfter an einen Satz aus der Zeit, als die ersten Gastarbeiter für Deutschland angeworben wurden. »Sie haben Arbeiter geholt, aber es sind Menschen gekommen.« Dieser Satz fasst auch heute noch das Dilemma der Führungskräfte plastisch zusammen. Manager haben die Aufgabe, Menschen zu Leistung zu führen. Menschen – also nicht Planstelleninhaber, Kostenstellenbesetzer, Arbeitsplatzverweser, Personalkosten-in-die-Höhe-Schrauber. Sondern Menschen aus Fleisch und Blut – und keine statistisch-buchhalterischen oder bilanztechnisch-bottomlinemäßig relevanten Größen. Wir haben es mit Menschen zu tun – jener ganz speziellen Spielart von Gottes Schöpfung, die zwischen

225

Leistungs-Flow und Leistungs-Flucht hin- und herpendeln kann, zwischen Rekordeinsatz und innerer Kündigung.

»Heutzutage muss man Mitarbeiter motivieren.
Anbrüllen allein hilft nicht mehr.«

Spruch auf einer Postkarte

Wie mit Menschen umzugehen ist, versuchen Managementtrainer und andere Experten seit Jahrhunderten zu ergründen. Spätestens seit Machiavelli, der beim Bäumchen-wechsle-dich-Spiel der Management-Moden alle zehn Jahre herausgekramt wird – ähnlich wie das Ungeheuer von Loch Ness für das »Sommerloch« einiger Zeitungen.

Bis in die 90er-Jahre des letzten Jahrhunderts hinein stand eine psychologische Couch-und-Kuschel-Pädagogik bei der Menschenführung hoch im Kurs. Das ist heute anders: An vielen Arbeitsplätzen geht es eher nach dem alten Motto der preußischen Junker zu: »Geld regiert die Welt – und der Knüppel die Menschen.« Der Knüppel, der Angstmacher par excellence, ist heute der »Arbeitsplatzabbau«. Einige Zehntausend haben ihn gespürt und Millionen die Wirkung mitverfolgen können. Die Menschen haben Angst um ihre Arbeitsplätze. Sie geben sich fügsam. Biegsam wie die Bäume in Hurrikan-Gebieten, die sich nicht aufrichten, solange es stürmt. Aber Angst ist ein schlechter Motivator.

Außerdem schüren Arbeitsplatzabbau einerseits und Top-Einkünfte und Rekord-Gewinne für die Arbeitsplatzabbauer andererseits soziale Spannungen. Und zwischen den Fronten stehen die Führungskräfte unterhalb der Vorstandsebene; sie stehen von beiden Seiten unter Beschuss.

Das Gebot der Stunde heißt: Coaching. Denn aus dieser Ecke kommen die Tools zur Menschenführung, die endlich greifen! Weil:

• Coaching heißt, für sich selbst Klarheit zu schaffen, die Ziele zu klären und einen Businessplan für das Erreichen der Ziele aufzustellen. Mit einem dieserart durch ein Coaching geklärten Blick erreichen Manager Selbstsicherheit, strahlen sie damit aus und gewinnen Autorität.

- mithilfe menschenorientierten Coachings Mitarbeitern Raum geschaffen wird für gute Leistungen, Sicherheit gegeben wird für Selbstverantwortung und Klarheit für persönliche und unternehmerische Ziele. Sehr prononciert hat es Dr. Richard Farson, Amerikaner, studierter Psychologe und 30 Jahre CEO von Unternehmen und Organisationen, ausgedrückt: »Die Mitarbeiter sind klug. Sie durchschauen alle deine Managementmethoden. Deshalb zählst du und wirkst du nicht durch Techniken, Tricks oder Methoden, sondern letztlich als Mensch.«

Ich glaube in der Tat daran, dass wir alle, Sie und ich und Ihre und meine Mitarbeiter, alles wissen, was für Leistung und Erfolg notwendig ist. Das hat mir ein Manager nach meinem Vortrag in der Filiale eines Nobelautomobilkonzerns vor einigen Wochen auf schöne Weise bestätigt. Er kam zu mir und sagte mit ernster Miene: »Dies war der letzte von zehn Vorträgen, die ich mir angehört habe, und der erste in dieser Vortragsreihe, in dem ich nichts Neues gelernt habe ...« – (»Au Backe«, dachte ich, aber dann lächelte er) »... es war auch der erste Vortrag, bei dem ich mich keine Sekunde gelangweilt habe. Der erste, bei dem ich nicht nach einer halben Stunde auf die Uhr geschaut habe: Wie lange muss ich noch? Ich danke Ihnen dafür.« Das wirklich erlösende Wort allerdings kam von seiner Frau, die neben ihm stand: »Und noch nie hast du so viel mitgeschrieben.«

Was für ein wunderbares Kompliment! Ich halte nämlich, ganz grundsätzlich und lang überlegt, überhaupt nichts davon, Menschen zu belehren, zu bekehren, ihnen etwas beizubringen, Rezepte zu verteilen, sie anzuleiten. Von mir gibt es kein »Tu dies, tu das, und dieses lass ...«. Ich möchte, dass meine Zuhörer etwas erkennen oder – und so ist es meist – wiedererkennen. Denn die meisten Menschen wissen alles Erforderliche für ein glückliches Leben – sie haben es bei ihrer Geburt mitbekommen.

Manchmal hat Erziehung uns etwas »ausgetrieben«, etwas »abgewöhnt« oder »verboten«. Aber wissen tun wir fast alle, was wir brauchen, um ein zufriedenes und geglücktes Leben zu führen.

Warum schreibt also ein kluger, erfahrener Manager auf, was er sowieso schon weiß? Weil er sehr viel weiß. Und weil sich für ihn in der Reflexion die Spreu vom Weizen trennt. Und genau das bekommen Menschen mit, wenn sie zu mir ins Coaching kommen. Keine allerneuesten Menschenführungs- oder Selbstmanagement-Techniken, nicht die neuesten Psycho-Methoden – sondern es geht um das Herausarbeiten dessen, was an ihrem wunderbaren Wissen im Moment – und auch auf Dauer – wertvoll ist. Das ist menschenorientiertes Coaching. Und dafür möchte ich Sie als Manager/Managerin, der/die zugleich Coach ist, begeistern. Damit sind wir mitten im Thema. Die meisten Menschen, die ins Coaching kommen, »wissen irgendwie«, was sie bräuchten, um etwas zu verändern, anzupacken oder zu lassen. Aber sie tun es trotzdem nicht. Was fehlt? Was erhoffen sie sich, und was bekommen sie im Coaching? Sie bekommen den »missing link«: die ihnen noch fehlende Verbindung zwischen Wünschen und Handeln. Und das ist nicht einfach nur Know-how, es sind keine Ratschläge, es ist – Mut. Der fehlende Mut ist es, der Menschen davon abhält, die Dinge anzupacken, die sie »eigentlich« immer schon gewusst haben. Und der fehlende Mut ist es, der ihnen Erfolgsfantasien und Tatkraft raubt.

Das müssen Führungskräfte wissen, die ihre Mitarbeiter coachen wollen. Konkret: Die meisten Ihrer Mitarbeiter »wissen irgendwie«, was sie bräuchten, um etwas zu verändern, anzupacken oder zu lassen. Selten müssen Sie als Führungskraft einer Mitarbeiterin oder einem Mitarbeiter die Notwendigkeit von Dingen erklären, auch nicht die einzelnen Handlungsabläufe, aber Sie können hilfreich diesen »Missing Link« verstärken. »Was fehlt, damit Sie die Sache anpacken?«, »Lassen Sie uns besprechen, in welchen Schritten Sie das Projekt angehen.«

Vom Kritiker zum Coach

An einer Stelle erkennt man besonders gut, welche Punkte sich in Zukunft verbessern und entwickeln lassen: im Kritik- und Konfliktgespräch mit Mitarbeitern. Von der althergebrachten Formulierung: »Warum ist das so passiert?« geht es längst zur Coachingfrage: »Wie ist es dazu gekommen?«

Ein Beispiel: Elisabeth M., Gruppenleiterin, muss mit einem Mitarbeiter über seine gesunkenen Leistungen sprechen. Sie nimmt sich Zeit, ist bereit zum Zuhören und Lernen, verkneift sich erst einmal jede Bewertung. Statt »Warum ist das Ergebnis im letzten Quartal so schlecht?« nutzt sie die Frage, um wirklich wichtige Informationen zu erhalten: »Wie kommt es, dass Sie im vorletzten Quartal so hervorragende Zahlen erreicht haben und im letzten Quartal das Ergebnis so eingebrochen ist? Was meinen Sie selbst, woran das lag?«

Das heißt: Kein Vorwurf, keine Vorverurteilung, keine Bestrafung. Sondern: suchen nach Gründen, suchen nach Verbesserungen, suchen nach Konzepten.

Dem Mitarbeiter, Herbert F., ist das Gespräch trotzdem sichtlich unangenehm. Er rutscht auf seinem Stuhl hin und her. »Äh, Sie wissen doch, wie es in den letzten Monaten bei uns zugegangen ist. Wann hätte ich denn da die Kunden besuchen sollen?« Wie fast alle Menschen nimmt er Kritik als Angriff, das ist normal. Und reagiert mit einem Gegenangriff nach dem Motto »Ich bin nicht schuld!«. Elisabeth M. nimmt den Ball klugerweise nicht auf, sonst verlieren sich beide in Rechtfertigungen. Es geht nicht um die Schuldfrage, sondern um Lösungen. Sie lächelt ihn an: »Erzählen Sie doch erstmal, wie Sie es in dieser schwierigen Zeit überhaupt geschafft haben, sich Freiraum für Kundenbesuche zu verschaffen.«
Herr F. kommt ins Reden. Und indem er erzählt, was funktioniert, zeigt er auf, was sich in Zukunft ändern muss, um die gesteckten Ziele wieder zu erreichen. Indem er redet, wird ihm klar, was er (wieder) verstärkt tun muss. Aus dem Rechtfertigen kommt er ins Reden über das kluge Handeln.
Elisabeth M. macht sich, während er spricht, Notizen. Und fasst dann am Schluss die Ergebnisse zusammen:»Ich werde Sie in den nächsten Wochen entlasten, indem ich die beiden Sitzungen zusammenlege. Sie machen sich einen Wochenplan, in den Sie als erstes die Besuchstermine eintragen und dann alles andere darum gruppieren. Sie werden mit dem Kollegen X reden, der eine gute Methode entwickelt hat, Kundenbesuche zusammenzulegen.«
Sie sammeln noch ein paar Ideen. Dann fasst Elisabeth M. zusammen: »Glauben Sie, dass wir damit die größten Hindernisse aus dem Weg geräumt haben?« Herbert F. nickt: »Ja, so könnte es gehen.« Elisabeth M.:

»Dann setzen wir uns in vier Wochen noch einmal zusammen und schauen uns an, was funktioniert hat und wo wir noch etwas verbessern können. Viel Erfolg!« Statt zusammengefaltet und klein gemacht, geht Herbert F. mit Hoffnung und Zuversicht aus dem Gespräch. Er hat nicht nur Verständnis für seine Situation bekommen – das allein wäre zu wenig –, sondern ganz klare Ansagen, was er ändern muss. Statt diffusem »Das geht so aber nicht weiter!« hat er ein hilfreiches »Versuchen Sie es so!«.

Coaching zum gelungenen Fehlermanagement bedeutet:

1. Statt der »Warum-Frage« die »Wie-Frage« stellen
2. Keine Vorwürfe, sondern Konzepte
3. Von positiven Erfahrungen lernen
4. Konkrete Maßnahmen beschließen
5. Nach einiger Zeit kontrollieren, was funktioniert

Das gewisse Etwas: Mut

In den 15 Jahren, in denen ich jetzt als Coach arbeite, habe ich mich bei manchen Klienten gefragt: »Was will dieser Mensch im Coaching? Er lebt prima, ist erfolgreich, tut die richtigen Dinge.« Und die Antwort wurde mir nach und nach klar. Auch kluge, erfolgreiche, gut motivierte Menschen brauchen manchmal jemanden, der ihnen Mut macht: »Ja, das ist eine gute Idee!«, »Ja, Sie sind auf dem richtigen Weg!«, »Ja, ich glaube an Sie und Ihr Vorhaben!« Manche wollen, so nenne ich es – und Führungskräfte wissen, was ich meine –, die »Absolution« von mir, den Stempel »Genehmigt!« auf das Projekt, mit dem sie schon so lange schwanger gehen.

Und auch die, denen ich bei der Umsetzung ihrer Wünsche in konkrete Handlungsschritte noch aktiv helfen musste, brauchten nicht nur – und schon gar nicht in erster Linie – das Know-how, sondern das viel wichtigere »Du darfst«:

- »Du darfst entscheiden, was du möchtest.«
- »Du darfst lassen, was du nicht mehr willst.«
- »Du darfst beginnen, was du dir wünschst.«
- »Du darfst dein Leben nach deiner Vorstellung gestalten.«

Und dann geht es darum, gemeinsam Lösungen zu entwickeln.

Coaching ist nicht Ratgeben

Rat ist billig. Rat bekommen Sie für ein Bier in jeder Kneipe oder für drei Caipirinhas an der Bar. Warum hat Coaching nichts mit Ratgeben zu tun? In der Bibel steht bereits die Auflösung, im Buch Sirach, 37. Kapitel – es beginnt mit einer Warnung vor schlechten Rat-Gebern an naive Rat-Nehmer: »Jeder Ratgeber will raten, aber einige raten zu ihrem eigenen Nutzen. Darum hüte dich vor dem Ratgeber: Überlege zuvor, was ihm nützlich sein kann, denn er denkt vielleicht daran, zu seinem Vorteil zu raten; lass ihn nicht über dich bestimmen, damit er nicht sagt: Du bist auf dem rechten Weg – selbst aber beiseite steht und achtgibt, wie es dir ergehen wird ... Man fragt ja auch nicht eine Frau um Rat, wie man ihre Nebenbuhlerin freundlich behandeln soll, oder einen Ängstlichen, wie man Krieg führen soll, oder einen Kaufmann, wie hoch er deine und seine Ware schätzt, oder einen Käufer, wie teuer du etwas verkaufen sollst, oder einen Missgünstigen, wie man denken, oder einen Unbarmherzigen, wie man barmherzig sein soll, oder einen Faulen, wie man viel arbeiten kann ... Und bleibe bei dem, was dir dein Herz rät; denn du wirst keinen treueren Ratgeber finden. Denn mit seinem Herzen kann ein Mann oft mehr erkennen als sieben Wächter, die oben auf der Warte sitzen ...«

Es geht also beim Coaching nicht darum, kluge Ratschläge zu geben, sondern dem anderen Menschen zu helfen, seine eigenen Lösungen in seinem eigenen Herzen zu finden. Und genau deshalb ist die Lebenserfahrung des Coachenden kein Hindernis, sondern praktische Ergänzung.

Natürlich muss der Coach Erfahrung mit dem Thema haben, um das es geht. Ein Coach, der – wie beispielsweise viele Menschen, die von der Psychotherapie her kommen – noch nie ein Team geführt hat, sollte ein paar Jahre »in die Produktion« gehen. Sonst muss fehlende Erfahrung durch angelerntes Wissen oder eigene Fantasie und Kreativität ersetzt werden. Und jeder, der sich schon einmal im Überschwang der Begeisterung über die eigene Kreativität hat mitreißen lassen und wunderbare Projekte und Planungen für sein Gegenüber entwickelt hat, kennt die Ratlosigkeit in dessen Blick, der signalisiert: »Was soll ich …?« Und er hat gelernt, dass er damit seinem Gesprächspartner keinen Gefallen tut.

Nutzanwendung für Sie als Führungskraft: Wenn Sie Mitarbeiter coachen, geben Sie ihnen keinen Rat und keine Lösungen vor. Seien Sie sicher: Die Mitarbeiterin, der Mitarbeiter kennt den eigenen Arbeitsplatz besser als Sie. Und außerdem wissen Sie, dass auch Ratschläge Schläge sind – meist ein Schlag ins Wasser. Was sollten also Führungskräfte beachten, wenn sie ihrer Verantwortung als Coach für ihre Mitarbeiter gerecht werden wollen?

Coaching bedeutet »mit Seele« in zweierlei Hinsicht

Sie sollten mit Seele und mit S.E.E.L.E. coachen. Mit Seele bedeutet, sich nicht auf Methoden und Techniken zu konzentrieren, sondern vor allem den Menschen im Mitarbeiter zu sehen, den Menschen hinter dem Coachingziel, den Menschen hinter dem Auftrag. S.E.E.L.E. steht für eine Grundeinstellung der Arbeit und den Mitarbeitern gegenüber, sie steht für:

- Sinn
- Ehrlichkeit
- Enthusiasmus
- Liebe
- Einfachheit

Sinn. Vor einiger Zeit hatte ich die Filialleiterin einer Privatbank im Coaching. Sie brauchte Motivationstipps für ihr Team. Im Ranking der erfolgreichsten Filialen war ihre abgestürzt. Was kam beim Coaching heraus? Sie selbst war nicht mehr motiviert, sah keinen Sinn mehr in ihrem Tun. Sie wörtlich: »Die Vorgaben der Zentrale werden immer unmäßiger, soundsoviele Versicherungen müssen wir verkaufen, soundsoviele Fondsanteile, soundsoviele Kredite. Ob der Kunde das braucht oder nicht, ist denen doch egal.« Wir haben an ihrer eigenen Motivation gearbeitet, damit sie auch die Mitarbeiter/innen wieder durch ihr persönliches Beispiel – Führungskräfte sind ihren Mitarbeitern ein Vor-Arbeiter – vom Sinn des Arbeitens überzeugen konnte.

Ehrlichkeit. In Seminaren erlebe ich zunehmend eine abgrundtiefe Skepsis von Mitarbeiter/innen ihren Vorgesetzten gegenüber. Sie glauben ihnen schlichtweg nichts mehr. »Heute so, morgen so« heißt die Devise in vielen Unternehmen, höre ich. Und meine Erfahrung: Autorität entsteht nur durch Aufrichtigkeit. Mitarbeiter wären bereit, viel mehr mitzutragen, wenn sie das Gefühl hätten, dass ihnen die Wahrheit gesagt wird. Sie wollen nichts beschönigt und vertuscht haben, dann sind sie auch bereit, Verantwortung mitzutragen und sogar Einschränkungen in Kauf zu nehmen.

Enthusiasmus. Führungskräfte müssen begeistert sein, um begeistern zu können. Das heißt, mit allen Sinnen präsent zu sein, sich dem aktiv zu widmen, was man gerade tut. Und das Feuer zu schüren, das Höchstleistungen hervorruft. Ich habe mal einen Geschäftsführer erlebt, der mit einer einzigen Rede auf der Weihnachtsfeier die Bemühungen seiner Führungskräfte zur Motivation der Mitarbeiter eines ganzen Jahres zerstört hat. Er hat nur gejammert, dass die Ergebnisse nicht stimmen, die Leistungen unzureichend sind, und dass es ein Wunder sei, dass die Firma sich noch die Kosten für diese Feier leisten könne. Na, dann fröhliches Schaffen.

Liebe. Wer keine Menschen mag, sollte keine Führungskraft werden. Ich erlebe in Unternehmen einen eklatanten Mangel an Wertschätzung. Viele Mitarbeiter fühlen sich missachtet und immer mehr leider auch verachtet. Sie sprechen von sich selbst als »kleine Rädchen« oder »Nummern«, die ja eh nur noch als Kostenfaktor herhalten müssen. Oft werden die besten Spezialisten auf ihrem Gebiet zu Führungskräften gemacht. Gerade die sollten einmal ihr Menschenbild betrachten. Wie sprechen sie mit anderen, wie denken sie über andere, was erwarten sie von anderen? Was wissen sie, was Menschen brauchen, um sich wertgeschätzt zu fühlen (mehr zu diesem Thema siehe Barbara Mettler-v. Meibom: »Sich und andere mit Wertschätzung führen«, Seite 239)?

Einfachheit. Führungskräfte brauchen Mut zu klaren Absprachen und Regeln. In vielen Abteilungen oder Teams knirscht es, weil keine klaren Regeln aufgestellt werden, weil einige sich nicht daran halten oder sich auf Kosten der anderen Freiheiten herausnehmen. Eine wichtige Aufgabe einer Führungskraft ist es, solche Regeln zu verkünden und den Mut aufzubringen, dafür zu sorgen, dass sie auch eingehalten werden. Sonst droht Frustration bei den Bemühten. Das erfordert auch den Mut, sich die Regelverletzer zu greifen und mit ihnen klare Verträge abzuschließen: »Ich erwarte von Ihnen ...«.

Vom »Push« zum »Pull«

In Managementseminaren werde ich immer wieder gefragt: »Was kann ich tun, um meine Mitarbeiter zu motivieren?« Meine Standardantwort: »Vergessen Sie diese Frage. Hören Sie einfach auf, sie zu demotivieren, das würde schon völlig reichen.«

Ich selbst war ja 25 Jahre lang Angestellte in verschiedenen Verlagen. Dort ist mir immer wieder aufgefallen, wie demotivierend mit Mitarbeitern umgegangen wurde. Ein kleines Beispiel: Ein neuer Chefredakteur wird eingestellt. In der ersten gemeinsamen Konferenz würde ich erwarten, dass er sagt: »Liebes Team, ich brauche eure Hilfe. Der Verleger ist unzufrieden mit der Auflage, mit dem Anzeigenerlös. Gemeinsam werden wir es schaffen, bessere Ergebnisse zu erzielen.« Die meisten würden innerlich die Ärmel aufkrempeln und versuchen, dabei zu helfen (nur ganz wenige Menschen lassen sich grundsätzlich nicht mehr begeistern).

Das haben die Chefredakteur/innen, die ich kennengelernt habe, aber nie gemacht. Sie kamen in die erste Konferenz und verkündeten: »1. Urlaubssperre, 2. Gehälter werden eingefroren, 3. müssen wir von draußen mal richtig gute Leute holen.« Man kann sich vorstellen, wie alle Anwesenden sofort den inneren Griffel fallen ließen. Na, dann nicht.

Ich beobachte auch als Trainerin und Coach in Abteilungen diese Missachtung von Expertenwissen und Begeisterungsfähigkeit von Mitarbeiter/innen. Da treiben Vorgesetzte ihre Mitarbeiter an, mehr zu leisten, nennen wir es »Push«, anstatt sie zu begeistern und mitzureißen, das nennt man »Pull«. Ziel muss es sein, eine Sogwirkung zu erzielen. Und es geht. Gute Führungskräfte schaffen es, dass sie und ihre Mitarbeiter die Galeerenruder aus der Hand legen können und die Hände frei bekommen, um aktiv zu gestalten.

Studien zeigen: Menschen sind der Menschen größte Motivatoren. Mitarbeiter möchten gemeinsam mit den anderen gute Ergebnisse erzielen, Erfolgserlebnisse haben, stolz auf Geschaffenes sein. Mitarbeiter brauchen Wertschätzung und das Gefühl, Teil eines wichtigen Ganzen zu sein – keine Nummern, die man möglichst bald auch wegrationalisiert. Menschen sind bereit, Höchstleistungen zu bringen, wenn man sie wie Menschen behandelt. Leider stecken sie auch auf, wenn man ihnen nur oft genug sagt: »Du bist völlig unwichtig.«

Die Begeisterungsfähigkeit von Mitarbeitern lässt sich nutzen und ausbauen. Viele Unternehmen holen sich Berater ins Haus, um Veränderungen zu planen und umzusetzen. Was machen diese meist als Erstes? Sie befragen die Mitarbeiter. Mein Tipp an Führungskräfte: Fragen Sie Ihre Mitarbeiter doch gleich selbst. Nutzen Sie die Expertise, die Beobachtungsgabe und die Erfahrung Ihrer Mitarbeiter! Die stehen an den Maschinen, sind Teil des Prozesses, kennen die Zahlen, haben Kontakt zu den Kunden und Lieferanten, wissen, wo es hakt und was zu verbessern wäre. Aber sie sagen es nur, wenn der Vorgesetzte es auch hören will.

Der Slogan von Verkaufstrainings ist ja seit Jahren »Mach deine Kunden glücklich!«. Meine Erfahrung ist: »Mach deine Mitarbeiter glücklich, dann werden auch deine Kunden glücklich!« Und was macht Mitarbeiter glücklich? Anerkennung und Respekt, sprich Wertschätzung. Klingt einfach, ist es offensichtlich aber nicht. Manchmal muss man stark belastete, ja zeitlich oft überlastete Führungskräfte an die einfachsten Regeln erinnern:

- Sich den Namen von Mitarbeitern merken
- Grüßen, wenn man in ein Büro kommt
- In E-Mails höflich sein
- Pünktlich zu Konferenzen kommen
- Zuhören, wenn Mitarbeiter etwas sagen
- Bei Mitarbeitergesprächen nicht »nebenbei« SMS lesen oder schreiben
- Währenddessen keine E-Mails beantworten
- Nicht einfach wortlos aufstehen und hinausgehen.

Das weiß man doch, denken Sie? Warum machen es dann so viele falsch? Mut zu Menschlichkeit heißt die Devise, begeistern statt erpressen, das Beste aus den Menschen herausholen – sie sind bereit!

Vom »Push« zum »Pull«:	
»Push«	*»Pull«*
Macht	Führung
Auf Schwächen konzentrieren	Auf Stärken konzentrieren
Zwingen	Begeistern
Misstrauen	Vertrauen
Pressen	Mitreißen
Zwist	Diskussionen
Widerstand überwinden und brechen	Widerstand verstehen und auflösen
Missachtung	Wertschätzung
Gegeneinander	Miteinander

Der amerikanische Psychologieprofessor Martin E. P. Seligman hat einige einfache, aber wertvolle Einsichten darüber zusammengestellt, wie Arbeits- und Leistungsmotivation aufgebaut wird. Er verweist auf die fünf Grundlagen positiver Psychologie:

1. *Signaturstärken nutzen.* Es gibt im Arbeitsleben eine eindeutige, klare Beziehung zwischen positiven Emotionen und hoher Produktivität, geringer Fluktuation und hoher Loyalität. Die persön-

lichen Fähigkeiten und Talente in der Arbeit ausüben zu können, löst positive Emotionen aus. Und das bringt eine hohe Selbstmotivation.

2. Ziele und Visionen entwickeln. Eine der größten Herausforderungen für Führungskräfte ist es, die Unternehmensziele auf die Zielsetzung der Abteilung und des einzelnen Mitarbeiters umzusetzen. Ohne klare erreichbare Ziele ist ein Mitarbeiter nur mit halbem Tempo unterwegs.

3. Werte vorleben und leben. Autorität entsteht durch Authentizität. Nie waren Führungskräfte so wertvoll wie heute. Unsere gut gebildeten, intelligenten Mitarbeiter/innen schauen genau hin: Leben unsere Führungskräfte, was sie predigen?

4. Wachstum ermöglichen. Was ist die vornehmste Pflicht einer Führungskraft? Mitarbeitern nicht nur Raum zu schaffen, damit sie ihr Bestes geben können. Sondern auch dafür, ihr Potenzial aktiv weiterzuentwickeln.

5. Wohlbefinden. Das Wort Geborgenheit gehört heutzutage leider noch nicht zur gängigen Managementausbildung. Das wird sich ändern müssen. In Zukunft werden die befähigtesten Mitarbeiter/innen in das Unternehmen gehen, das ihnen den höchsten Wohlfühlfaktor bietet. Wo sie ein starkes Wir-Gefühl erleben und sich als wichtigen Teil einer Gemeinschaft fühlen können.

Mut zur Menschlichkeit heißt also, den Erfolgsfaktor Mensch wieder mehr in den Mittelpunkt zu rücken. Zu erinnern, dass Menschen Ideen und Lösungen generieren; dass Menschen von Menschen kaufen, die sie mögen. Dass ein starkes Wir-Gefühl Bestleistungen ermöglicht. Roboter brauchen vielleicht nur Strom, Menschen brauchen Menschen, die sie begeistern und motivieren, die sie fördern und fordern – und die sie achten können.

Buchtipps:

Asgodom, Sabine (Hrsg.): Die Frau, die ihr Gehalt mal eben verdoppelt hat ... 25 verblüffende Coaching-Geschichten. Kösel, 3. Aufl. 2009.
Seligman, Martin E.P.: Der Glücks-Faktor. Warum Optimisten länger leben. Lübbe, 4. Aufl. 2005.

© Constanze Wild

Sabine Asgodom, geb. 1954, ist eine der bekanntesten Managementtrainer im deutschsprachigen Raum. 1999 gründete die erfolgreiche Journalistin ihr eigenes Unternehmen »Asgodom live. Training. Coaching.Potenzialentwicklung« (www.asgodom.de) in München. Asgodom arbeitet als Trainerin für Unternehmen, Verbände und Seminaranbieter, coacht Führungskräfte aus Politik, Wirtschaft und Showbiz und tritt als Toprednerin auf Kongressen und Veranstaltungen in Deutschland, der Schweiz und Österreich auf. Sie ist Dozentin für Selbst-PR an der Berufsakademie Heidenheim.

Zu ihren bekanntesten Büchern gehören »Eigenlob stimmt«, »Reden ist Gold«, »Greif nach den Sternen« und »Die zwölf Schlüssel zur Gelassenheit«. Ihr aktuelles Buch »Lebe wild und unersättlich« hat sich seit März 2007 mehr als 60.000 Mal verkauft und hielt sich knapp sechs Monate auf der SPIEGEL-Bestsellerliste.

Sabine Asgodom wurde 2001 mit dem Excellence Award ausgezeichnet, 2002 erhielt sie den Teaching Award in Gold des Zentrums für Unternehmensführung (ZfU) in der Schweiz. Die »Financial Times« zählte sie 2004 als »Trainerin der Manager« zu den 101 wichtigsten Frauen der deutschen Wirtschaft. 2007 wurde sie in der Kategorie »Moderation und Entertainment« von Deutschlands Veranstaltungsplanern auf Platz eins gesetzt und mit dem Conga-Award geehrt. Sie hat als Referentin in zahlreichen Vortragsreihen »Von den Besten profitieren« (Süddeutsche Zeitung, Focus, Saarbrücker Zeitung, Standard, Freie Presse) mitgewirkt. Sie ist Präsidentin der German Speakers Association e.V., Mitglied im Marketingclub München, der Europäischen Akademie für Frauen, dem EWMD und dem Eritrea-Hilfswerk in Deutschland. Zudem ist sie Förderin von Lesefüchse e.V. in München.

Barbara Mettler-v.Meibom

Sich und andere
mit Wertschätzung führen

Wie ich mich führe, so führe ich andere. Denn meine Werte teilen
sich bewusst oder unbewusst mit, findet Coach Prof. Dr. Barbara
Mettler-v.Meibom und erklärt, warum Wertschätzung so wichtig ist.

Hurra, ich hatte es geschafft! Als ich mit 30 Jahren zur Abteilungsleiterin befördert wurde, war die Freude groß. Doch musste ich andererseits feststellen, dass aus Kollegen und Kolleginnen plötzlich Mitarbeiter und Mitarbeiterinnen geworden waren. Eben noch hatten wir
vertrauensvoll auf Augenhöhe kommuniziert, nun sah ich mich Erwartungen, Forderungen und Vorwürfen gegenüber. Was ich damals
mühsam lernen musste, war, dass eine Führungsaufgabe vor allem
Anforderungen an die eigene Selbstführung stellt. Denn: »Die Wahrheit der Seele zeigt sich im Tun«, dieser Ausspruch Jakob Morenos
(1889–1974), des Begründers des Psychodramas, sagt aus: Wie ich
mich führe, so führe ich andere. Mangelt es mir an Selbstvertrauen,
werde ich Schwierigkeiten haben, anderen zu vertrauen. Bin ich offen
für Initiative und Tatkraft, werde ich andere darin unterstützen. Habe
ich Angst vor Autoritäten, trage ich zu Anpassung und Schönrederei
bei. Das heißt: Werte ich mich ab, so werte ich auch andere ab und bin
in meinem Urteil voreingenommen. Mitarbeiter und Mitarbeiterinnen
sind bei dieser Selbsterkenntnis ein unerbittlicher Spiegel. Sie zeigen:

- wie es um meine Selbstakzeptanz und Selbstwertschätzung steht,
- wie viel Vertrauen ich mir und meinen Fähigkeiten entgegenbringe,
- wie fähig ich bin, Kritik anzunehmen und daraus zu lernen,
- wie ich auf Enttäuschungen, Vorwürfe oder Intrigen reagiere,
- ob ich Freude an der Arbeit habe,
- ob meine Aufgabe ein sinnvoller Beitrag zu meinem Lebensentwurf ist,
- wie es um meine Work-Life-Balance bestellt ist,
- ob es mir gelingt, mein Leben aus der eigenen Mitte heraus zu gestalten.

Ihr Leben aus der eigenen Mitte heraus zu gestalten, gelingt vielen von uns nicht wirklich. Diffus wissen wir, dass da etwas ist, was uns hindert, klar zu sehen und ausgewogen zu agieren. Doch wir halten uns damit nicht auf: Nach dem Motto »Es gibt Wichtigeres im Leben!« tun wir die inneren Störenfriede ab. Erst wenn die Krise da ist, wenn Statusverlust, Mobbing oder Burn-out uns heimsuchen, wachen wir auf. Und dann kommen die Fragen: Warum bringen wir uns selbst und anderen nicht die nötige Wertschätzung entgegen? Wie kommt es zu inneren und äußeren Blockaden? Was genau steckt dahinter? Was können wir tun, um Wertschätzung wirklich zu leben und damit produktiver und kreativer mit uns selbst und anderen umzugehen? Doch zuallererst: Was bedeutet Wertschätzung?

Wertschätzung ist eine Haltung des Herzens

Wertschätzung ist unverzichtbar, weil jeder Mensch ein natürliches Bedürfnis danach hat, gesehen zu werden, sich zugehörig zu fühlen, die ureigensten Potenziale zu entfalten und sich geistig und spirituell weiterzuentwickeln. Wir Menschen möchten angenommen werden, so wie wir sind, und die Chance haben, uns und unsere Potenziale weiter zu entfalten.

Die wichtigste Voraussetzung für eine solche Entfaltung ist die Erfahrung, angenommen zu werden, so wie ich bin. Einen Menschen – sich selbst oder das Gegenüber – so anzunehmen, wie er oder sie ist, ist mit dem Verstand nicht möglich, nur mit dem Herzen. Und genau um diese Herzensdimension in Beziehungen geht es im beruflichen ebenso wie im privaten Alltag, wenn wir von Potenzialentwicklung reden – fern jeder Romantik oder Gefühlsduselei. *Wertschätzung ist eine Kraft des Herzens, die zunächst einmal annimmt, was ist, ohne zu bewerten.* »Was ist, ist!« Das ist die Voraussetzung dafür, dass sich wirklich etwas ändern kann. Eine Haltung der Wertschätzung weckt weder Selbstverteidigung noch Abwehr in Ihnen und in Mitarbeitern und Mitarbeiterinnen, weder Aggression noch den Wunsch nach Rache. Sie führt weder ins Tal des Jammers noch in die Selbstblockade oder in die ohnmächtige Handlungsunfähigkeit. Im Gegenteil! Mit dieser Haltung gehen Sie mit den eigenen und den Fehlern anderer liebevoll um und eröffnen sich und anderen einen Raum der Selbstverantwortung und kreativen Veränderung. Das ist nicht leicht, jedoch lohnend, weil es zu mehr Gelassenheit und innerem Frieden verhilft.

Wertschätzung ist somit Ziel und Weg zugleich: Wer innere Blockaden überwinden und widerstreitende Kräfte harmonisieren möchte (um wertschätzender zu handeln und sich zu entfalten), braucht die Bereitschaft und Einwilligung, sich auf unbekanntes Terrain zu begeben. Er oder sie braucht Wertschätzung als eine Haltung des Herzens, die sich in (Selbst-)Führung, Kommunikation, im Verhalten und in Strukturen äußert. Wertschätzung ist die Grundlage für nachhaltigen Erfolg.

Sie richtet sich auf die eigene Person, auf den anderen sowie auf unsere Lebensgrundlagen. In Unternehmen haben Führungskräfte eine besondere Verantwortung dafür, dass sich eine Kultur der Wertschätzung entwickelt, in Familien sind es die Eltern, und in der globalisierten Gesellschaft sind es alle Akteure gemeinsam – jede und jeder am eigenen Platz.

Der Grundstock wird früh gelegt

Wie sich Wertschätzung entwickelt, dafür liefern psychologische, psychoanalytische, tiefenpsychologische und transpersonale Schulen vielfältige Antworten. Doch kommen sie alle zu dem Schluss, dass der Grundstock, wie wir uns und anderen begegnen, in früher Kindheit gelegt wird. Wertschätzung ist eine Frage des Bewusstseins und entwickelt sich aus dem Zusammenspiel von persönlichen Anlagen und den Erfahrungen, die ein Mensch in seinem Umfeld macht. Kultur, Milieu, Haltung der Eltern und äußere Lebensumstände spielen dabei eine entscheidende Rolle.

Idealerweise fördern Eltern ein Kind liebevoll darin, seine Gaben zu entdecken und zum Ausdruck zu bringen. Dies gelingt immer nur »mehr oder weniger«. Viele Potenziale bleiben unbewusst, weil sie nie geweckt wurden, während andere mit großer Kraft zum Ausdruck drängen. Dabei kann es passieren, dass diese von der Umwelt abgelehnt oder gar bekämpft werden. In diesem Fall entfaltet sich das ursprüngliche Potenzial nicht mehr so, wie es »gemeint« war. In der Psychosynthese von Roberto Assagioli (1888–1974), auf dessen transpersonale Theorie ich mich beziehe, spricht man davon, dass das Potenzial sich »ummantelt«. Es »verkleidet« sich quasi und sucht nach Ausdrucksformen, mit denen es in einem widrigen Umfeld »überleben« kann. Das heißt, es täuscht sich und andere über seine wahre Natur.

Störenfried: Teilpersönlichkeit

Die Psychosynthese spricht dann von einer »Teilpersönlichkeit«. Die machtvolle Frau, die ihre Macht nicht leben durfte, wird vielleicht zur kränkelnden Migränepatientin, die ihre Umgebung ständig auf leisen Sohlen gehen lässt; der idealistische Weltverbesserer, der zum Geldverdienen erzogen wird, wird vielleicht zum zynischen Ausbeuter; und der lebensfrohe Pragmatiker, der in klerikaler Enge gehalten wird, schafft sich möglicherweise als Aussteiger Luft, ohne seine Gestaltungsfreude je leben zu können.

Wo Potenziale sich nicht entfalten durften und Überlebensstrategien entwickelt wurden, wirken in der Psyche jene Teilpersönlichkeiten, die bei jeder passenden und unpassenden Gelegenheit janusköpfig unerwünschte Verhaltensweisen und Konflikte in der Umwelt produzieren.

Eine wertschätzende Haltung zu leben, fällt Menschen umso leichter, je mehr sie ihre eigenen Potenziale entfalten durften, ohne sie »verstecken« zu müssen. Dann haben wir so sein dürfen, wie wir sind, mussten uns nicht verstellen, anpassen, ummodeln – nur um angenommen und geliebt zu werden. Wer sein darf, wie er oder sie ist, entwickelt eine natürliche Bereitschaft, anderen denselben Raum für ihre Entfaltung zu geben.

Fehlt diese Erfahrung und haben wir stattdessen eine massive Entwertung der eigenen Anlagen und der eigenen Persönlichkeit erlebt, dann sind wir in der Gefahr, diese entwertende Haltung auch gegenüber anderen einzunehmen. Der Grund: Wir bekämpfen die Kräfte, die wir eigentlich leben wollten, und haben sie ins Unbewusste abgespalten. Wenn wir ihnen nun im Außen begegnen, dann lehnen wir sie ebenso ab wie im Innern.

In die Schichten des Unbewussten einzutauchen, ist daher ein wesentlicher Schritt, um Wertschätzung zu lernen. Es ist wie bei einem Eisberg: Wir wagen den Blick unter die Wasseroberfläche. Das nachfolgende Psychosynthese-Ei-Modell von Roberto Assagioli ist in diesem Zusammenhang besonders aufschlussreich, weil es zeigt, dass der Raum des bewussten Selbst oder Ich in der Regel verschwindend klein ist gegenüber den Räumen und Sichten des personalen, transpersonalen und kollektiven Unbewussten. Erst im Prozess der Bewusstseinsentwicklung weitet sich dieser Raum aus.

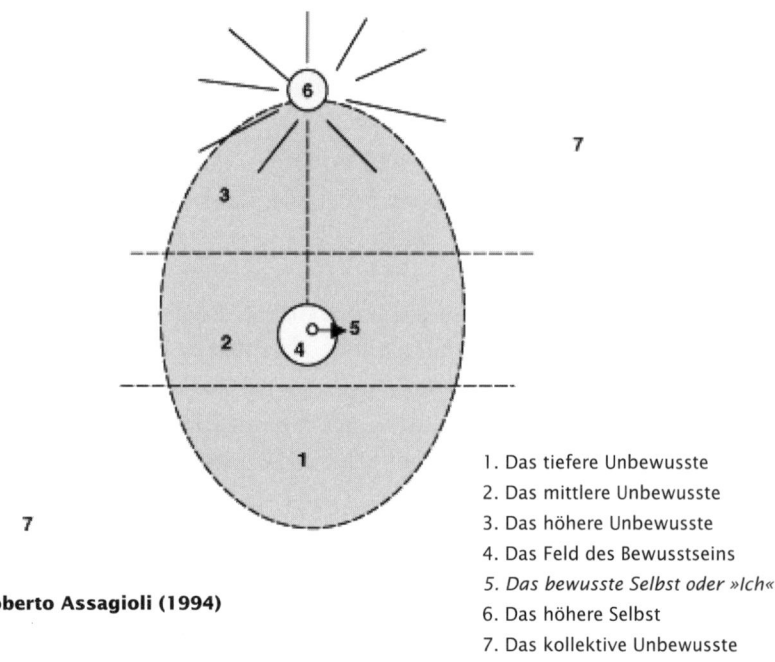

1. Das tiefere Unbewusste
2. Das mittlere Unbewusste
3. Das höhere Unbewusste
4. Das Feld des Bewusstseins
5. *Das bewusste Selbst oder »Ich«*
6. Das höhere Selbst
7. Das kollektive Unbewusste

Roberto Assagioli (1994)

Wertschätzung lernen

Auch wenn wir höchst unterschiedliche Voraussetzungen mitbringen, um Wertschätzung zu leben, so hat doch jede und jeder die Möglichkeit, sie zu lernen. Dazu gilt es, den Willen auf einen Transformationsprozess auszurichten und das eigene Bewusstsein zu erweitern.

Individuell reift eine Persönlichkeit, indem sie abgespaltene Persönlichkeitsanteile erkennt, anerkennt und integriert. Die Ohnmächtige, die ihre Macht als Ohnmacht lebt, lernt so, ihre Macht anzunehmen und zu ihrem eigenen und zum Wohl von anderen auszugestalten; der idealistische Weltverbesserer findet den Mut, zu seinen Idealen zu stehen, und verbindet fortan das Geldverdienen mit einem guten Zweck, und der lebensfrohe Pragmatiker beendet sein Aussteigerdasein und sucht sich eine befriedigende, herausfordernde Aufgabe. Solch ein Transformationsprozess verläuft in fünf Stufen:

1. Erkennen
2. Verstehen
3. Akzeptieren
4. Koordinieren
5. Synthese

1. Stufe: Erkennen ist die erste Stufe. Wenn ich noch nicht erkannt habe, dass es in meinem Denken, Fühlen und Handeln einen Mangel an Wertschätzung gibt, kann ich auch nichts daran ändern. Erkennen ist insofern immer der erste Schritt zur Verwandlung.

2. Stufe: Verstehen, die zweite Stufe, bedeutet, dass Sie sich fragen: Warum zeige ich einen Mangel an Wertschätzung? Wie äußert sich dieser Mangel? Was löst meine Haltung bei mir und anderen aus?

3. Stufe: Das ist die wichtigste, denn wirklich frei, sich tiefgreifend zu ändern, werden Sie erst dann, wenn Sie zuerst einmal das, was ist, akzeptieren. Damit ist jene Wertschätzung als einer Kraft des Herzens gemeint, die ohne Groll, ohne Auflehnung, einfach annehmend Ja sagt. Akzeptieren fällt leicht, solange es angenehm ist. Unangenehmes zu akzeptieren, ist dagegen schwer. Das Unerwünschte konfrontiert mich mit unerfüllten Erwartungen und Hoffnungen, mit Vorstellungen von dem, wie das Leben sein sollte. Davon loszulassen und sich dem Fluss des Lebens anzuvertrauen, verlangt meine Einwilligung, denn es bedeutet, Sicherheiten aufzugeben. Gestärkt werde ich in dieser Haltung des Akzeptierens durch den transpersonalen Willen, den Willen, mich der göttlichen Führung zu überlassen. Er ist der Türhüter, der mich sicher über die Schwelle führt und mich den Raum der Verwandlung meiner Persönlichkeit betreten lässt. Er macht mich frei für die nächsten Schritte, für die Geburt eines verwandelten Selbst, das aus der Auseinandersetzung mit der Krise hervorgeht.

Ein Bild macht dies deutlicher: Einen mit Luft gefüllten Ballon kann ich mit großer Anstrengung immer wieder aufs Neue unter die Wasseroberfläche drücken. Auf Dauer wird es mir jedoch nicht gelingen. Ebenso kann ich die Realität anhaltend leugnen, doch sie wird sich auf die eine oder andere Weise immer wieder zeigen: in meinen Träumen, in einer Verstimmung des Gemüts, in Ausweichhandlungen, in Süchten aller Art – Alkohol, Tabletten, Arbeitssucht, Fernsehen, Essen. Besser ist es da – im Bild gesprochen –, den Ballon hochpoppen zu lassen, ihn zu umarmen und sich sogar ein Stück weit von ihm tragen zu lassen. So ist es auch mit Krisen, die unsere Seele ergreifen: Wenn wir sie als gegeben akzeptieren, verlieren sie ihre Brisanz, ihre Heftigkeit, ihr Nagen im Innern: Unsere Kraft wird frei, mit der Krise umzugehen. Die Kraft ist nicht mehr länger in dem verzweifelten Versuch gebunden, sie zu verleugnen.

4. Stufe: Wenn Sie mit dem Herzen akzeptieren bzw. wertschätzen, wird der Weg frei, um das seelisch zu integrieren, was Sie bislang schreckte. Sie können nun die Schattenkräfte, die unbewusst in Ihnen rumorten, in Ihr Bewusstsein heben. Dabei gibt es einen vielversprechenden Weg: Die Psychosynthese arbeitet mit dem Wissen, dass sich eine unbewusste Kraft meist durch eine entgegengesetzte zweite Kraft, die gleichermaßen unbewusst ist, ausgleichen lässt: zum Beispiel Geiz mit Großmut, Angst mit Furchtlosigkeit, Perfektionismus mit Spielfreude, Arbeitswut mit Faulheit. Jede einzelne Kraft bringt den Menschen ins Ungleichgewicht, sofern sie in der Psyche zu stark wirkt. Im Wechselspiel der beiden Kräfte kann jedoch die goldene Mitte gefunden werden.

So ist ein Mangel an Wertschätzung fast immer mit einem Aspekt der Psyche verbunden, den Sie verdrängt haben, etwa mit Hochmut, Neid, Angst, Verachtung. Er schlummerte im tieferen Unbewussten. Doch parallel dazu gibt es eine Kraft im höheren Unbewussten, die darauf wartet, entdeckt zu werden, zum Beispiel Mitgefühl, Barmherzigkeit, Furchtlosigkeit, Respekt. Auch zu diesen lichten, hellen, dem Leben zugewandten Seiten gilt es Ja zu sagen. Denn: Haben Sie beide Kräfte in ihrer Existenz angenommen, können sich diese wechselseitig ausbalancieren und in einer harmonischen Weise miteinander spielen. Im Folgenden finden Sie zwei Beispiele. Bei Beispiel 1 verharrt die Entwicklung noch auf der Oberfläche, bei Beispiel 2 ist der Schritt zur Änderung unternommen worden.

Beispiel 1: Vier Führungsfrauen eines multinationalen Konzerns sind zusammengekommen, um zu klären, ob es einen Prozessfortschritt seit dem letzten Führungskräftetraining gegeben hat. Eine Frau berichtet über Ereignisse, die sich bereits angedeutet hatten: totaler körperlicher Zusammenbruch, Burn-out, erzwungene Auszeit. Als die Frau erzählt, was sie sich für die kommende Zeit vorgenommen hat, hören ihr die anderen mit Staunen zu. Ihr Zukunftskonzept lässt sich auf eine einfache Kurzformel bringen: noch größeres Tempo und noch höher gesteckte Anforderungen an sich selbst ... Erst anhand der Rückmeldungen kann sie erkennen, dass sie etwas Unmögliches versucht: dem Burn-out mit genau dem Einhalt zu gebieten, was den Burn-out verursacht hat.

Beispiel 2: Ein äußerst erfolgreicher Geschäftsführer eines mittelständischen Unternehmens kommt mit Burn-out-Symptomen zu mir. In der von ihm gegründeten Firma gibt es derartige Spannungen, dass er sich mit Verkaufsabsichten trägt. Auch die Ehe ist in eine heftige Krise geraten. Er selbst neigt zu Perfektionismus und Aktionismus und wirft dem Co-Geschäftsführer mangelnde Einsatzfreude vor. Bald zeigen sich zwei Teilpersönlichkeiten, die in seinem Unbewussten ihr »Unwesen« treiben: Die Teilpersönlichkeit des »Perfektionisten« verschafft ihm Stress und Unmut in der Firma. Die Teilpersönlichkeit des »Schlunz«, der das Chaos liebt und alle Fünfe gerade sein lässt, lebt er, wenn überhaupt, zu Hause. Außerdem lehnt er diesen Zug seiner Persönlichkeit zutiefst ab. Als die beiden Teilpersönlichkeiten »Perfektionist« und »Schlunz« miteinander in einen inneren Dialog treten, entdecken wir als Erstes ihre wirklichen Potenziale: Im Perfektionisten verbirgt sich die Kraft, den Überblick zu behalten und für Sicherheit zu sorgen. Im Schlunz wirkt eine unbekümmerte Leichtigkeit.

Im Dialog der beiden widerstreitenden Kräfte von »Perfektionist« und »Schlunz« hat sich eine unerwartete Synthese herauskristallisiert, eine Haltung der »gelassenen Souveränität«. Sie will nunmehr in die eigene Führungspersönlichkeit integriert und zur Entfaltung gebracht werden.

5. Stufe: Die letzte Stufe der Bewusstseinserweiterung ist die Synthese. Wenn Sie die verschiedenen Persönlichkeiten aus ihrer »Ummantelung« befreien und miteinander zur Kooperation bringen konnten, dann steht Ihnen das volle Potenzial zur Verfügung.

Krisen als Herausforderung sehen

Krisen – berufliche ebenso wie private – sind prekäre Wegmarken. Teamkonflikte, Mobbing, Intrigen, Vertrauens- oder Statusverlust zeigen, dass die eigene Führungsfunktion infrage gestellt ist. Ein unvermuteter körperlicher Zusammenbruch lässt die Verletzbarkeit des eigenen Körpers erkennen. Der Verlust eines Partners/einer Partnerin macht schmerzlich bewusst, wie wichtig persönliche Beziehungen und Bindungen sind, selbst wenn wir ihnen bislang kaum Wertschätzung entgegengebracht haben. Reputationsverlust oder der Verlust einer Führungsposition setzt Ängste frei, die wir nur schwer unterdrücken oder kanalisieren können.

In Krisen sind wir aufgerufen, eine neue Balance in uns selbst und in unseren Beziehungen zu anderen zu finden.
- Männliche Führungskräfte begegnen hier vielfach der Notwendigkeit, ihre eigenen Verletzbarkeiten, Abhängigkeiten und Bedürfnisse ohne die Angst anzuerkennen, sich dabei selbst aufzugeben.
- Weibliche Führungskräfte sind durch Krisen meist aufgefordert, entwertende Selbstzweifel zu beenden und Herausforderungen mit Augenmaß, Furchtlosigkeit und Begeisterungsfähigkeit anzunehmen.

Solche Transformationsprozesse lassen sich umso leichter bewerkstelligen, je mehr wir die Kraft der Wertschätzung aktivieren und die blockierenden Kräfte des Unbewussten wahrnehmen, verstehen, akzeptieren, integrieren und zur Synthese bringen. Dann kann der Transformationszyklus der Wertschätzung wirken.

© Barbara Mettler-v.Meibom

Transformationszyklus der Wertschätzung

Ein Beispiel: Sie haben massive Teamkonflikte, und Ihre Führungsfunktion wird infrage gestellt. Das bedeutet für Sie: Fremdes und Unerwünschtes wahrnehmen. In Ihrem Fall die Teamkonflikte. Es als Realität annehmen: Sie tun nicht mehr so, als existierten die Konflikte nicht. Das Gute im Schlechten erkennen: Es gibt nichts Schlechtes ohne ein Gutes. Suchen Sie nach drei Gründen, warum dieser Konflikt – so wie er ist – auch gute Seiten hat! Desidentifikation und Erkennen der tieferen Wahrheit: Das bedeutet, erkennen, dass Sie mehr sind als der Konflikt. Ihr Wert als ein Ausdruck der göttlichen Schöpferkraft wird durch den Konflikt in keiner Weise infrage gestellt. Die tiefere Wahrheit lässt sich erkennen, wenn Sie in dem Konflikt die individuelle, soziale und kollektive Lernchance entdecken. Fremdes und Unerwünschtes als Vielfalt annehmen: In dem Konflikt stoßen Sie auf Wahrnehmungen, Glaubensvorstellungen und Verhaltensweisen von Menschen, die Ihnen fremd sind. Dies ist Ausdruck von Verschiedenheit und Vielfalt und will von Ihnen gewürdigt werden. Es mit dem Herzen tun/fühlen: Fremdes zu erkennen, ist kognitiv noch vergleichsweise leicht; sich für das Fremde auf der Herzebene zu öffnen, es mitfühlend anzunehmen, ist umso schwerer, je größer die eigene Verletzung ist und je mehr Sie sich dabei infrage gestellt fühlen. Wertschätzung leben und äußern: Hier sind Sie aufgerufen, dem/der anderen Ihren Respekt und Ihre Achtsamkeit entgegenzubringen und zwar so, dass Ihr Gegenüber eine Chance hat, dies zu spüren. Die verwandelnde Kraft der Wertschätzung wirksam werden lassen: Wo andere sich wertgeschätzt fühlen, geschieht Verwandlung: Konflikte lösen sich auf, innen wie außen; Wege werden sichtbar, die allen Beteiligten einen Fortschritt bringen; die Bereitschaft zur Kooperation wächst, weil niemand sich von Grund auf infrage gestellt fühlen muss.

Solche Transformation geschieht individuell, doch sie wirkt gesellschaftlich-strukturell. Denn indem Sie als einzelnes Individuum frei werden, sich und andere wertzuschätzen, gewinnen Sie auch die Kraft, Strukturen hervorzubringen, die dem Leben zugewandter und damit friedensstiftender sind. Diese wiederum wirken zurück auf den Einzelnen und unterstützen ihn in einer Haltung der Achtsamkeit und des Respekts füreinander. So kann sich allmählich ein Prozess der Transformation entfalten, in dem wir nicht nur für uns selbst eine neue und nachhaltige Lebensqualität gewinnen, sondern auch für unsere Umwelt – und letztlich das Überleben auf diesem Planeten sichern.

Selbsttest: Wie halten Sie es mit der Wertschätzung?

Die folgenden Fragen und Übungen klären Ihren Status Quo und unterstützen Ihren Transformationsprozess – beruflich wie privat. Nehmen Sie sich dafür Zeit und fragen Sie sich:

- Wo lebe ich bereits heute Wertschätzung?
- Wie gebe ich meiner Wertschätzung Ausdruck – privat, beruflich, als Bürger/Bürgerin?
- Welche Wirkung ruft meine wertschätzende Haltung in meiner Umgebung hervor und wie wirkt sie auf mich zurück?
- Welches ist die schönste Erfahrung gewesen, die ich aufgrund meiner wertschätzenden Haltung gemacht habe?
- Was war das Besondere in dieser Situation?
- Wie kann ich diese Erfahrung wieder möglich machen?

▶ Erzählen Sie diese Erfahrung einem anderen Menschen als ein »Juwel in Ihrem Leben«!

- Wo erfahre ich Wertschätzung durch andere?
- Was bedeutet sie für mich?
- Wie fühle ich mich damit?
- Was bewirkt sie bei mir?

▶ Lassen Sie Menschen fühlen, dass Sie sich wertgeschätzt fühlen!

- Wo bringe ich meine Wertschätzung noch nicht genug zum Ausdruck?
- Was könnte der erste kleine Schritt sein, um dies in Zukunft zu ändern?

▶ Setzen Sie Ihren Willen ein, um diesen ersten kleinen Schritt zu tun!

Buchtipps:

Assagioli, Roberto: Die Schulung des Willens. Methoden der Psychotherapie und Selbsttherapie, Junfermann, 10. Aufl. 2008.

Covey, Stephen R.: Der Weg zum Wesentlichen. Zeitmanagement der vierten Generation, Campus, 2005.

Mettler-v.Meibom, Barbara: Wertschätzung. Wege zum Frieden mit der inneren und äußeren Natur, Kösel, 2. Aufl. 2008.

Mettler-v.Meibom, Barbara: Gelebte Wertschätzung. Eine Haltung wird lebendig, Kösel, 2007.

Richter, Horst-Eberhard: Der Gotteskomplex. Die Geburt und die Krise des Glaubens an die Allmacht des Menschen, Rowohlt, 2005.

Prof. Dr. Barbara Mettler v.Meibom, geb. 1948, ist Politik- und Kommunikationswissenschaftlerin sowie Psychosynthesetrainerin, Psychotherapeutin und Coach. Den Schlüssel für nachhaltige Changeprozesse sieht sie in einer Kultur der Wertschätzung. Diese unterstützt sie durch Business- und Executive-Coaching, Führungskräftetraining, Konzeption und Implementation von Kommunikationsprozessen sowie Bücher und Vorträge (www.communio-berlin.de).

Klaus Eidenschink

Konflikte sind bereichernd – nutzen Sie ihr Potenzial!

Weil die Welt, weil die anderen nicht so sind, wie wir sie uns wünschen, ist Ärger vorprogrammiert. Vor allem Führungskräfte haben mit diesem Dilemma oft zu kämpfen – eine große Chance, wie Konfliktexperte Klaus Eidenschink findet.

Unterschiedliche Ansichten, Kompetenzstreitigkeiten, Rangeleien um Positionen oder um unterschiedliche Arbeitsweisen: Wie schnell kommt es da zu zynischen wie aufbrausenden Wortgefechten, die sich häufig in Stellungskämpfen festlaufen! Es geht um Gewinnen oder Verlieren, und am Ende stehen alle Beteiligten als Verlierer da, weil der vermeintliche Gewinner die Rache des Unterlegenen fürchten muss. Nämlich dass der unterlegene Mitarbeiter innerlich kündigt, andere mobbt oder Firmengeheimnisse ausplaudert. Zugleich lernen wir im Streit Seiten von uns kennen, die hässlich, zerstörerisch und selbstschädigend sind.

Konflikte sind heikel und lassen sich nicht einfach lösen, indem sie Antworten auf die Frage liefern: »Was mache ich, wenn ...?«

Konflikte sind durch Gefühle dominiert, sie können nicht mit Verstand und Willen bewältigt werden. Man muss etwas über die Logik von Emotionen verstehen, um darüber eine Konfliktbearbeitungskompetenz aufzubauen. Eine Fähigkeit, die meiner Meinung nach ganz besonders für Führungskräfte wichtig ist, da das Regeln von Ziel- und Interessenskonflikten unmittelbar zu ihrer Rolle als Chef zählt.

Aktion: Wer die nachfolgenden Aussagen und Empfehlungen gleich für sich nutzen möchte, hält für einen kurzen Moment inne und wählt einen Konflikt aus. Am besten einen aktuellen, unter dem Sie leiden, den Sie nicht verstehen. Er soll als Beispiel dienen, damit Sie anhand dessen meine Ausführungen und Tipps überprüfen bzw. anwenden können.

Konflikte sind nicht gleich. Um sie zu verstehen, sollten Sie die beiden unterschiedlichen Arten kennen: Es gibt:

- Konflikte, die unfruchtbar sind, die nur Schmerz, Leid und sinnlosen Kampf nach sich ziehen.
- Konflikte, die die Betroffenen weiterführen und neue Möglichkeiten schaffen. Etwa wenn Querelen aufgrund von Bedürfniskonflikten entstehen.

Wie lassen sich diese beiden Varianten erkennen und auseinanderhalten? Wie unfruchtbare Konflikte in fruchtbare verwandeln? Wie unfruchtbare Konflikte verhindern? Und wie kann ich Bedürfniskonflikte erkennen und in wertvolle Erfahrungen ummünzen? Diese Fragen möchte ich nun klären:

Unfruchtbare äußere Konflikte

Wir Menschen finden in uns zwei unterschiedliche Motivbündel, die unser Handeln bestimmen. Das eine ist, das zu bekommen, was wir möchten, indem wir Bedürfnissen und Wünschen nachgehen. Das andere ist, zu verhindern, was wir nicht wollen. Das bedeutet, wir versuchen unangenehme Gefühle und Erfahrungen zu verhindern, zu umgehen oder abzustellen. Das klingt zunächst wie die größte Selbstverständlichkeit der Welt. Bei genauerem Hinsehen wird die enorme Bedeutung dieses Unterschieds klar. Wer etwas möchte, also einem Bedürfnis folgt, der hat ein Ziel.

Ein Beispiel: Sie wissen, Sie möchten nach New York. Aus diesem Grund überlegen Sie, ob Ihre Fähigkeiten (Reise buchen, Visum beantragen ...), Ihre Ressourcen (Geld, Englischkenntnisse) für das Erreichen dieses Ziels genügen. Wenn nicht, können Sie sich entscheiden, ob Sie einen Dienstleister einschalten (Reisebüro, Visaservice) oder Englischkenntnisse erwerben. Sie haben die Verantwortung sowie die Kontrolle über die Situation. Wenn Sie das Ziel nicht erreichen, wissen Sie, woran es lag: an Ihnen. Sie können sich dann ein anderes, neues Ziel suchen, neue Wege einschlagen oder Ihre Reise abblasen. Wer etwas nicht möchte, also etwas vermeiden will, der hat kein Ziel. Das heißt: Sie wollen verreisen und wissen, dass Sie nicht nach New York wollen. Damit wissen Sie nicht, wohin Sie konkret wollen, werden aber genau darauf achten, nicht – ob aus Versehen, aus Nachlässigkeit oder durch die Aktivitäten anderer Menschen – doch nach New York zu geraten. Sie werden jeden, der etwas mit New York zu tun hat, skeptisch betrachten, ihm aus dem Weg gehen und mit dem Verreisen vorsichtig werden. Man weiß ja nie, wo das hinführt! Sie brauchen viel Kontrolle über Ihre Umwelt, verlieren viel von Ihrer Freiheit und sind im Ernstfall, also wenn Sie doch in New York landen, auf gar keinen Fall selbst schuld. Ihr Unglück müssen andere verursacht haben, es sei denn, Sie haben nicht genug aufgepasst!

Verlassen wir das Reise-Beispiel und wenden uns der innerseelischen Wirklichkeit zu, dann wird leicht klar, dass viele Menschen einen Großteil ihrer Aktivitäten darauf ausrichten, etwas nicht zu wollen. Sie versuchen, unangenehme Erfahrungen zu vermeiden. Sie wollen nicht enttäuscht werden, sie wollen sich nicht ängstigen, sie wollen keine Schuldgefühle haben, sie wollen keine Trauer spüren, sie wollen sich nicht schämen, sie wollen nicht allein sein usw. Daher versuchen sie, keine Fehler zu machen, riskieren wenig, wollen sich nicht mit den Folgen ihres Tuns auseinandersetzen. Sie versuchen, sich beliebt zu machen, sich ins bessere Licht zu rücken, ihre Schwächen zu verdecken, Macht und Kontrolle (über andere) zu bekommen und ihre Gefühle zu verbergen. Die innerlich leitenden Fragen lauten dann nicht mehr »Wer bin ich?« und »Was möchte ich?«, sondern »Was darf mir auf keinen Fall passieren?« und »Wie bin ich richtig und gut?«. Die Beziehungen zu anderen sind davon stets geprägt, dass die anderen so sein sollen, dass sie keine unangenehmen Gefühle auslösen. Man möchte nicht kritisiert werden, die anderen sollen sich so verhalten, dass man nicht enttäuscht wird oder Angst bekommt. Die anderen sollen »funktionieren«! Auf diese Weise beeinflusst man seine Umwelt so, dass sie nichts tut, was einem weh tut oder nicht gefällt.

»Sie machen mir Angst!« oder »Jetzt muss ich mich schon wieder über Sie ärgern!« sind Vorwürfe, den anderen in diese Richtung zu dirigieren. Eine solche Situation wird dann nicht als Signal verstanden, sich mit dem eigentlichen, tiefer liegenden Problem zu beschäftigen: nämlich, wieso Sie das Verhalten eines anderen Menschen zum Anlass nehmen, sich zu ängstigen oder zu ärgern.

Wenn Sie ein unangenehmes Gefühl nicht spüren möchten, erleben Sie zwei Konflikte gleichzeitig:

1. *einen inneren Konflikt,* da Sie versuchen, ein vorhandenes inneres Erleben zu bekämpfen;
2. *einen äußeren Konflikt,* da Sie versuchen müssen, Ihre Umgebung – Mitarbeiter, Kollegen Chef oder Partner – so zu steuern, dass diese das unangenehme Gefühl in Ihnen nicht wachrufen. Auseinandersetzungen sind vorprogrammiert. Und: Hängt Ihr Wohlbefinden vom Verhalten anderer ab, setzen Sie sich an den kurzen Hebel, sind Ohnmachtsgefühle die Folge. Ebenso wie die Suche nach dem idealen Mitarbeiter, Vorgesetzten, Partner etc.

Aktion: Bevor Sie weiterlesen, bitte ich Sie, wieder innezuhalten und sich Ihren Musterkonflikt, den Sie sich eingangs gewählt haben, vor Augen zu führen.

- Gehen Sie in Gedanken alle am Konflikt beteiligten Personen durch, einschließlich sich selbst.
- Analysieren Sie, welche Verhaltensweisen oder Aussagen Sie von den Konfliktpartnern als problematisch ansehen. Was sollen sie tun, lassen?

- Überlegen Sie bei jedem Beteiligten, welche unangenehmen inneren Zustände dieser möglicherweise umgehen möchte, indem er das Verhalten anderer als unangemessen und falsch einstuft: Selbstwertzweifel? Enttäuschungen? Ängste? Kränkungen? Schuld? Trauer? Selbstvorwürfe? Unterlegenheit? Ohnmacht? Verzweiflung? Überforderung? Neid? Eifersucht? Wenn Sie fündig geworden sind, überlegen Sie, wer auf welche Weise versucht, die anderen so zu manipulieren, dass wieder ein Wohlfühlen möglich ist.

Unfruchtbare Konflikte sind im Prinzip dadurch gekennzeichnet, dass eine Verknüpfung zwischen dem eigenen Wohlbefinden und dem Verhalten anderer Menschen hergestellt wird: »Ich möchte, dass Du...!«, »Solange Du nicht, muss ich ...!«, »Erst wenn Du ... , kann ich ...!« usw. Innerlich zeigen sich diese Konflikte darin, dass man eigene Gefühle von Wertlosigkeit, Sich-ausgeschlossen-Fühlen, Scham, Überforderung ... nicht zulassen will. Man bekämpft sich selbst. Statt dass Sie etwa als Chef einen Fehler einräumen, klagen Sie den Mitarbeiter an. Das beruhigt die Angst, die eigene Karriere zu gefährden oder Autorität einzubüßen. An Ihrer Stelle hat der Mitarbeiter Angst und versucht oft auf gleiche Weise, dieses unangenehme Gefühl an andere weiterzugeben! Wenn Menschen sich streiten, kann man sehr oft auch beobachten, dass einer der Beteiligten oder beide einen inneren Konflikt »exportieren«. Statt sich mit den eigenen Selbstzweifeln zu beschäftigen, verunsichert man andere, statt sich mit den eigenen Selbstvorwürfen zu befassen, klagt man andere an, statt sich seiner eigenen Angst, klare Grenzen zu setzen, zu stellen, möchte man, dass der Mitarbeiter vernünftig ist und von selbst einsieht, was er machen soll. In all diesen Beispielen versuchen Menschen, im Außen zu lösen, was innerlich bearbeitet werden muss. Vordergründig geht es um scheinbare Interessen, im Hintergrund laufen die Vermeidungsstrategien gegen unerwünschte Gefühle.

Unangenehme Gefühle und Alternativen der Selbststeuerung

Eigentlich ist es erstaunlich, dass so viele Menschen durch Leugnen und Verdrängen versuchen, schlechte Gefühle in den Griff zu kriegen. Die wenigsten Probleme verschwinden aber dadurch, dass man den Kopf in den Sand steckt. Dies ist jedoch eine Taktik, die wir in der Kindheit erworben haben, meist weil sie die einzige Möglichkeit war, das seelische Überleben zu sichern. Man spürt nicht mehr, wie schlimm sich etwas anfühlt, und legt stattdessen ein (erwünschtes) Verhalten an den Tag oder verhärtet sich so, dass man nichts mehr von anderen erwartet. Dann tut es auch nicht mehr weh. Diese »Lösung« halten die Menschen dann später immer noch aufrecht, obwohl sich die Umgebung meist verändert hat. Dieses erlernte Muster »Wenn ich dies möchte oder wenn ich so bin, dann tut es weh!« gilt es wieder zu verlernen, will man nicht ein Leben lang Opfer der eigenen Vergangenheit bleiben und daher nur zu einer eingeschränkten Selbststeuerung und zu eingeschränkter Führungskompetenz fähig sein. Man handelt dann nicht, es handelt dann in einem. Man hat keinen Ärger, sondern der Ärger hat einen. Man ist Opfer der eigenen inneren Automatismen. Diese haben jedoch nur so lange eine innere Macht, solange man sich entscheidet, bestimmte unangenehme Gefühle nicht haben zu wollen.

Wer sich umstellt: vom Prinzip, unangenehme Gefühle zu vermeiden, zum Prinzip, im Umgang mit unangenehmen Gefühlen gut und kompetent zu werden, der gewinnt seine eigene Freiheit zurück. Zum einen, weil er weniger darauf angewiesen ist, dass andere Menschen sich so verhalten, dass sie keine unangenehmen Gefühle auslösen. Zum anderen, weil er mehr den Bedürfnissen nachgehen kann, die ein Risiko beinhalten. Wer sich etwa sicher geworden ist, mit Enttäuschungen gut umgehen zu können, der muss sein Leben nicht mehr so organisieren, nicht enttäuscht zu werden. Und wer gut damit klarkommt, auch andere zu enttäuschen, muss seine Beziehungen nicht so gestalten, dass er sich anpasst und viel von sich aufgibt. Wie aber schaffe ich das?

Zunächst gilt es, sich klar zu werden, dass es eigene Bewertungen sind, die Gefühle unangenehm machen. Für den einen ist Angst ein inneres Signal, innezuhalten: »Da krieg ich Angst!« ist ein Ausspruch, der solche Menschen selbstverständlich legitimiert, mit dem aufzuhören, was sie tun. Nur: An Angst stirbt man nicht. Es gibt sogar Menschen, die den Thrill von Angst und Gefahr äußerst reizvoll finden. Angst kann also auch eine Form des Lebendigfühlens sein. Welche Bedeutung Angst – oder jedes andere scheinbar unangenehme Gefühl – für Sie hat, ist erlernt und kann daher auch wieder verlernt werden! Dazu ist es erforderlich, dass Sie ausprobieren, wie viel Sie sich selbst unterstützen können, bestimmte Gefühle in sich zuzulassen. Anders gesagt, wie sehr Sie damit experimentieren können, ob Sie etwas auch trotz Ängsten, Schuldgefühlen oder anderen schlechten Gefühlen tun können. Möglicherweise müssen Sie dabei innere Stimmen ignorieren, die Ihnen suggerieren, dass das, was sie tun wollen, schlecht, aussichtslos, dumm oder gefährlich ist. Wenn Sie so weit gekommen sind, dann haben Sie eine unmittelbar eigene Erfahrung gemacht. Nämlich: Dass aus einem äußeren Konflikt (»Das mag mein Vorstand nicht«) ein innerer Konflikt geworden ist (»Das ist gefährlich, wenn Du das tust!«). Die verbietende Instanz ist ein Teil von Ihnen und nicht mehr etwas, das Sie in Ihrem Vorstand zu sehen meinen.

Übung: Um zu verbesserter Selbststeuerung zu gelangen, listen Sie alle Gefühle auf, die Ihnen unangenehm sind und die Sie zu vermeiden suchen. Hilfreich ist dabei, auf Ihre »Lieblingskonflikte« mit den wichtigsten Menschen in Ihrem Leben zurückzugreifen. Jeder dieser Konflikte stimuliert eines dieser ungewollten Gefühle in Ihnen. Ist die Liste fertig, versuchen Sie, statt den inneren Stimmen, die Verbote und Warnungen aussprechen, neue, andere Stimmen in sich wachzurufen. Solche, die Sie schützen, wertschätzen, ermutigen, trösten. Wer über diese Selbstkompetenz verfügt, ist zum Erhalt des eigenen Selbstwertes, der Selbstbestimmung und des Gefühls von Verbundenheit mit anderen nicht mehr so sehr auf seine Mitmenschen angewiesen. Er kann es auch tolerieren, wenn andere sich über ihn ärgern, ihn ablehnen, abwerten und sich distanzieren. Diese Reaktionen anderer sind dann zunehmend weniger Anlass für Auseinandersetzungen, sondern Auftakt zu einem Dialog, der ein vertieftes Verständnis möglich macht. So gesehen werden die hier beschriebenen unfruchtbaren Konflikte mit anderen nützlich, wenn man sie zum Anlass nimmt, ungeliebte und abgelehnte Teile des eigenen Selbst wieder wahrzunehmen, ihnen Raum lässt und sie willkommen heißt. So wird aus einem unfruchtbaren Konflikt mit anderen ein fruchtbarer Konflikt mit sich selbst, der zu Weiterentwicklung und persönlichem Wachstum führen kann.

Bedürfniskonflikte und ihr Nutzen

Gehen wir für den Moment mal von der irrealen Annahme aus, es würde einen Menschen geben, der sich vollständig akzeptiert und nichts in sich vermeiden muss. Auch ein solcher Mensch hätte Konflikte. Allerdings keine solchen, die ein Ersatz für etwas sind, sondern die zur Regulation des Wohlbefindens dazugehören. Das Leben bewegt sich zwischen den Polaritäten des Wollens. Menschliches Wohlbefinden entsteht durch die Kompetenz, die wesentlichen physiologischen, biologischen und psychologischen Grundbedürfnisse wahrzunehmen, auszudrücken und für ihre Befriedigung Sorge zu tragen. Zu den wichtigsten psychologischen Grundbedürfnissen zählen aus psychologischer Sicht Bindung, Autonomie und Selbstwert. Allerdings stehen diese Bedürfnisse in einem Spannungsverhältnis zueinander (siehe S. 261)

- *Die Ambivalenz des Bindungsbedürfnisses* etwa besteht darin, dass Bindung sich in der Polarität von Nähe und Distanz abspielt. Um mich gebunden zu fühlen, muss ich die Möglichkeit haben, jemandem nahekommen zu können. Andererseits brauche ich die Sicherheit, mich entfernen zu können, ohne befürchten zu müssen, niemanden mehr anzutreffen, wenn ich zurückkomme. Weiterhin brauche ich die Sicherheit des inneren Bezugs und das Vertrauen in den anderen, dass dieser nicht nach dem Prinzip Aus-den-Augen-aus-dem-Sinn lebt.

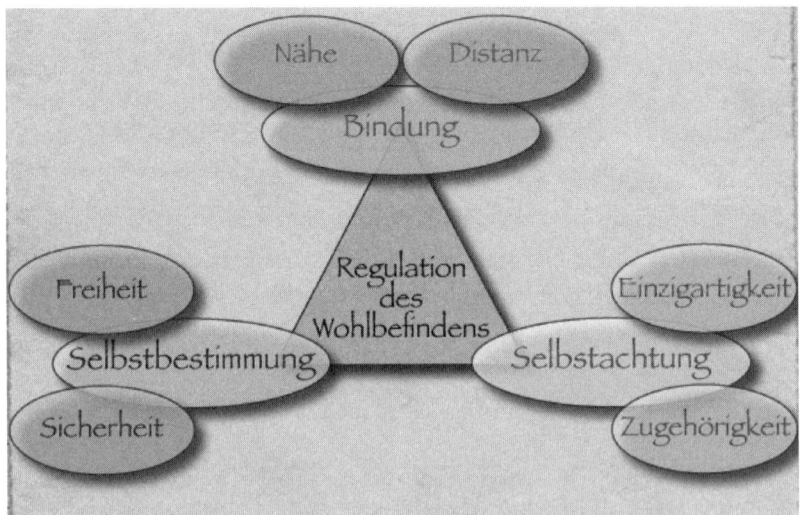

Spannungsverhältnisse der psychologischen Grundbedürfnisse

• *Die Ambivalenz des Selbstbestimmungsbedürfnisses* bewegt sich zwischen Freiheit und Sicherheit. Um selbstbestimmt handeln zu können, brauche ich die Freiheit, das zu tun, was ich möchte. Um jedoch frei zu bleiben, brauche ich Regeln, die mir ein gezieltes, diszipliniertes Vorgehen ermöglichen. Völlige Freiheit ohne Ordnung und Regeln gerät zum Chaos und zur Verwahrlosung. Absolute Sicherheit führt andererseits zum zwanghaft-bürokratischen »Kältetod«, zum rigiden Korsett, welches einen in den eigenen Regeln erstickt.

• *Die Ambivalenz des Selbstwertbedürfnisses* entfaltet sich zwischen Einzigartigkeit und Zugehörigkeit. Um mich wertvoll zu fühlen, brauche ich sowohl das Empfinden, jemand Einzigartiges zu sein, der sich von anderen unterscheidet, als auch das Gefühl, einer unter Gleichen zu sein, der irgendwo dazugehört. Doch: Unterscheide ich mich zu sehr, werde ich zum Außenseiter, ordne ich mich Gruppennormen zu stark unter, verliere ich meine Individualität. Das bedeutet, um Wohlbefinden herzustellen, bedarf es einer unablässigen Regulation. Eine Stabilität ist nur vorübergehend erreichbar und durch die Dynamik dieses sensiblen wie komplexen Prozesses ständig bedroht. Das macht das Leben aufregend und abwechslungsreich – um die positive Seite der Medaille zu nennen. Andererseits leben wir ständig im Konfliktfeld einander widersprechender Bedürfnisse. Das ist der tiefe Grund, warum ein Leben ohne Konflikte nicht möglich ist. Nur gibt es ähnlich wie bei den unfruchtbaren Konflikten auch Möglichkeiten, auf diese Bedürfnisse einzugehen und zu antworten.

Selbsttest: Zu jedem Grundbedürfnis finden Sie Fragen, die Ihnen zeigen, zu welchem Pol Sie neigen oder ob Sie je nach Situation und Kontext unterschiedlich und flexibel reagieren.

1. Nähe versus Distanz: Ist es für mich leichter, »mich zu öffnen« oder »mich zu verschließen«? Geht es mir besser mit »Vereinnahmung« oder »Zurückweisung«? Bin ich eher gefährdet, »mich zu enttäuschen« oder »andere zu enttäuschen«?

2. Freiheit versus Sicherheit: Entscheide ich lieber oder lasse ich lieber entscheiden? Riskiere ich eher oder gehe ich auf Nummer sicher? Verlasse ich oder werde ich verlassen?

3. Einzigartigkeit versus Zugehörigkeit: Setze ich eher auf »Mich verständlich machen« oder auf »Den anderen verstehen«? Schließe ich eher aus oder lasse ich mich eher ausschließen? Fällt es mir leichter, mich zu zeigen oder in der Menge zu verschwinden?

Und: Finden Sie sich auf einer Seite wieder? Finden Sie das im Wesentlichen gut oder leiden Sie darunter? Wie erklären Sie sich Ihre Vorlieben? Was fällt Ihnen dadurch leicht, womit tun Sie sich eher schwer? Jeder Mensch hat in der Regel für jeweils einen der Pole eine Vorliebe. Insbesondere unter Stress und Unsicherheit suchen wir den vertrauteren, erprobteren und sichereren Pol. Manche Menschen geben aber einen Pol ganz auf und fixieren sich stark. Das reduziert aber stark die Möglichkeit, situationsgerecht zu handeln. Wenn sich jemand immer zurückzieht oder immer Nähe sucht, wenn nur die Freiheit zählt oder ihm Sicherheit über alles geht, man immer etwas Besonderes sein möchte oder alles tut, um dazuzugehören, dann ist das ein ausgesprochen ungünstiger und letztlich unglücklich machender Verhaltens- und Erlebensstil. Diese mangelnde Flexibilität führt zwangsläufig im sozialen Leben immer wieder zu kleinen und größeren Konflikten. Insbesondere natürlich dann, wenn jemand mit einer gegenteiligen Fixierung mit im Spiel ist. So findet sich der auf Sicherheit bedachte Vorgesetzte im Dauerclinch mit dem freiheitsorientierten, kreativen Mitarbeiter, der auf Flexibilität gegenüber dem Kunden setzt. Denn dadurch, dass er in punkto Freiheit schwach und inkompetent ist, neigt er dazu, das bei anderen Menschen zu bekämpfen, was er selbst nicht stark entwickelt hat.

Aktion: Nehmen Sie sich einen Moment Zeit und reflektieren Sie, welche Vorlieben, Einseitigkeiten oder Fixierungen in Ihrem eingangs gewählten Beispiel eine Rolle spielen (könnten). Je fixierter jemand in seiner eigenen Orientierung ist, was die Grundbedürfnisse anbelangt, desto schwerer wird er sich mit Situationen tun, in denen er flexibel sein muss. In unserem Beispiel mit der Führungskraft sollte diese Verständnis für den Wunsch nach Freiraum und Autonomie des Mitarbeiters aufbringen können, umgekehrt der Mitarbeiter für das Sicherheitsbedürfnis seines Vorgesetzten. In der Regel entwickeln sich solche Kontakte aber zu wechselseitigen Abwertungsspiralen und Vorwurfsorgien. »Der Depp von Chef denkt nur an seine Vorgaben, und mir geht der Auftrag flöten, weil er mir mal wieder nichts zutraut!« »Der Meier hat keine Ahnung, was hier los wäre, wenn ich jeden machen lassen würde, was ihm so einfällt!« So fühlt sich jeder in seiner Sicht bestätigt und kann sich jedes Einfühlungsvermögen in andere sparen. Denn: Je weniger jemand auf eigene Bedürfnisse hören und eingehen kann, desto weniger kann er sich in andere hineinversetzen. Soziale Kompetenz generiert sich also stark aus der Fähigkeit, alle sechs Grundbedürfnisse in sich wahrnehmen und angemessen befriedigen zu können, um so zu einem Perspektivenwechsel fähig zu sein, sich in andere einfühlen zu können.

Selbsttest: Können Sie Grundbedürfnisse erkennen?

Jede der folgenden Aussagen bezieht sich darauf, wie gut Sie als Führungskraft dem jeweiligen Grundbedürfnis eines Mitarbeiters begegnen können. Lesen Sie die Beschreibungen durch und geben sich selbst spontan eine Note von eins bis sechs.

Aussage	Das trifft auf mich zu			nie/nimmer zutreffend		
	1	2	3	4	5	6
Nähe: Sie sind erreichbar, hören zu, nehmen Anteil an Gefühlen, ermutigen und sind präsent.						
Man kommt gerne zu Ihnen.						
Wenn Fehler passieren, hat man die Sicherheit, mit Ihnen gut darüber reden zu können.						
Man fühlt sich von Ihnen unterstützt.						
Distanz: Sie sind jemand, der klar Nein sagt, wenn Sie etwas nicht wollen.						
Sie fordern deutlich etwas ein.						
Sie setzen klare Strukturen, sind gerecht, handeln nicht nach Sympathie und setzen klare Grenzen.						
Wenn Ihnen etwas nicht gefällt, zum Beispiel Minderleistung, sprechen Sie dies klar und schnell an.						
Freiheit: Sie lassen anderen ihren Raum, nehmen sich selbst unbefangen den ihren und delegieren.						
Sie mischen sich nicht unnötig bei anderen ein und vertrauen auf die Kompetenz der anderen.						
Sie verleihen die nötige Macht, um Aufgaben zu bewältigen, die Sie delegiert haben.						
Sicherheit: Sie haben klare Vorstellungen und teilen diese auch klar mit.						

Sie setzen eindeutige Werte, Regeln und Ziele und halten diese auch bei Gegenwind durch.						
Man weiß, wo es hingeht und wie man mit Ihnen dran ist.						
Einzigartigkeit: Sie sind jemand, der sich deutlich hervorheben kann und dies ohne Abwertung von anderen gestaltet.						
Sie zeigen sich, ohne zu prahlen, und können auch mit dem Hervortun anderer ohne Neid und Eifersucht umgehen.						
Ihre Wertschätzung für Ihre Mitarbeiter und Kollegen, die sich hervortun, kommt zeitnah und glaubwürdig.						
Sie würdigen die Leistung anderer deutlich und auch öffentlich.						
Zugehörigkeit: Sie haben viel Aufmerksamkeit für Ihr Team und Ihre Organisationsumwelt.						
Sie achten auf die Stimmung und das Arbeitsklima. Sie sorgen dafür, dass niemand ausgegrenzt wird oder Sündenböcke gesucht werden.						
Sie kümmern sich darum, dass Zeit für notwendige Besprechungen ist, Tabus, über die nicht gesprochen wird, gibt es nicht.						

Wenn Sie ehrlich zu sich waren, werden Sie sich unterschiedliche Noten gegeben haben. Niemand deckt die ganze Bandbreite menschlicher Möglichkeiten gleich kompetent ab. Bei den Bedürfnissen, bei denen Ihre Noten schlechter sind, liegen Ihre Konfliktfelder. Kommen Mitarbeiter, Kunden oder Kollegen mit einem solchen Anliegen auf Sie zu, sind Sie gefährdet, unzureichend, ungünstig oder destruktiv zu reagieren. Sie können das immer daran erkennen, wenn Sie sich über das Verhalten anderer wundern, aufregen, genervt sind, es abwerten, blöde Witze darüber reißen oder sich zurückziehen. Wenn Sie diese Phänomene ernst nehmen, haben Sie wichtige Entwicklungsfelder in Ihrer Führungskompetenz identifiziert.

Umgang bei Konflikten mit Mitarbeitern

Konfliktfähigkeit in der Führungsrolle zeichnet sich dadurch aus, dass man erkennt, welches Bedürfnis hinter den jeweiligen Verhaltensweisen von Mitarbeitern und Kollegen steckt. Ganz entscheidend ist dies, wenn Krisen sich ankündigen, etwa wenn Mitarbeiter anklagend oder passiv aggressiv reagieren. Denn: Hinter jedem Angriff verbirgt sich ein Bedürfnis. Wer diese Bedürfnisse bekämpft, hat sich für den Konflikt entschieden. Als Führungskraft können Sie sich von dem Gedanken verabschieden, dass Sie jemand, den Sie nicht verstehen oder gar ablehnen, konstruktiv führen können. Sie können ihn unter Druck setzen und ängstigen. Aber durch »Führen mit Angst und Disziplinierung« schaffen Sie vielfach nur Minderleistung, Demotivation und Sabotage. Und: Einen Mitarbeiter in seinen Anliegen und Motiven zu verstehen, bedeutet keineswegs, ihm seine Wünsche zu erfüllen, sondern vielmehr, sich zu begegnen. Dialog ist die Alternative zum Konflikt. Es geht also darum, genau und in der Tiefe zu ergründen, welche Motive hinter Konflikten oder problematischen Verhaltensweisen von Mitarbeitern stehen. Nicht selten sind »schwierige« Mitarbeiter ein Feedback an Sie selbst! Der Hauptfehler im Umgang mit Konflikten ist aus meiner Sicht der, dass man zu früh versucht, eine Lösung zu finden. Solange die Konfliktparteien nicht wechselseitig verstanden haben, worum es wirklich geht, was auf dem Spiel steht, welche verdeckten Anliegen, welche Fixierungen und Ängste und welche Manipulationsversuche im Spiel sind, werden entweder keine oder schlechte und nicht nachhaltige Lösungen gefunden werden können. Verstehen kommt vor Lösen!

Folgende Checkliste können Sie immer zur Hand nehmen, wenn Sie sich auf ein Konfliktgespräch vorbereiten und die bislang aufgeführten Zusammenhänge berücksichtigen wollen. Fragen Sie sich dann:

- Wie geht es mir selbst mit der Konfliktperson?
- Welche (unangenehmen) Gefühle werden in mir durch welches Verhalten ausgelöst?
- Was sind meine wunden Punkte in dem Konflikt?
- Warum »muss« ich mich zum Beispiel über jemanden ärgern?
- Welche eigenen Automatismen sind da im Spiel?
- Welche (unangenehmen) Gefühle versucht möglicherweise mein Gegenüber mithilfe des Konflikts (unfruchtbar) zu bearbeiten?
- Was versucht er auf der emotionalen (nicht auf der sachlichen!) Ebene für sich zu erreichen?
- Welche unbenannten oder unausgesprochenen Wünsche und Anliegen sind bei mir im Spiel? Gibt es etwas, was ich nicht wage, offen anzusprechen (aus Angst vor Verletzung o. ä.)?
- Versuche ich indirekt, ohne eigenes Risiko eine bestimmte Botschaft zu vermitteln?
- Welche unbenannten oder unausgesprochenen Wünsche und Anliegen sind beim anderen vielleicht im Spiel?
- Was wagt der andere möglicherweise nicht offen und direkt bei mir anzusprechen?
- Wo hat der andere unter Umständen Angst vor mir?
- Gibt es bei mir oder beim anderen Vorwürfe, negative Bewertungen oder Schuldgefühle? Wenn ja, welche enttäuschten Erwartungen, welche unausgesprochenen Anliegen, welche Werte und Normen stecken dahinter?
- Was sind möglicherweise Aussagen und Ansichten des Konfliktpartners, welche geeignet sein könnten, mich zur Weißglut zu bringen und meine Selbststeuerung zu gefährden?
- Wie könnte ich mich davor schützen, um nicht in die Situation zu kommen, wo nicht ich einen Konflikt habe, sondern der Konflikt mich hat?
- Was sind Aussagen und Ansichten von mir, die den Konfliktpart-

ner in Abwehrreaktionen und heftige Gefühle bringen könnten? Wie könnte ich mich davor schützen, diese zu äußern?

- Gibt es Hinweise darauf, dass die Konfliktparteien unterschiedliche Polaritäten repräsentieren?
- Gibt es Hinweise darauf, dass man versucht, die andere Seite der Medaille zu bekämpfen?
- Gibt es Hinweise, dass im Grunde beide Anliegen sinnvoll und wertvoll sind? Welchen Spielraum finde ich in mir, aus meiner Fixierung auf ein Ziel herauszufinden?

Wenn Sie diese Analyse vorab erarbeiten, ist die Wahrscheinlichkeit hoch, dass Sie ein Stückchen weiterkommen und nicht im Versuch, den Konflikt zu bearbeiten, ihn erneut anfachen. Viele Klärungsversuche enden ja leider in einer Konfliktwiederholung und -verschärfung. Je mehr Bewusstsein Sie über Ihre eigenen wunden Punkte und die des anderen haben, je mehr sie über Ihre wahren Beweggründe und die des Gegenübers wissen, desto mehr Steuerungspotenzial haben Sie. Wenn Sie sich ernsthaft damit beschäftigen, werden Sie feststellen, wie wenige der Fragen oben Sie in aller Regel gut und substanziell beantworten können. Daher haben Konflikte leider oft den Charakter, dass die Menschen die schärfsten Messer, die sie haben, in die Hand nehmen und sich dann aber die Augen verbinden und die Ohren verschließen, bevor sie aufeinander losgehen.

Wer in einen Konflikt geht, sollte wissen, was sich in ihm selbst abspielt, und sollte alle Achtsamkeit, die er besitzt, nutzen. Einige Mittel, um sich etwas besser zu verstehen und Ihre Aufmerksamkeit zu steigern, haben Sie nun in der Hand. Gutes Gelingen!

Buchtipps:

Becker, Henning/Hugo-Becker, Annegret: Psychologisches Konfliktmanagement: Menschenkenntnis – Konfliktfähigkeit – Kooperation, DTV-Beck, 4. Aufl. 2004.

Glasl, Friedrich: Selbsthilfe in Konflikten: Konzepte, Übungen, Praktische Methoden, Freies Geistesleben, 5. Aufl. 2007.

Kreyenberg, Jutta: Handbuch Konflikt-Management, Cornelsen, 2004.

Rosenberg, Marshall: Konflikte lösen durch gewaltfreie Kommunikation: Ein Gespräch mit Gabriel Seils, Herder, 9. Aufl. 2004.

Schreyögg, Astrid: Konfliktcoaching und Konfliktmanagement in Schulen, Deutscher Psychologen Verlag, 2008.

Klaus Eidenschink, geb. 1960, ist Geschäftsführer der Beratungsfirma »Eidenschink & Partner« (www. eidenschink.de) und hat sich als Experte auf Coaching und Konfliktmoderation für das Top-Management, für Vorstands- und Geschäftsführerteams spezialisiert. Daneben macht er Teamentwicklung mit sogenannten schwierigen Teams, berät bei Intergruppenkonflikten und begleitet Change-Prozesse. Eidenschink ist Leiter des Coaching-Zentrums »Hephaistos« in München, das Aus- und Weiterbildung für Coaches, Trainer und Berater anbietet. Als Lehrbeauftragter für Unternehmensführung unterrichtet er an der Fachhochschule Aalen, er hält Vorträge und ist Key-Note-Speaker auf Kongressen und Firmenveranstaltungen. Eidenschink schrieb mehrere Kolumnen im »SZ-Management« der »Süddeutschen Zeitung«, veröffentlichte Artikel im »Harvard Business Manager«, eine 20-teilige Serie über Coaching im »Münchner Merkur« sowie Fachartikel.

Petra Bernatzeder/Reinhard Nagel

Erneuerbare Energie – Mental Body Energy für Führungskräfte

Wer in einer komplexeren und beschleunigten Welt auch in Zukunft Spitzenleistungen erbringen möchte, muss wissen, was ihm Kraft gibt. Dr. Petra Bernatzeder und Reinhard Nagel zeigen, welche Energiequellen Führungskräfte anzapfen können.

Sie brennen für ihren Job, begeistern Mitarbeiter für Spitzenleistungen, arbeiten 10 Stunden und mehr und verausgaben sich dabei komplett: die besonders engagierten Chefs. Ein Verhalten, das wir immer häufiger beobachten und das eine Reihe ernst zu nehmender gesundheitlicher Probleme nach sich zieht – für Chefs ebenso wie für ihre Mitarbeiter. Was genau ihre Energie aufzehrt, wollen wir gemeinsam mit den Entscheidungsträgern herausfinden, um dann zusammen mit ihnen Führungsstärke zu entwickeln. Mit dem Ziel, dazu beizutragen, »leistungsstarke« und »gesundheitsfördernde« Führungskulturen aufblühen zu lassen, denn das ist unsere Profession. Dabei gehen wir von der Grundannahme Albert Einsteins (1873–1955) aus: »Probleme, die auf einer bestimmten Ebene entstehen, lassen sich nicht auf derselben Ebene lösen.« Diese Einsicht wird in der Arbeitswelt, im Gesundheitswesen sowie im Privatleben noch viel zu selten umgesetzt.

Zahlreiche Studien zeigen, dass in den letzten Jahren immer mehr Menschen unerwünschte negative, unmotivierte und pessimistische Verhaltensweisen entwickelt haben, die von Lustlosigkeit bis zu einem vorher nie gekannten Ausgebranntsein reichen.

Der Einstein'schen Einsicht folgend, können diese Probleme nicht ausgeschaltet werden, indem auf der Verhaltensebene die »falschen« durch andere, vermeintlich »richtige« Verhaltensweisen ersetzt werden. Wenn zum Beispiel Stress entsteht, weil ich mich immer perfekt zeigen will, dann kann ich mich nur gelassen und souverän verhalten, wenn ich den dahinterstehenden Glaubenssatz verändere. Ob möglicherweise die Einstellung und die innere Überzeugung »Ich arbeite sorgfältig, um beste Qualität zu leisten« eher zu mir passt!? Es bedarf also neuer grundlegender Einsichten und Veränderungen in tiefer liegende Strukturen, wie in dem vorherigen Beispiel der Werte-Ebene. *Daher ist es wichtig, bewusste Gewohnheiten nach dahinterliegenden verhaltensbestimmenden Ebenen zu erkunden und nach Prägungen zu fahnden, die unsere innere Landkarte ausmachen, nach der wir »funktionieren«.* Eine Fähigkeit, die in Zukunft umso wichtiger wird, wenn es gilt, mit noch knapperen Ressourcen, noch weniger Erwerbstätigen und noch älteren Mitarbeitern Spitzenleistungen und herausragende Ergebnisse zu erzielen.

Um sich durch diese Anforderungen nicht noch mehr zu verausgaben, müssen sich alle Entscheidungsträger weiter qualifizieren. Der von uns konzipierte und seit 1993 praktizierte Weg ist das »MBE LeadershipCoaching«. Dieser Coachingansatz hat sich zunächst im Leistungssport bewährt (mit nationalen und internationalen Erfolgen im Golfsport) und ist – aktualisiert mit den neuesten Erkenntnissen aus Neuro- und Lernwissenschaften – ein Fitmacher auch für Führungskräfte. Dabei steht MBE für Mental Body Energy, für die geistig-körperliche Energie. Sie wirkt auf vier Ebenen:

- Informationsverarbeitung
- Werteorientierung
- Selbstkompetenz und
- Soziale Kompetenz

Emotion:		Geist:
Sozialkompetenz		**Informationsverarbeitung**
positive kooperative Einstellung, Wertschätzung auch für Andersdenkende, Loyalität, emotionale Intelligenz, Interdependenz		Wahrnehmung mit allen Sinnen, Aufmerksamkeitsfokus auf Konstruktives, effektive Kommunikation, ergebnisorientiertes Feedback, mentale Stärke
Körper: **Selbstkompetenz** Körperwahrnehmung Körperliche Fitness, Ernährung, Schlaf-Ruhe-Pausen, Bewegung - Entspannung, Gesundheit, Authentizität, Intuition, Bewusstheit	**Energie-Depot für Bestleistungen**	
	Sinnhaftigkeit: **Werteorientierung** Positive Einstellung, Bedeutung, Ethik, Wichtigkeit, Prioritäten- und Zeitmanagement, Vision, Ziele, Integrität	

Mental Body Energy **vernetzt auf vier Ebenen grundlegende Prinzipien der Psycho-, Neuro- und Lernwissenschaften, damit Leistungsträger mit erneuerbarer Energie beständige Bestleistungen bringen**

Auf all diesen vier Ebenen können wir wie bei einer Batterie Energie auftanken. Nur mit dem Unterschied, dass diese Energie nie versiegt, weil es sich um ein Depot mit erneuerbarer Energie handelt. Wer um diese vier Energiedepots weiß und sie anzapft, ist bestens für die Zukunft und ihre neuen Herausforderungen gewappnet. So gelingt es, Tag für Tag Führungsstärke unter Beweis zu stellen und zusammen mit dem Team Spitzenleistungen zu erbringen – ohne sich zu verausgaben. Das ist das Ziel der vier »Führungs-Energie-Ebenen«, die wir Ihnen hier im Einzelnen nun vorstellen:

1. Ebene: Informationsverarbeitung

Jeder kennt das Phänomen, dass man etwas sagt, was bei seinem Gegenüber ganz anders ankommt und umgekehrt. Wollen wir den Informationsfluss mit anderen und in uns selbst verbessern, müssen wir die Qualität unserer kommunikativen Fähigkeiten erweitern. Dafür ist es hilfreich, grundlegende Mechanismen zu erkennen.

• Unsere Wahrnehmung und unser Erleben der Welt speichern wir intern mittels Sprache mit allen Sinnen. Diese Wahrnehmungen werden von jedem ganz individuell, ausgehend von seinem Modell der Welt, gefiltert, gespeichert, codiert, bewusst und unbewusst bearbeitet. Die Art und Weise, wie wir unsere Erfahrungen verarbeitet haben, kommt dann wieder sprachlich und durch unsere Mimik und Gestik zum Ausdruck.

• Jeder kann lernen, seine bewussten und unbewussten internen »Prägungen« und »Einstellungen« zu erkennen. Ebenso können wir lernen, zu unterscheiden zwischen Einstellungen, die uns nützlich sind, und denjenigen, die uns einschränken. Erst dann können wir uns wertschätzend von den limitierenden verabschieden und uns auf die nützlichen konzentrieren.

• Wir können die Fähigkeit entwickeln, einschränkende Gewohnheiten, unliebsame problematische Muster und bestehende Konflikte zu bearbeiten und aufzulösen. Gelingt uns das, so haben wir mehr Freiheit und mehr Wahlmöglichkeiten im Denken, Erleben und Verhalten und sind darüber hinaus für die zukünftigen Herausforderungen bestens gewappnet.

• Eine verbesserte innere Kommunikation, die frei von ungeprüften Bewertungen ist, schafft die Voraussetzung, beim Erreichen seiner Ziele den bestmöglichen Weg zu wählen. Die Regiearbeit dafür findet in unserem Gehirn mittels neuronaler Verknüpfungen im Nervensystem statt.

• Es liegt in unserer Macht, ob wir unsere Handlungen, das Verhalten, den Gebrauch der Sinne, das Denken, unsere Emotionen, den Körperzustand, die Beweglichkeit, Mimik und Gestik bewusst steuern. Ob wir dies tun und die Art, wie wir das tun, basiert auf unseren Einstellungen, Werten und dem, was wir von uns glauben.

• Wenn wir unsere innere Erlebniswelt mittels Sprache in die von uns gewünschte Richtung verändern, erreichen wir die Erweiterung eigener Fähigkeiten. Damit entwickeln wir als Führungskraft die besten Grundlagen für Leadership- und Coachingkompetenz.

Unsere MBE-Strategie

• Trainieren Sie Ihre Sinne auf allen Kanälen. Damit Sie mehr Energie, Motivation, Lust und Freude im Arbeitsalltag haben, sollten Sie den Gebrauch Ihrer fünf Sinne üben. Zum Beispiel, indem Sie die besonders positiven Erlebnisse des Tages (auch kleine Dinge wie ein herzliches Dankeschön, ein freundliches Lächeln, ein positives Telefongespräch etc.) als einprägsames Bild visualisieren und die damit verbundenen auditiven Eindrücke nachklingen lassen. Über diese Fähigkeit des Nacherlebens der positiven inneren Bilder beeinflussen wir unseren Stoffwechsel positiv. Gleichzeitig schärfen wir die Aufmerksamkeit dafür, was uns guttut. Wir lernen, die Aufmerksamkeit dahin zu richten, wo positive Energie fließt, anstatt blockierende »Ärgerpotenziale« zu aktivieren, die uns »sauer« machen und die Anspannung in unserem Körper steigern. Mit der Fähigkeit, erfolgreiche Erlebnisse mit allen Sinnen nachzuerleben und den Energiefluss dabei sensibel wahrzunehmen, trainieren Sie die Grundlage für das Vorwegerleben eindeutiger Ziele. Dieses Vorwegerleben mit allen Sinnen kann zu einem ungeahnten Motivationsschub zur turboschnellen Erreichung eines Zieles beitragen.

• Entwickeln Sie Zukunftskompetenz in Sachen Wissen. Wenn Sie wissen, was in Zukunft in unserer Informationsgesellschaft auf uns zukommt, haben Sie auch eine Vorstellung davon, von welchen Prägungen (Paradigmen) Sie sich wertschätzend verabschieden sollten. Und welche Sie stattdessen flexibel übernehmen sollten. Nach Einschätzung des Zukunftsforschers Erik Händeler befinden wir uns im Moment zwischen den gesellschaftlichen und wirtschaftlichen Langzeitwellen des fünften und sechsten Kondratieff-Zyklus, und das macht uns zu schaffen! Wir haben uns von dem vergangenen fünften

Wirtschaftszyklus und seinen Prägungen noch nicht gelöst, obwohl der neue sechste Zyklus mit seinen veränderten Bedingungen bereits begonnen hat.

Im Fokus des fünften Kondratieff des vergangenen Langzeitzyklus waren prägend:

- Zentrale Rolle von Informatik und Informationstechnik
- Rationalisierung gut strukturierter Arbeitsabläufe
- Computergestützter Umgang mit sicherem Expertenwissen
- Optimierung von Informationsflüssen in Organisationen
- Organisation von Informationsflüssen zwischen Mensch und Maschine
- Vorherrschende Entweder-oder-Logik/Verhalten
- Gesundheit bedeutet »Abwesenheit von Krankheit« und ist Privatsache

Das sind die wesentlichen Elemente des sechsten Kondratieff, des neuen Langzeitzyklus:

- Zentrale Rolle der individuellen und sozialen Kompetenz
- Rationalisierung wenig strukturierter Arbeitsabläufe
- Computergestützter Umgang mit ungenauem Wissen
- Optimierung von Energie- und Informationsflüssen im und zwischen Menschen
- Organisation der zwischenmenschlichen Beziehungen
- Sowohl-als-auch-Logik gewinnt an Bedeutung
- Gesundheit und Leistungsfähigkeit werden zum wichtigsten wirtschaftlichen Faktor

Die Umstellung auf diese neuen Verhaltensweisen ist für viele eine große Herausforderung. Denn Neues zu verinnerlichen, braucht Zeit und den Mut, sich auf tiefgreifende Lernprozesse einzulassen.

Selbsttest: Wo stehen Sie?

Suchen Sie zunächst nach Beispielen für Ihre Paradigmen im vorherigen Langzeitzyklus und dann nach Beispielen für den kommenden Kondratieff- Zyklus und fragen Sie sich:

- In welchen »alten« Paradigmen bin ich noch verhaftet?
- Welchen neuen Paradigmen habe ich mich bereits genähert oder welche habe ich schon verinnerlicht?

Die neuen Herausforderungen sind nur mit einer auf die veränderten Bedingungen angepassten Einstellung und den daraus resultierenden Verhaltensweisen erfolgreich zu meistern.

2. Ebene: Werteorientierung

Menschen, deren Leben von ethischen Grundsätzen und Werten bestimmt ist und die von dem tiefen Wunsch geleitet sind, integer zu sein, werden sich auf die immer schnelleren Veränderungen und Paradigmen leichter einstellen, wachsen und erfolgreich ihren Weg gehen. Diejenigen, die nicht danach leben, werden es zunehmend schwerer haben, anstehende Veränderungen zu bewältigen. Weshalb ist das so? Die neuen Herausforderungen und Paradigmen verlangen von uns geschärfte Sinne, Bewusstheit und Weitblick. Wir müssen lernen, uns über Grundsätze, Prinzipien und Werte zu definieren, die uns Sicherheit und Orientierung geben in einer komplexen, sich extrem schnell verändernden Welt. Daher halten wir nachfolgende Integritätsmerkmale für besonders wichtig. Sie sind unvollständig und sollen dazu anregen, sie mit den eigenen Merkmalen zu ergänzen.

Aktion: Welche Grundsätze und Werte sind für mich von hoher Bedeutung?

Wählen Sie aus den nachfolgenden die wichtigsten aus oder ergänzen Sie unsere Liste:

Charakterstärke

Vertrauen

Bemühen um ehrliche Kommunikation

tiefe Liebe

Freude

Begeisterung

Fairness

Transparenz und Offenheit

angemessene Bescheidenheit

Versprechen halten

Dienen und geben

Nutzen bieten

Andere partnerschaftlich mit einbeziehen

Das Zutrauen anderer gewinnen

Groß sein in kleinen Dingen

Zuverlässigkeit – Vertrauenswürdigkeit

Wertmaßstäbe einhalten

Verständnis zeigen

Ideale leben

...

All diese Werte sind zeitlos, selbstverständlich und universell – sie gelten immer. Es sind Merkmale, die zu vorbildlichem Führungsverhalten beitragen. Offenheit und Transparenz zum Beispiel sind nur einzulösen, wenn Führungskräfte sich von Grund auf an diesen Integritätsmerkmalen orientieren. Zwar mag Ehrlichkeit sich selbst und anderen gegenüber zunächst recht konservativ klingen, sie war, ist und bleibt aber das Fundament für innere Stärke und ist die Garantie für nachhaltigen Erfolg. Hat dieses Fundament Risse oder ist auf Sand gebaut, entstehen viele Verluste, menschliche, ökologische und ökonomische.

Doch: Sind diese Prinzipien und Werte tief in uns verankert, bilden sie die beste Sicherheit für den Umgang in allen Lebenssituationen, besonders in den schwierigen und unvorhersehbar neuen. Das gilt für das Berufliche wie für das Private. Klare Werte ermöglichen es uns, die richtigen Entscheidungen zu treffen. Damit finden Sie als Führungskraft die Stärke, die Vielzahl an Veränderungen zu meistern, und besitzen ein feines Gespür für die richtige Richtung und den Nutzen.

Grundsätzlich stehen die immateriellen vor den materiellen Werten. Diese sind unentbehrlich und unverkäuflich. Es sind die immateriellen Werte, die für den geschäftlichen, privaten und persönlichen Erfolg am meisten Bedeutung haben. Sie zeigen sich in kleinen Dingen und Verhaltensweisen, vollziehen sich im Inneren und werden nicht durch äußere Umstände bestimmt. Werden diese Merkmale mit Leben gefüllt, sind sie wie der beste persönliche Freund: Sie schaffen tiefes Selbstvertrauen und geben Sicherheit.

Unsere MBE-Strategie:

• Mehren Sie Vertrauen. Stellen Sie sich vor, Sie arbeiteten in einem großen Projekt, in dem viele Leute aus unterschiedlichen Bereichen ein gemeinsames Ergebnis liefern sollen. Je größer das Vertrauen, die Verlässlichkeit und die Wertschätzung ausgeprägt sind, desto schneller und besser das Ergebnis. Leider merken wir die Bedeutung dieser Werte vor allem dann, wenn sie fehlen.

• Werden Sie mitarbeiterorientiert. Werte können sich durchaus rechnen. Eine Studie im Auftrag des Bundesministeriums für Arbeit und Soziales hat ergeben: Firmen mit einer mitarbeiterorientierten Unternehmenskultur machen etwa 30 Prozent mehr Gewinn als die, die nur über den Preis erfolgreich sein wollen. Die Untersuchung belegt erstmals weltweit, dass das Engagement der Beschäftigten den Unternehmenserfolg beeinflusst. Stolz auf die Firma zu sein und die Identifikation mit dem Unternehmen sind tragende Säulen des Gewinns. Führungskräfte müssen darauf achten, ihre Mitarbeiter voll im Boot zu haben. Die wesentliche Grundlage dafür ist die Passung von Unternehmenszielen und persönlichen Zielen der Mitarbeiter. Dies gelingt durch Kommunikation in persönlichen Zielvereinbarungsgesprächen oder durch gemeinsame Zieldefinitionen mit einem Projekt-Team.

3. Ebene: Selbstkompetenz

Bewusstheit ist die Grundlage für einen kontinuierlichen Verbesserungs- und Wachstumsprozess, der unsere Fitness und Leistungsfähigkeit nachhaltig sichert. Bewusstheit ergibt sich aus der Art, wie wir denken, mit unseren Gefühlen umgehen, unsere Sinne nutzen und uns bewegen. Eine wichtige Frage ist die, wie wir diese angeborenen Fähigkeiten verbessern können, damit wir stolz darauf sein können, wie wir mit uns selbst umgehen. Wie Sie sehen, geht es auf dieser dritten Ebene besonders um uns selbst, um unsere Identität.

Auf der ersten Ebene entwickeln wir Coachingkompetenzen, mit denen wir unsere kommunikativen Fähigkeiten mit allen Sinnen erweitern, um einen verbesserten Informationsfluss aufzubauen.

Die Art, wie wir denken, welche Einstellungen wir haben und was wir von uns selbst glauben, wie wir innere Sicherheit gewinnen, darum geht es auf der zweiten Ebene.

Auf der nun aktuellen dritten Ebene können wir lernen, durch einen einfühlsamen, achtsamen Gebrauch unseres Körpers einen bewussten Umgang mit uns selbst zu fördern, um wirklich fit zu werden.

Wir bevorzugen dafür einen identitätsstiftenden, den ganzen Menschen einbeziehenden, von Dr. Moshe Feldenkrais (1904–1984) konzipierten Lernprozess: »Bewusstheit durch Bewegung«. Es ist ein Weg, auf dem wir mit Bewegung unser ganzes Potenzial entfalten und erfolgreich nutzen. Einem Nachreifungsprozess unseres Nervensystems gleich können wir mit dem von ihm entwickelten Bewegungen mit Freude lernen, uns schmerzfrei, dynamisch und in unserer individuell entwickelten Körperstruktur weitblickender zu bewegen: In diesem Lernprozess erweitert sich unser Bild von uns selbst. Die Art, wie wir handeln, wird bewusster und effektiver. Wir schaffen Voraussetzungen, die Ganzheit von Körper, Geist und Seele in Einklang zu bringen. Wir können Potenziale in uns entdecken, entfalten und erfolgreich nutzen, von denen wir annahmen, dass sie nur anderen vorbehalten seien. Diese identitätsfördernden Lernprozesse haben wir mit vielen Menschen mitgestalten und miterleben dürfen. Die Resultate sind »Geschenke«, die nur selbst erlebt werden können, um sie in ihrer Bedeutung ganz zu erfassen: »Alles Leben ist Bewegung. Beweglicher werden, heißt, lebendiger zu werden, körperlich, seelisch, geistig«, so Dr. Moshe Feldenkrais.

Fassen wir zusammen: Auf der dritten Ebene geht es darum, eine Bewusstheit anzustreben, die unsere Identität stärkt. Dies erhöht die Selbstreferenz, unterstützt das Selbstbewusstsein, schafft innere Balance, fördert den Umgang mit bewusstem und unbewusstem Erfahrungswissen, stärkt das Fundament für intuitive Entscheidungen, ermöglicht hohe geistige Flexibilität und körperliche Beweglichkeit, gibt innere Ruhe und Kraft und erhöht das Authentischsein. Es fordert uns aber vor allem auch auf, pro-aktiv für uns und unseren Körper zu sorgen. Dazu gehört es, sich regelmäßig zu bewegen, zum Beispiel, indem Sie es sich zur Gewohnheit machen, immer die Treppe zu benützen, statt mit dem Lift zu fahren. Oder mindestens 4 mal pro Woche eine halbe Stunde walken, schwimmen, Rad fahren oder Sportarten betreiben, die Ihnen Freude machen.

Wichtig ist entsprechend auch, dass Sie sich richtig ernähren. Zum Beispiel, indem Sie auf den glykämischen Index achten, der für die Insulinausschüttung im Körper und damit für den Aufbau von Fettreserven verantwortlich ist. Und täglich ausreichend (mindestens 2 bis 3 Liter) Wasser oder ungesüßte Getränke trinken. Ihre Zellen trocknen aus und verschrumpeln zu Rosinen, wenn sie zu wenig Wasser erhalten. Die Folge: Die Anspannung im Körper steigt.

Unsere MBE-Strategie:

Werden Sie gesundheitskompetent, indem Sie:

- den Wert von »Resilienz« erkennen. Das ist die Fähigkeit, bei hohen Anforderungen flexibel zu agieren, inmitten einer durch Druck und Schnelligkeit sowie durch kontinuierliche Veränderungen gekennzeichneten Umgebung. Wenn ein Gummiband ständig überdehnt wird, wird es brüchig und reißt. Resilienz hilft, elastisch zu bleiben.
- wissen: Was hält gesund – was macht krank?
- »Salutogenese« kennen. Das bedeutet, dass Sie Kenntnis über die Faktoren besitzen, die uns Menschen gesund erhalten. Gesunderhaltung wird das wichtigste volkswirtschaftliche Gut. Denn wer mental gesund ist, kann die erforderlichen Spitzenleistungen bringen.
- Ihr eigenes psychisches und physisches Stressempfinden verfeinern, um Wahlmöglichkeiten für den besten Weg in einer kritischen Situation zu besitzen.
- den Stress von Mitarbeitern und unter Kollegen wahrnehmen und damit umgehen (mehr siehe Klaus Eidenschink: »Konflikte sind bereichernd – nutzen Sie ihr Potenzial!«, Seite 253).
- den Einfluss Ihres Führungsverhaltens auf die Belastbarkeit Ihrer Mitarbeiter kennen.
- die Kraft der inneren Bilder erkennen und nutzen.

4. Ebene: Soziale Kompetenz

Emotional intelligente Führung ist ein weiterer Garant für erneuerbare Energie und Loyalität. Die Aufgabe, mit Emotionen konstruktiv und vorausschauend umzugehen, ist dabei von zentraler Bedeutung. Diese Fähigkeit ist sowohl das ursprünglichste als auch das wichtigste Element von Führung – von uns selbst und von anderen. Es gehört zu den grundlegenden Führungsaufgaben, Emotionen in eine positive Richtung zu lenken. Es gilt, negative Stimmungen zu beseitigen, die durch mangelnde Wahlmöglichkeiten in der Wahrnehmung entstanden sind, durch Missverständnisse und Konflikte, die zum Beispiel unter den Teppich gekehrt wurden.

Wenn Führungskräfte im Unternehmen die Emotionen in eine positive Richtung lenken und Begeisterung für Spitzenleistungen wecken, lösen sie positive Resonanz aus, und die Chancen auf Erfolg haben sich multipliziert. Verhält sich die Führungskraft neutral und erarbeitet mit den Beteiligten keine erkennbar fördernde Richtung, lenkt sie die Emotionen in eine negative Richtung und löst Enttäuschung, Ärger oder Angst und damit Dissonanz aus. Damit werden sich die Leistungen und das Resultat verschlechtern.

Ein wesentlicher Schlüssel für eine erfolgreiche Führung ist demnach unsere emotionale Intelligenz: wie wir mit uns selbst und unseren Beziehungen umgehen. Forschungsergebnisse belegen, dass sich alle an der Führungspersönlichkeit orientieren. Selbst dann, wenn sie nicht anwesend ist, wirkt sich ihre Haltung auf die Stimmung der Mitarbeiter aus. Diese geben ihre Art und Stimmung weiter, sodass es zu einem Dominoeffekt kommt, der das ganze Umfeld beeinflusst (siehe dazu auch Barbara Mettler-v.Meibom: »Sich und andere mit Wertschätzung führen«, Seite 239).

Emotionen wie Begeisterung, Freude, Sicherheit oder Überzeugungskraft sind als Energiebeschleuniger für Spitzenleistungen unerlässlich (oder wirken bei Nichtvorhandensein als Energieblockaden).

Im Umgang mit anderen Menschen, ebenso wie mit Ereignissen nehmen soziale Kompetenz und das Bewusstsein für interdependente Abhängigkeit eine wichtige Stelle ein.

Interdependenz (wechselseitige Abhängigkeit) basiert auf persönlicher »Selbstbewusstheit« und der Sicherheit, gemeinsam mit anderen Synergien erwirken zu können. Interdependenz erfordert von uns ein ausgeprägtes Gespür und Bewusstheit dafür, persönliche und soziale Verantwortung zu übernehmen. Dazu müssen wir unter anderem lernen, uns selbst nicht als Opfer von anderen Menschen und Ereignissen zu betrachten, die außerhalb unserer Kontrolle liegen. Sich als »Opfer« zu fühlen, ist in Unternehmen weit verbreitet und behindert Wachstumsprozesse, tötet Motivation.

Selbsttest: Nabelschau
Fragen Sie sich, wie ist das bei Ihnen, bei Ihren Mitarbeitern oder Kollegen? In welchen Situationen fühlen Sie sich möglicherweise als Opfer (Vorgaben von oben, Meinungsverschiedenheiten mit dem Vorstand, Konflikte mit Mitarbeitern, PC-Probleme ...). Und in welchen Augenblicken nehmen Sie ein solches Verhalten an anderen wahr?

Wie kommen Sie weg von einer möglichen Opferhaltung und wie können Sie mehr Sicherheit in sich selbst finden? Der erste Schritt sind klare Ziele oder zumindest Klarheit über die Dinge, die Sie vermeiden wollen. Versuchen Sie über positives Feedback von anderen, mehr Sicherheit über Ihre Fähigkeiten zu erwerben. So schaffen Sie eine Basis auf dem Weg der Interdependenz. Wer diesen Weg einschlägt und anerkennt, dass er gemeinsam mit anderen viel mehr erreichen kann, schafft das in einem viel größeren Umfang, als er je alleine bewältigen könnte.

Denken Sie daran, auch emotional interdependent zu agieren. Damit bauen Sie ein stärkeres Selbstwertgefühl auf, erkennen aber auch das Bedürfnis nach Wertschätzung und Anerkennung an, sind bereit, zu geben und von anderen zu erhalten. Die Folge: Sie entwickeln Möglichkeiten, sich sinnvoll einzubringen, und haben Zugang zu unermesslichen menschlichen Ressourcen und Potenzialen.

Diese Kraftquellen können Sie sich durch Emotionale Intelligenz und Interdependenz erschließen:

- »die Aufmerksamkeit auf Teamentwicklungen richten, die positive Gefühle schaffen«, um zwischen turbulenten unvorhersehbaren Veränderungen Ihre Position zu finden;
- »innere Stärke«, um auch bei äußerst unangenehmen Wahrheiten ehrlich und aufrichtig zu bleiben;
- »kooperative Teams«, die ihr Bestes geben;
- »ein offenes Klima«, in dem jeder Rückmeldung gibt und Informationen schnell weitergeleitet werden;
- »Teamgeist fördernde Rahmenbedingungen«, die für beständige Verbesserung und kontinuierliches Lernen sorgen;

- »ein emotionales Klima«, das kreative Innovationen, Höchstleistungen und gute, dauerhafte, interdependente Beziehungen fördert.

Viel zu lange haben Führungskräfte Emotionen als unangenehme Begleiterscheinung betrachtet, die die strategischen Abläufe beeinträchtigen und die Idealplanung behindern. Nur bei Erfolg waren Emotionen willkommen, um es dann so richtig »krachen zu lassen«. Doch die Zeiten, in denen Emotionen als irrelevant ignoriert werden konnten, sind längst vorbei. Folglich geht es in der vierten Ebene von MBE vor allem darum, Rahmenbedingungen zu schaffen, die präventiv mit Emotionen umgehen und den Energiefluss im Einzelnen und zwischen Menschen zu stärken. Es geht um Aufmerksamkeit, Achtsamkeit, Achtung und Wertschätzung für uns selbst, im Privaten wie Beruflichen. Es geht darum, den Umgang mit anderen bewusst zu gestalten und zu verbessern, ein breites Spektrum an Empfindungen zuzulassen und einzubringen, sicher mit positiven und negativen Emotionen umzugehen, sich einzulassen und sich abzugrenzen. Anzustreben sind »interdependente« Beziehungen und diese zu leben und aufrechtzuerhalten. Daneben gilt es, Interaktionen konstruktiv zu gestalten, zu kooperieren, Zugehörigkeit zu empfinden und Loyalität zu zeigen.

Unsere MBE-Strategie:

Vertrauen Sie Ihrer Intuition. Stellen Sie sich vor, Sie sind mit Ihrem Boot auf dem Meer, es kommt ein Sturm auf. Die Voraussage: »Windstärke 12«! Sie wissen genau, was zu tun ist: Sie vertäuen und verstauen alle Teile, die rutschen könnten. Sie kontrollieren die Segel und prüfen den Motor. Sie setzen den richtigen Kurs und tun alles, was fachlich, technisch zu leisten ist. Dann, wenn es wirklich losgeht, wenn der Wind pfeift und die Wellen hochschlagen, wenn Sie im Ölzeug und Schwimmweste am Ruder stehen, dann vertrauen Sie auf die Kraft, die Sie in sich tragen. Sie vertrauen auf Ihre Intuition, Ihre Fähigkeiten, in kritischen Situationen alle Ressourcen zu besitzen, die Sie brauchen, um wieder in ruhiges Fahrwasser zu gelangen. Und tatsächlich, es glückt, Sie überstehen unbeschadet den Sturm. Liegt das an der Technik? An den fachlichen Fertigkeiten? Sicher zu einem großen Teil. Doch die besondere Qualität, die die »guten« Segler und Führungskräfte von den »exzellenten« unterscheidet, ist ihre Fähigkeit, in solchen Situationen auf ihre innere Stimme zu hören und ihrer Intuition zu vertrauen. Es ist ihre emotionale Intelligenz, mit der sie alle Register ihres Könnens ziehen, um Weitblick, Stärke, Kreativität, Begeisterung und anhaltende Leistungsbereitschaft zu fördern und zu fordern. Sie sind im Einklang mit sich selbst und ihrem Team.

Daher: Betrachten Sie sich als Kapitän, der ohne die Hilfe seiner Mannschaft nur halb so stark wäre, und nutzen Sie dieses Wissen. Integrieren Sie neben Ebene vier auch die anderen drei Energie-Ebenen in Ihren Arbeitsalltag, um Ihre eigenen Potenziale und Stärken weiterzuentwickeln, für ein erfolgreiches Führungsverhalten im Beruflichen, Privaten und Persönlichen. Es ist das Grundlegendste und Größte, was sich Menschen im Leben vornehmen können: in sich selbst zu investieren, um neues persönliches, soziales, interdependentes Denken und Handeln zu initiieren. Das ist eine Investition in uns selbst, in das »Humankapital« und damit in die Zukunft eines jeden Unternehmens. Schließlich geht jede Führungskraft mit gutem Beispiel voraus – also: Seien Sie gemeinsam stark!

Buchtipps:

Gigerenzer, Gerd: *Bauchentscheidungen. Die Intelligenz des Unbewussten und die Macht der Intuition*, Goldmann, 2008.
Händeler, Erik: *Die Geschichte der Zukunft. Sozialverhalten heute und der Wohlstand von morgen*. Kondratieffs Globalsicht, Brendow, 6. Aufl. 2005.
Hüther, Gerald: *Die Macht der inneren Bilder. Wie Visionen das Gehirn, den Menschen und die Welt verändern*, Vandenhoeck & Ruprecht, 4. Aufl. 2006.
Klein, Stefan: *Die Glücksformel oder wie die guten Gefühle entstehen*, Rowohlt, 2007.
Roth, Gerhard: *Fühlen, Denken, Handeln*, Suhrkamp, 4. Aufl. 2003.
Spitzer, Manfred: *Lernen. Gehirnforschung und die Schule des Lebens*, Spektrum, 2006.
Storch, Maja/ Cantieni, Benita/Hüther, Gerald/Tschacher, Wolfgang: *Embodiment. Die Wechselwirkungen von Körper und Psyche verstehen und nutzen*, Huber, 2007.
Zohar, Danah: *Am Rande des Chaos,* Midas Management, 2005.

Dr. Petra Bernatzeder, geb. 1956, ist Diplom-Psychologin, forschte am Max-Planck-Institut in München zum Zusammenhang von Führungsverhalten und Stressmanagement am Arbeitsplatz und leitet seit 2002 das Beratungsunternehmen »upgrade human resources« (www.upgrade-hr.com). Ihre Schwerpunktgebiete als Coach sind Führung, Gesundheits-, Selbst- und Stressmanagement. Dr. Petra Bernatzeder hat bereits zahlreiche Artikel und Bücher veröffentlicht, unter anderem »Verhalten in Organisationen«, Band 19 der Serie: »Arbeiten der psychologischen Abteilung des Max-Planck-Instituts für Psychiatrie«, Peter Lang Verlag, Frankfurt a.M. 1992 oder »Nur Maßnahmen für körperliche Fitness – oder Gesundheitsförderung mit System?« In: Wirtschaftspsychologie aktuell, 3/2007. Zusätzlich ist sie Dozentin und Mentorin an der Bayerischen Eliteakademie, Dozentin an der Katholischen Universität Eichstätt zum »Master of Ethical Management« und Lehrbeauftragte an der Ludwig-Maximilians-Universität in München.

Reinhard Nagel, geb. 1945, war Diplomingenieur und Architekt, bevor er 1982 sein Diplom als Sozialwissenschaftler machte und anschließend an der Universität Oldenburg Pädagogik und Psychologie studierte. Er ist Feldenkrais-Pädagoge und Lehrtrainer im Neurolinguistischen Programmieren (NLP). Reinhard Nagel vernetzt grundlegende Prinzipien der Psycho-, Neuro- und Lernwissenschaften, damit Leistungsträger mit erneuerbarer Energie beständige Spitzenleistungen bringen können. Seine Formel Mental-Body-Energy plus Schlüsselkompetenzen hat sich im Leistungssport bewährt. Er zeigt Führungskräften in seinem MBE Coaching (www.fam-regio.de), wie sie mit Spitzenleistungen, bei gleichbleibend guter Gesundheit, ihre Ziele erreichen können.

Wie finde ich
einen guten Coach?

Ob Sinnkrise, Burn-out oder komplizierte berufliche wie
privat Herausforderungen, immer mehr Menschen gönnen
sich einen Coach.

Dass vier weiße Buddhafiguren »zur geistigen Anregung« gar ins
Trainingszentrum des FC Bayern Einzug hielten, wie Bayern-Chef
Jürgen Klinsmann erklärt, ist heute nicht weiter verwunderlich.
Auch, dass sich bis zu sieben Co- und Fitnesstrainer sowie ein Team-
Psychologe »sehr individuell« um die Kicker kümmern. Zwar wurde
solch professionelle Unterstützung früher vielfach verschwiegen,
doch waren Spitzensportler die ersten, die sich coachen ließen. Mitte
der 80er-Jahre schwappte Coaching dann in deutsche Führungseta-
gen und gehört mittlerweile zu einem *der* Management-Instrumente.
Aber nicht nur Chefs, auch Freiberufler und Selbstständige nutzen
die Dienste eines Coaches, und – zahlt die Firma nicht – greifen immer mehr Angestellte in die eigene Tasche. Nach einer Umfrage des
Deutschen Bundesverbandes Coaching (DBVC) in Frankfurt am
Main (www.coaching-umfrage.de) zahlen 25 Prozent der Klienten
selbst. Tendenz steigend. Das lockt natürlich auch Scharlatane und
Trittbrettfahrer an. Außerdem ist das Angebot an Coaching ein weites
Feld: »Verkaufstraining zum Beispiel ist out. Stattdessen spricht man
nur noch von Sales-Coaching, um das positive Image von Coaching
zu nutzen«, weiß Christopher Rauen, Coach aus dem niedersäch-
sischen Goldenstedt und Initiator der Internetplattform Coaching-

289

Report. Folglich greifen auch branchenfremde Dienstleister den rechtlich nicht geschützten Begriff zum Aufpeppen ihres Angebots auf. Das Spektrum reicht von Wellness- über Diät- bis hin zu Astro-Coaching. Selbst Sado-Maso ist im Angebot.

Doch Scherz beiseite. Wer besser im Job oder beim Gehaltspoker abschneiden möchte, Probleme mit Chef, Kollegen oder öffentlichen Auftritten hat, sein Selbstwertgefühl aufmöbeln oder seinen Job wechseln möchte und einen professionellen Rat sucht, fragt sich sicher: Was zeichnet einen seriösen Anbieter aus? Wie läuft so etwas ab, und was verbirgt sich hinter dem schwammigen Begriff »Coaching«?

Wird von »Coaching« gesprochen, ist meist nicht der Oberbegriff gemeint, sondern das Einzel-Coaching. Aus dem Englischen übersetzt bedeutet Coaching Nachhilfe, Training, und genau das erhält eine Person von einem Coach. Da sich berufliche Themen oft nicht von privaten trennen lassen bzw. sich gegenseitig beeinflussen, reichen die Maßnahmen des Coaches häufig auch in den privaten Bereich hinein. Allerdings nur mit dem Okay des Klienten. »Gutes Coaching ist Hilfe zur Selbsthilfe«, sagt Klaus Eidenschink, selbst Coach und Präsidiumsmitglied des Deutschen Bundesverbands Coaching (DBVC). Und auch wenn das ein »sehr individueller Prozess« ist, lässt sich der Ablauf eines Coachings grob in fünf Phasen einteilen.

Ablauf eines Coachings – die fünf Phasen

1. Phase: Kontaktaufnahme. »Bis zu 80 Prozent der Klienten kommen über Empfehlung durch ehemalige Kunden«, weiß Experte Rauen. Das heißt, wer einen Coach sucht, erkundigt sich im Freundes- oder Kollegenkreis nach einem guten »Nachhilfelehrer« oder wendet sich an einen der Berufsverbände. Ein Großteil der Berufsverbände (DBVC, DVCT oder BDVT, siehe dazu auch Adressen S. 296 ff.) sowie die Internet-Plattform www.coaching-report.de haben eine bundesweite Adressdatenbank im Netz. Um potenzielle Coaches und deren Schwerpunktgebiet näher kennenzulernen, sind der Coaching-Kongress (kongress.dbvc.de) oder die Coaching-Convention, die vom 3.–7. 4. 2009 in Köln stattfindet (www.coaching-convention.de), hervorragende Treffpunkte. Ab diesem Jahr bietet auch die Zeitschrift »Emotion« selbst diverse Seminare sowie die Vermittlung von Trainern und Coaches an; Informationen finden Sie unter www.emotion-coaching.de.

Ist der Kontakt hergestellt, sind ein, zwei Vorgespräche vor jedem Coachingprozess Standard und in der Regel kostenlos; manche Coaches verrechnen den Betrag später oder verlangen einen halben Zeitstundensatz (eine Coaching-Stunde kostet 100 bis 300 Euro).

Bei diesem ersten Beschnuppern arbeiten beide das eigentliche Anliegen heraus und besprechen die inhaltliche Vorgehensweise. Der Klient prüft, ob er mit der Persönlichkeit des Beraters klarkommt, ob er für sein Anliegen passt und welches Know-how dieser mitbringt (mehr dazu »Was macht einen guten Coach aus?«, siehe nächste Seite).

2. Phase: Vereinbarung. Honorar, Leistung, Zielvereinbarung, Dauer (in der Regel dauert eine Coaching-Sitzung zwei bis drei Stunden) und Ort der Treffen, Haftung, Schweigepflicht sowie sonstige Spielregeln sind Gegenstand eines ausführlichen Vertrags.

3. Phase: Status Quo. In der Einstiegsphase hilft der Coach dem Klienten, sich die eigene Situation bewusst zu machen, und greift dabei auf verschiedene Hilfsmittel zurück wie psychologische Tests, aktives Zuhören oder Stärken-Schwächen-Analyse.

4. Phase: Veränderungsprozess. Schon während des Gesprächs über die aktuelle Situation kann sich ein erster Veränderungsbedarf ergeben. Wichtig: Der Coach unterstützt den Klienten bei der Suche nach eigenen Lösungen, anstatt ihm Empfehlungen überzustülpen. Er greift auf Beispielfälle zurück und gegebenenfalls auf Visualisierungen, Perspektivenwechsel oder Rollenspiele, um Verhaltensmuster, Prägungen und geheime Wünsche und Sehnsüchte zu ergründen.

5. Phase: Ende des Coachings. Da Privatzahler schnell Ergebnisse sehen wollen, steht der Coach bei ihnen unter einem stärkeren Erfolgsdruck, als wenn die Firma zahlt. Im Schnitt dauert der Coachingprozess drei bis fünf Sitzungen – abhängig vom Schwierigkeitsgrad auch mal bis zu 15 Sitzungen und mehr. Wenn – was eher selten der Fall ist – hinter einem beruflichen ein massives persönliches Problem steckt, muss der Coach überlegen, wann er seinen Klienten an einen Arzt oder Therapeuten überweist. In der Regel ziehen Coach und Coachee am Ende der vereinbarten Stunden Bilanz und vereinbaren, wenn nötig, in Form eines Handlungsplans und/oder neuer Ziele und Termine, weitere Schritte.

Jetzt wissen Sie zumindest im Ansatz, wie ein Coaching abläuft, was es kostet und was auf Sie zukommt. Da ein Coaching ein sehr vertrauensvoller und sensibler Prozess ist, ist es sehr wichtig zu wissen, ab wann man: »Halt!« sagen sollte, »so nicht!« Dazu Experte Eidenschink, der sich mit dem Thema »Vorsicht vor falschen Ratgebern« im »Harvard Business Manager« bereits intensiv auseinandergesetzt hat: »Gefährlich wird es im Coaching immer dann, wenn der Coach zum Schattenmanager wird, der den Klienten mit Ratschlägen und Rezepten zutextet. Ebenso heikel ist es, wenn man das Gefühl hat, der Coach ist mehr an seinen Konzepten und festgelegten Vorgehensweisen orientiert, als an den Interessen seines Gegenübers.« In diesen Fällen ist Vorsicht geboten, Sie sollten Zweifel anmelden. Reagiert der Coach nicht darauf und fährt im alten Fahrwasser fort, scheuen Sie sich nicht, die Sitzung bzw. das Coaching abzubrechen.

Was macht einen guten Coach aus?

Um solche Probleme im Vorfeld auszuschließen, haben Ausbildungsstätten und Einrichtungen Qualitätssiegel geschaffen. Neben einer theoretischen Überprüfung muss der jeweilige Coach sogar einen 30-minütigen Live-Test über sich ergehen lassen, um zu ergründen, dass er nicht bloß einen netten Plausch mit dem zu Coachenden führt; Mitglieder des DBVC müssen gar eine Berufserfahrung von mindestens fünf Jahren nachweisen. Branchenkenner beäugen diese Initiativen skeptisch und befürchten eine Art Lagerbildung, die das Angebot nur noch unübersichtlicher macht. Dennoch bieten diese Initiativen Orientierungshilfen. Denn unabhängig davon, welches Siegel ein Coach trägt, musste er doch erstmal seine Arbeitsweise auf den Prüfstand stellen.

Zertifikat hin oder her – der beste Seismograf, ob ein Coach gut ist oder nicht, ist wohl das eigene Gefühl. Allerdings warnt Rauen, nicht vorschnell einen Vertrag zu unterschreiben: »Scharlatane haben es darauf angelegt, Interessenten im Erstgespräch so zu beeindrucken, dass diese gleich einen Vertrag unterschreiben«, so Rauen, der auch Gründungsmitglied und erster Vorsitzender des DBVC ist. »Besser wäre es«, meint er, »mindestens drei Angebote zu vergleichen, um den für seine Lebensumstände und sein Budget passenden Coach zu finden.« Daneben lässt sich ein guter Coach nach Einschätzung von Klaus Eidenschink »recht einfach an vier Kriterien festmachen«:

1. Er klärt intensiv das Anliegen des Ratsuchenden und blickt hinter die Kulissen.
2. Er macht keine Versprechungen.
3. Er redet nicht nur mit dem Coachee, sondern dieser erlebt und spürt in den Coachings etwas Neues in sich. Und:
4. Er fühlt sich im Kontakt sicher und hat Vertrauen.

Allerdings sollten Sie nicht vergessen, die fachliche Komponente des Coaches zu klären. Abhängig vom Thema, das Sie bearbeiten wollen, sollte der Coach neben psychologischen Qualifikationen (die sich nicht nur auf eine Fortbildung beschränken) auch eigene Managementpraxis besitzen. Denn: Wer bei Firmenproblemen weiterhelfen möchte, muss die internen Probleme in Unternehmen kennen. Hierfür ist fundiertes betriebwirtschaftliches Know-how von Nutzen, idealerweise gepaart mit eigenen Erfahrungen als Führungskraft. »Ein philosophischer Hintergrund ist vor allem für Klienten von Vorteil, die nicht nur einfache, pragmatische Lösungen suchen, sondern das Leben, die Rahmenbedingungen verstehen und über Strategien diskutieren wollen«, weiß Rauen.

Außerdem stellt ein guter Coach sein Können auf den Prüfstand und unterzieht sich regelmäßigen Supervisionen. Um blinde Flecken aufzuarbeiten, Probleme, die sich während des Coachings ergeben, aber auch um Probleme seiner Kunden zu bewältigen, die ihn nicht ruhen lassen.

Um sicherzugehen, dass Ihr Coach sich selbst reflektiert und Erfahrung hat, fragen Sie ihn danach sowie nach seinen Referenzen. Schließlich ist Coaching Vertrauen gegen Vertrauen. Tiefer als ein Arzt blickt der Coach in Ihr Berufs- und Privatleben, um Ihnen zu helfen, Ihr Leben noch sicherer selbst in die Hand zu nehmen. Da sollten Sie schon auf Nummer sicher gehen und auch nicht nur ein Angebot, sondern mindestens drei Angebote einholen. Denn: Der Experte muss zu Ihnen passen!

Das zeichnet einen guten Coach aus:

- Er besitzt analytische Fähigkeiten
- Er kann Strukturen erkennen: Zum Beispiel, wie steht die Person zum Unternehmen, welche Rolle nimmt sie selbst ein ...
- Er kann grob schätzen, wie lange der Coachingprozess dauert
- Er macht klare Verträge und achtet auf deren Einhaltung
- Er macht keine Versprechungen
- Er lässt Sie eigene Lösungen finden
- Er reagiert auf Spannungen souverän
- Er besitzt ein großes Maß an Sensibilität und Reflexionsfähigkeit
- Er hat betriebswirtschaftliches Know-how, eine überzeugende Vita
- Er besitzt philosophisches Wissen
- Er interessiert sich für die Wirkung seiner Arbeit, zum Beispiel in Form von Nachgesprächen
- Er bildet sich selbst weiter und macht einmal pro Quartal Supervision

Checkliste: Welche Coaching-Anlässe gibt es?

- Konflikte mit Vorgesetzten, Kollegen, Mitarbeitern
- Vorbereitung auf neue Aufgaben, Führungssituationen, Prüfungen, Gehaltsverhandlungen, Job-Wechsel, Neueinstieg
- Analyse von Auftreten, Kommunikation, Verhalten, Selbstbild, Arbeitsstil, Stärken/Schwächen
- Verbesserung von Arbeitsstil, Selbstmanagement, Selbst-PR und Leistung
- Unternehmensnachfolge, Veränderung von Unternehmenskultur und Führungsstil
- Abbau von Leistungs- und Motivationsblockaden, Verhaltensdefiziten
- Stress- und Burn-out-Bewältigung

Adressen

Berufsverband Deutscher Psychologinnen und Psychologen e. V.
Arbeits-, Betriebs- und Organisationspsychologie (BDP)
Am Köllnischen Park 2
10179 Berlin
Tel.: 0 30 / 2 09 16 66 00
Fax: 0 30 / 2 09 16 66 80
E-Mail: info@bdp-verband.de
www.bdp-verband.org

Berufsverband für Training, Organisationsberatung und Coaching e. V. (T.O.C.)
Hauptstraße 53
79348 Freiamt
Tel.: 0 76 45 / 9 16 97 59 (Sekretariat)
Fax: 0 76 45 / 91 61 66
E-Mail: sekretariat@trainerverband.de
www.trainerverband.de

Bundesverband Deutscher Unternehmensberater e. V. (BDU)
Zitelmannstraße 22
53113 Bonn
Tel.: 02 28 / 91 61-0
Fax: 02 28 / 91 61-26
E-Mail: info@bdu.de
www.bdu.de

Bund Deutscher Verkaufsförderer und Trainer e. V. bzw. Verband für Trainer,
Coaches und Berater (BDVT)
Elisenstraße 12–14
50667 Köln
Tel.: 02 21 / 9 20 76-0
Fax: 02 21 / 9 20 76-10
E-Mail: info@bdvt.de
www.bdvt.de

Deutscher Bundesverband Coaching e. V. (DBVC)
DBVC-Geschäftsstelle
Postfach 17 66
49007 Osnabrück
Tel.: 05 41 / 5 80 48 08
Fax: 05 41 / 5 80 48 09
E-Mail: info@dbvc.de
www.dbvc.de

Deutsche Coaching Gesellschaft e. V. (DCG)
Gervinusweg 7/2
69124 Heidelberg
Tel.: 0 62 21 / 8 93 54 00
E-Mail: info@decg.de
www.decg.de

Deutscher Coaching Verband e. V. (DCV)
Sengelsweg 52
40489 Düsseldorf
Tel.: 02 03 / 93 51 - 470
Fax: 02 03 / 93 51 - 565
E-Mail: info@coachingverband.org
www.coachingverband.org

Deutsche Gesellschaft für Coaching e. V. (DGfC)
Hauptstraße 59
32339 Espelkamp
Tel.: 0 57 43 / 9 28 94 55
E-Mail: h.uges@coaching-dgfc.de
www.coaching-dgfc.de

Deutsche Gesellschaft für Ganzheitliches Coaching e. V. (DGCo)
Postfach 40 09 12
80709 München
Tel.: 0 32 12 / 1 26 81 76
E-Mail: info@dgco.biz
www.dgco.biz

Deutsche Gesellschaft für Supervision e. V. (DGSv)
Lütticher Straße 1–3
50674 Köln
Tel.: 02 21 / 9 20 04-0
Fax: 02 21 / 9 20 04-29
E-Mail: info@dgsv.de
www.dgsv.de

Deutsche Gesellschaft für Systemische Therapie und Familientherapie e. V. (DGSF)
Christophstraße 31
50670 Köln
Tel.: 02 21 / 61 31 33
Fax: 02 21 / 9 77 21 94
E-Mail: info@dgsf.org
www.dgsf.org

Deutsche Gesellschaft für Transaktionsanalyse e. V. (DGTA)
Silvanerweg 8
78464 Konstanz
Tel.: 0 75 31 / 9 52 70
Fax: 0 75 31 / 9 52 71
E-Mail: gs@dgta.de
www.dgta.de

Deutscher NLP Coaching Verband e. V.
Schloßstraße 18
34212 Melsungen
Tel.: 0 56 61 / 9 25 79 86
Fax: 0 56 61 / 92 02 75
E-Mail: geschaeftsstelle@deutscher-nlp-coaching-verband.de
www.deutscher-nlp-coaching-verband.de

Deutscher Verband für Coaching und Training e. V. (DVCT)
Heinrich-Barth-Str. 1
20146 Hamburg
Tel.: 0 40 / 21 99 77 54
Fax: 0 40 / 98 76 24 44
E-Mail: info@dvct.de
www.dvct.de

European Coaching Association e. V. (ECA)
Steinstraße 23
40210 Düsseldorf
Tel.: 02 11 / 32 31 06
Fax: 02 11 / 32 87 32
E-Mail: office@european-coaching-association.com
www.european-coaching-association.de

German Speakers Association e. V. (GSA)
Hauptstraße 40
82223 Eichenau
Tel.: 0 81 41 / 3 55 58-0
Fax: 0 81 41 / 3 55 58-100
E-Mail: info@germanspeakers.org
www.germanspeakersassociation.org

International Coach Federation Deutschland (ICF Deutschland)
Mauerkircherstraße 172
81925 München
Tel.: 0 89 / 38 87 96 37
E-Mail: office@coachfederation.de
www.coachfederation.de

Professional Coaching Association (ProC)
Klausenerstraße 8
48151 Münster
Tel.: 02 34 / 33 19 51
E-Mail: office@proc-association.de
www.proc-association.de

Systemische Gesellschaft, Deutscher Verband für systemische Forschung, Therapie,
Supervision und Beratung e. V.
Waldenserstraße 2–4, Aufgang D (II.)
10551 Berlin
Tel.: 0 30 / 53 69 85 04
Fax: 0 30 / 53 69 85 05
www.systemische-gesellschaft.de

Österreich

Österreichischer Dachverband für Coaching
Austrian Coaching Council (ACC)
Gerstnerstraße 3
A-1150 Wien
Tel.: +43 (0) 1 8 92 22 39
Fax: +43 (0) 1 8 92 22 37-10
E-Mail: info@coachingdachverband.at
www.coachingdachverband.at

Berufsverband Österreichischer Psychologinnen und Psychologen (BÖP)
Möllwaldplatz 4/4/39
A-1040 Wien
Tel.: +43 (0) 1 4 07 26 71-0
Fax: +43 (0) 1 4 07 26 71-30
E-Mail: boep@boep.or.at
www.boep.at

ICF Austria – Internationale Coach Federation Austria
Sollingergasse 9, Top 11
A-1190 Wien
Tel.: +43 (0) 1 2 71 52 63
E-Mail: k.kotai-szarka@kks.co.at
www.coachfederation.at

Österreichischer Bundesverband für Psychotherapie (ÖBVP)
Löwengasse 3/5/Top 6
A-1030 Wien
Tel.: +43 (0) 1 5 12 70 90
Fax: +43 (0) 1 5 12 70 90-44
E-Mail: oebvp@psychotherapie.at
http://www.psychotherapie.at

Österreichische Gesellschaft für Gruppendynamik und Organisationsberatung (ÖGGO)
Daniela Czell
c/o Universität Klagenfurt, Abteilung OE/GD
Sterneckstraße 15
A-9020 Klagenfurt

Tel.: +43 (0) 4 63 27 00 62 12
E-Mail: office@oeggo.at
www.oeggo.at

Österreichische Vereinigung für Supervision (ÖVS)
Heinrichsgasse 4/2/8
A-1010 Wien
Tel.: +43 (0) 1 5 33 08 22
E-Mail: office@oevs.or.at
www.oevs.or.at

Verband der Management- und MarketingtrainerInnen (VMMT)
Diesterweggasse 8/3
A-1140 Wien
Tel.: +43 (0) 1 6 00 10 00 40
E-Mail: office@vmmt.at
www.vmmt.at

Schweiz
International Coach Federation Schweiz
www.coachfederation.ch

Swiss Coaching Association (SCA)
Postfach 414
CH-4601 Olten
Tel.: +41 (0) 6 29 26 43 90
Fax: +41 (0) 6 29 26 43 91
E-Mail: info@s-c-a.ch
www.s-c-a.ch

Liechtenstein
Liechtensteiner Coaching Verband
Grossfeld 30
FL-9492 Eschen
Tel.: +42 3 3 73 75 65
E-Mail: info@liechtenstein-coaching.li
www.liechtenstein-coaching.li

Über die Herausgeber:

Christine Koller, geb. 1967, arbeitet seit 18 Jahren als Journalistin für führende Zeitungen und Magazine. Seit 10 Jahren beschäftigt sie sich mit dem Thema »Coaching« und ist u.a. für einen Karriere-Newsletter tätig. Mit ihrer Familie lebt sie in München und am Chiemsee.

www.ChristineKoller.de

Dr. Stefan Rieß, geb. 1957, von 2005-2007 stellvertretender Chefredakteur von *Emotion*. Heute ist er Geschäftsführer eines großen Verlages in München, glücklicher Ehemann und Vater zweier Söhne. Coaching hat ihm geholfen, mit diesen drei Herausforderungen erfolgreich umzugehen.

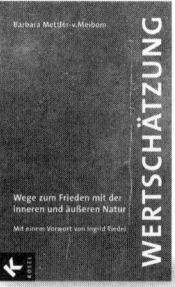